职业院校
汽车类"十三五"规划教材

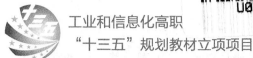

工业和信息化高职
"十三五"规划教材立项项目

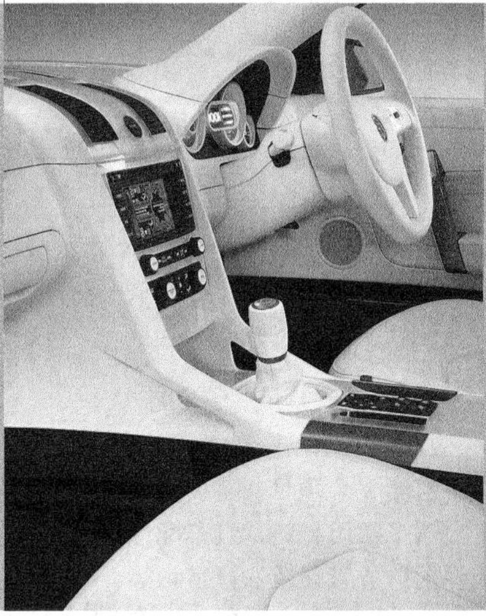

汽车配件营销与管理

Auto Parts Marketing and Management

◎ 黄敏雄 编著
◎ 尹万建 主审

人 民 邮 电 出 版 社
北 京

图书在版编目（CIP）数据

汽车配件营销与管理 / 黄敏雄编著. -- 北京 : 人民邮电出版社, 2017.10（2023.8重印）
职业院校汽车类“十三五”规划教材
ISBN 978-7-115-45618-2

Ⅰ. ①汽… Ⅱ. ①黄… Ⅲ. ①汽车－配件－市场营销学－高等职业教育－教材 Ⅳ. ①F766

中国版本图书馆CIP数据核字(2017)第092579号

内 容 提 要

本书详细阐述了汽车服务市场配件营销相关工作岗位的知识，共包含 8 个项目，主要内容有汽车及汽车营销市场，汽车配件营销，汽车配件的类型、编号及检索，汽车常用材料，汽车配件的采购管理，汽车配件的物流配送管理，汽车配件的仓储管理，汽车配件的财务管理及法律常识等。本书结合汽车营销企业工作实际，以工作岗位为载体，工作任务为导向，工作目标为引领，取材广泛，图文并茂，可读性强。

本书可供高等院校、职业院校的汽车维修技术、汽车营销类专业的学生使用，也可供汽车售后服务技术管理人员以及汽车配件从业人员阅读参考。

◆ 编　　著　黄敏雄
主　　审　尹万建
责任编辑　王丽美
责任印制　马振武

◆ 人民邮电出版社出版发行　　北京市丰台区成寿寺路 11 号
邮编　100164　　电子邮件　315@ptpress.com.cn
网址　http://www.ptpress.com.cn
固安县铭成印刷有限公司印刷

◆ 开本：787×1092　1/16
印张：13.25　　2017 年 10 月第 1 版
字数：350 千字　　2023 年 8 月河北第 8 次印刷

定价：38.00 元

读者服务热线：(010)81055256　印装质量热线：(010)81055316
反盗版热线：(010)81055315
广告经营许可证：京东市监广登字20170147号

前言

Preface

汽车工业作为国家的支柱性产业，在国家经济发展和社会进步中起着重要的作用。随着中国汽车服务市场的逐渐成熟，汽车与汽车配件销售的管理模式也发生了巨大的变化。为了适应汽车服务市场职业人才的需求，满足汽车配件市场从业人员的职业素质、技术水平和业务能力提高的要求，作者编写了本书。

本书从汽车配件营销与配件管理的角度，以职业院校学生学习实际出发，结合汽车后市场从业人员的岗位能力要求，在内容和信息上进行了创新和改革。强调以职业能力培养为主线，以工作项目目标、实际项目描述所要掌握的知识与技能作为导入点，从课时计划、项目拓展、项目实训工单设置本书框架。

本书主要内容包括汽车及汽车营销市场，汽车配件营销，汽车配件的类型、编号及检索，汽车常用材料，汽车配件的采购管理，汽车配件的物流配送管理，汽车配件的仓储管理，汽车配件财务管理及法律常识8个项目。

本书的参考学时见下面的学时分配表。

学时分配表

项　　目	参考学时		
	教学学时	实训学时	合计
汽车及汽车营销市场	8	4	12
汽车配件营销	8	6	14
汽车配件的类型、编号及检索	4	4	8
汽车常用材料	8	2	10
汽车配件的采购管理	8	2	10
汽车配件的物流配送管理	8	4	12
汽车配件的仓储管理	6	6	12
汽车配件的财务管理及法律常识	4	2	6
合计	54	30	84

本书特色主要体现在以下4个方面。

理念：以现场实际岗位工作项目为主体；加强新理念、新材料、新工艺的学习，引导学生在“做”中“学”，突出现场工作能力。

框架：以汽车配件营销与配件管理两条主线为框架，每个项目都有相应的实践操作内容；每个项目之间既相互联系又相互独立，便于不同专业、不同学校进行内容及课时的调整使用。

内容：提出了汽车配件营销网上商城理念，满足行业发展对技能人才的需求。

学习项目设计：每个项目通过若干个任务支撑，项目的构建是为现实工作岗位服务，用项目工单进行检验。项目拓展帮助学生扩大项目信息面，提高学生的学习能力、方法能力与社会能力。

本书由湖南汽车工程职业学院黄敏雄编著，由国家二级教授尹万建主审。在本书编写过程中，编者参考和借鉴了大量的文献资料，得到汽车营销企业（4S店）的专家及学院各位同事的大力支持，在此一并表示感谢！

由于编者水平有限，书中难免存在不妥及疏漏之处，敬请广大读者批评指正。

编　者

2017年5月

目录

Contents

项目一 汽车及汽车营销市场

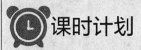

项目目标

知识目标

了解汽车构造的基本知识；

熟悉汽车配件及其市场，了解汽车配件生产状况、销售行业概况。

能力目标

能够描述汽车 VIN 码的含义，学会调研汽车营销市场。

情感目标

熟悉我国汽车工业的发展，了解汽车配件行业的基本情况和发展趋势。

项目描述

客户购买新车对汽车身份证（VIN 码）不了解，要求服务顾问给予解答。

课时计划

任务	项目内容	参考课时		
		教学课时	实训课时	合计
汽车及汽车营销市场	汽车的组成与作用	1	2	3
	我国汽车市场的发展	1	—	1
	汽车营销市场基础知识	2	—	2
	汽车营销市场调研与预测	2	1	3
	汽车营销市场细分	2	1	3
合计		8	4	12

任务一 汽车的组成与作用

汽车自 19 世纪末诞生以来，已经走过了一百多年。在我国古代神话中，有黄帝造车之说。19 世纪末 20 世纪初，欧美一些主要国家都相继完成了工业革命，随着生产力大幅度地增长，要求用于交通运输的工具也要有相应的发展。从德国人卡尔·本茨和戈特利布·戴姆勒于1886年制造的第一辆汽车开始，各国都争相发展汽车，使汽车在结构、材料、工艺等方面都有了日新月异的变化。

一、汽车的组成

汽车是主要借助自身动力为装置驱动，是具有4个或4个以上的车轮的非轨道无架线车辆，主要用于载运人员和（或）货物，牵引载运人员和（或）货物。汽车一般由发动机、底盘、车身和电气设备4部分组成，如图1-1所示。

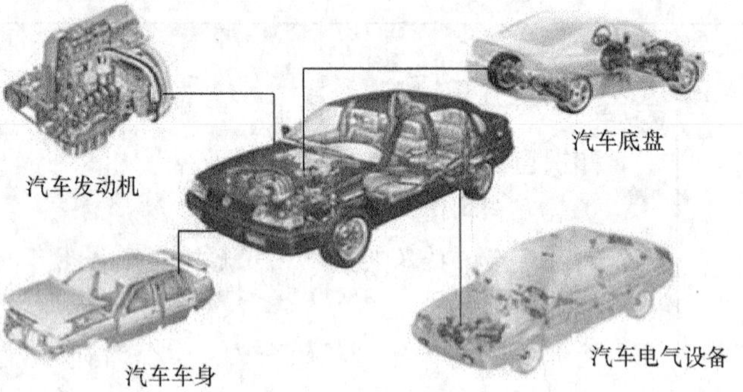

图1-1　汽车构造

1．发动机

发动机是汽车的动力装置，其作用是使燃料燃烧产生动力，然后通过底盘的传动系驱动车轮使汽车行驶。发动机主要有汽油机和柴油机两种，如图1-2所示。

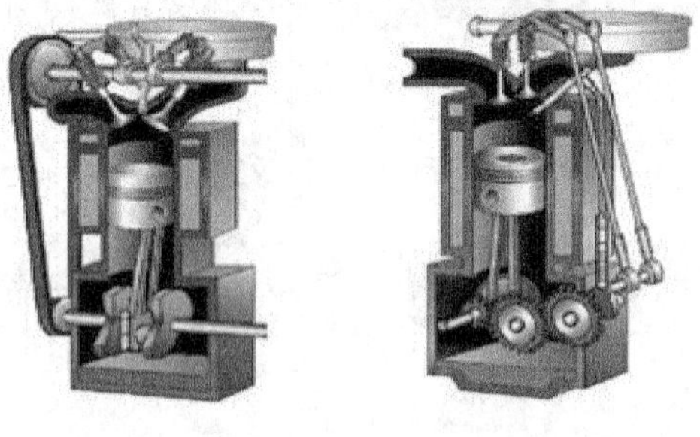
（a）汽油机（点燃式）　（b）柴油机（压燃式）

图1-2　汽车发动机分类

汽油发动机由曲柄连杆机构、配气机构两大机构，以及燃料供给系统、冷却系统、润滑系统、点火系统、起动系统五大系统组成；柴油发动机的点火方式为压燃式，所以没有点火系统。

2．底盘

底盘的作用是支撑汽车车身和安装汽车发动机及其各部件、总成，形成汽车的整体造型，并接受发动机的动力，使汽车产生运动，保证正常行驶。底盘由传动系统、行驶系统、转向系统和制动系统4部分组成，如图1-3所示。

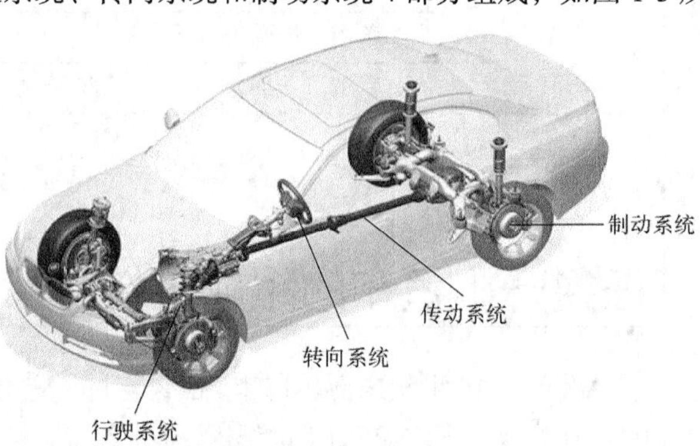

图1-3　汽车底盘

（1）传动系统

传动系统的功用：将发动机的动力传递给驱动车轮。传动系统包括离合器、变速器、传动轴、驱动桥（含主减速器、差速器及半轴）等部件。

（2）行驶系统

行驶系统的功用：将汽车各总成及部件连成一个整体并对全车起支撑作用，以保证汽车正常行驶。行驶系统包括车架、前轴、车桥壳体、车轮（转向车轮和驱动车轮）、悬架（前悬架和后悬架）等部件。

（3）转向系统

转向系统的功用：确保汽车按照驾驶员选择的方向行驶。转向系统由转向盘的转向器及转向传动装置组成。

（4）制动系统

制动系统的功用：使汽车迅速减速或停车，并保证驾驶员离去后汽车能可靠地停住。每辆汽车的制动系统都包括若干个相互独立的制动系统，每个制动系统都由供能装置、控制装置、传动装置及制动器组成。

3．车身

车身安装在底盘的车架上，用于驾驶员、旅客乘坐或装载货物。轿车、客车的车身一般是整体结构，货车车身一般是由驾驶室和货厢两部分组成。

4．电气设备

电气设备由电源、用电设备、全车电路及配电装置三大部分组成。其中，电源包括蓄电池和发电机；用电设备包括发动机的起动系统、点火系统（汽油机）、照明系统、信号装置、仪表及报警装置、辅助电器和汽车电子控制系统等；全车电路及配电装置包括中央接线盒、保险装置、继电器、电线束、插接件和电路开关等。

二、汽车的布置形式

现代汽车的布置形式通常有如下 5 种。

（1）发动机前置前轮驱动（FF）是轿车上常用的布置形式，具有结构紧凑、减小轿车质量、降低地板高度、改善高速行驶时的操纵稳定性等特点。

（2）发动机前置后轮驱动（FR）是传统的布置形式。大多数货车、部分轿车和部分客车均采用此种形式。

（3）发动机后置后轮驱动（RR）是目前大、中型客车常用的布置形式，具有降低室内噪声、有利于车身内部布置等优点。少数轿车也采用这种形式。

（4）发动机中置后轮驱动（MR）是目前大多数跑车及方程式赛车所采用的形式。由于汽车采用功率和尺寸很大的发动机，将发动机布置在驾驶员座椅之后和后轴之前有利于获得最佳轴荷分配和提高汽车性能。此外，某些大中型客车也采用这种布置形式，把装备的卧式发动机装在地板下。

（5）全驱动（AWD）是越野汽车特有的形式，通常发动机前置，在变速器后面装有分动器，以便将动力分别输送到全部车轮上。

三、汽车性能参数

（1）整车装备质量（kg）：汽车完全装备好的质量，包括润滑油、燃料、随车工具、备胎等所有装置的质量。

（2）最大总质量（kg）：汽车满载时的总质量。

（3）最大装载质量（kg）：汽车在道路上行驶时的最大装载质量。

（4）最大轴载质量（kg）：汽车单轴所承载的最大总质量。

（5）车长（mm）：汽车长度方向上两极端点间的距离。

（6）车宽（mm）：汽车宽度方向上两极端点间的距离。

（7）车高（mm）：汽车最高点至地面间的距离。

（8）轴距（mm）：汽车前轴中心至后轴中心的距离。

（9）轮距（mm）：同一车桥左右轮胎胎面中心线间的距离。

（10）前悬（mm）：汽车最前端至前轴中心的距离。

（11）后悬（mm）：汽车最后端至后轴中心的距离。

（12）最小离地间隙（mm）：汽车满载时，最低点至地面的距离。

（13）接近角（°）：汽车前端突出点向前轮引的切线与地面的夹角。

（14）离去角（°）：汽车后端突出点向后轮引的切线与地面的夹角。

（15）转弯半径（mm）：汽车转向时，汽车外侧转向轮的中心平面在车辆支撑平面上的轨迹圆半径。转向盘转到极限位置时的转弯半径为最小转弯半径。

（16）最高车速（km/h）：汽车在道路上行驶时能达到的最大速度。

（17）最大爬坡度（%）：汽车满载时的最大爬坡能力。

（18）平均燃料消耗量（L/100km）：汽车在道路上行驶时每百公里平均燃料消耗量。

（19）车轮数和驱动轮数（$n\times m$）：车轮数以轮毂数为计量依据，n 代表汽车的车轮总数，m 代表驱动轮数。

（20）压缩比：压缩比是指气缸总容积与燃烧室容积的比值，它表示活塞从下止点移到上止点时气缸内气体被压缩的程度。压缩比是衡量汽车发动机性能指标的一个重要参数。

（21）排量：气缸工作容积是指活塞从上止点到下止点所扫过的气体容积，又称为单缸排量，它取决于缸径和活塞行程。发动机排量是各缸工作容积的总和，一般用 CC（立方厘米，1CC=1mL）来表示。发动机排量是最重要的结构参数之一，它比缸径和缸数更能代表发动机的大小，发动机的许多指标都和排量密切相关。

（22）扭矩：扭矩是使物体发生转动的力。发动机的扭矩是指发动机从曲轴端输出的力矩。在功率固定的条件下它与发动机转速成反比关系，转速越快扭矩越小；反之越大。它反映了汽车在一定范围内的负载能力。

四、汽车分类

1．分类标准

汽车分为乘用车和商用车两大类。

（1）乘用车（Passenger Car）在其设计和技术特征上主要用于载运乘客及其随身行李和/或临时物品的汽车，包括驾驶员座位在内最多不超过 9 个座位。它也可以牵引一辆挂车。乘用车分为普通乘用车、活顶乘用车、高级乘用车、小型乘用车、敞篷车、仓背乘用车、旅行车、多用途乘用车、短头乘用车、越野乘用车、专用乘用车。

（2）商用车（Commercial Vehicle）在设计和技术特征上用于运送人员和货物的汽车，并且可以牵引挂车。商用车分为客车、货车、半挂牵引车。

① 载货汽车：微型货车、轻型货车、中型货车、重型货车。

② 越野汽车：轻型越野车、中型越野车、重型越野车、超重型越野车。

③ 自卸汽车：轻型自卸车、中型自卸车、重型自卸车、矿用自卸车。

④ 牵引车：半挂牵引车、全挂牵引车。

⑤ 专用汽车：箱式汽车、罐式汽车、起重举升车、仓栅式车、特种结构车、专用自卸车。

⑥ 客车：微型客车、轻型客车、中型客车、大型客车、特大型客车。

⑦ 轿车：微型轿车、普通级轿车、中级轿车、中高级轿车、高级轿车。

⑧ 半挂车：轻型半挂车、中型半挂车、重型半挂车、超重半挂车。

2．车级

目前车辆等级分类方法很多，有美国的、德国的还有中国的（按售价分类）等多种分类方法，其中以德国大众的分类方法较为通行。

按照德国汽车分级标准，A 级（包括 A0、A00）车是指小型轿车；B 级车是中档轿车；C 级车是高标轿车；而 D 级车指的则是豪华轿车，其等级划分主要依据轴距、排量、重量等参数，字母顺序越靠后，该级别车的轴距越长、排量和重量越大，轿车的豪华程度也不断提高。

3．车辆识别代码（VIN）规则

目前各国汽车公司生产的汽车大多使用车辆识别代号编码（Vehicle Identification Number，VIN）。其由 17 位字母和数字组成，可以保证 30 年内不会重号。VIN 大体上可分为三大部分（见图 1-4）。

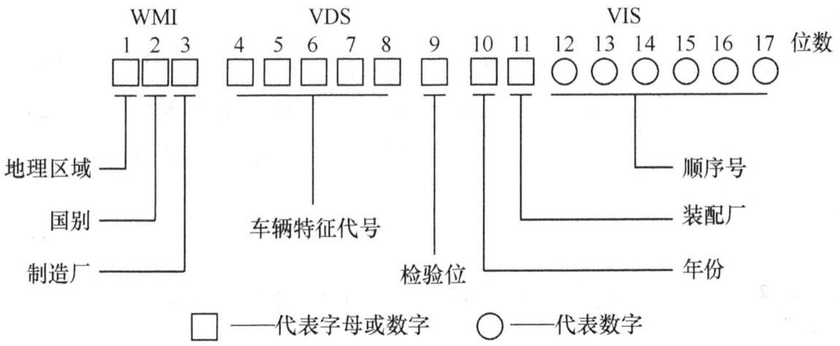

图 1-4　车辆识别代码

1～3 位是“世界制造厂识别代码（WMI）”，4～9 位是“车辆说明部分（VDS）”，10～17 位是“车辆指示部分（VIS）”。

具体到每一位字符的解读，VIN 码的第 1～3 位分别代表“地理区域”“汽车制造商”“汽车类型代码”，第 4～8 位代表“车辆特征”，第 9 位代表“检验位”，第 10 位代表“年份”（见表 1-1），第 11 位代表“装配厂”，第 12～17 位代表“生产顺序号”。

表 1-1　　代码和年份

年份	代码	年份	代码	年份	代码	年份	代码
2001	1	2009	9	2017	H	2025	S
2002	2	2010	A	2018	J	2026	T
2003	3	2011	B	2019	K	2027	V
2004	4	2012	C	2020	L	2028	W
2005	5	2013	D	2021	M	2029	X
2006	6	2014	E	2022	N	2030	Y
2007	7	2015	F	2023	P	2031	1
2008	8	2016	G	2024	R	2032	2

五、汽车行驶原理

汽车要行驶必须具备两个基本的条件：驱动条件和附着条件。

1．驱动条件

汽车必须具有足够的驱动力，以克服各种行驶阻力，才能得以正常行驶。这些阻力包括：滚动阻力、空气阻力、上坡阻力和加速阻力。

当汽车行驶时，发动机的输出扭矩通过传动系传给驱动车轮，使驱动车轮得到一个扭矩 M_t，由于汽车轮胎与地面接触，在扭矩的作用下，接触面上轮胎边缘对地面产生一个圆周力 F_0，它的方向与汽车行驶方向相反，根据作用力与反作用力的关系，路面对轮胎边缘施加一个反作用力 F_t，其大小与 F_0 相等且方向相反。

汽车行驶总阻力 $\sum F$ 包括滚动阻力 F_f、空气阻力 F_w、上坡阻力 F_i 和加速阻力 F_j：

$$\sum F = F_f + F_w + F_i + F_j$$

（1）滚动阻力

滚动阻力是由于车轮滚动时轮胎与路面在其接触区域发生变形而产生的。其数值与汽车的总质量、轮胎的结构与气压以及路面的性质有关。

（2）空气阻力

汽车在空气中向前行驶时，前部承受气流的压力而后部抽空，产生压力差。此外，空气与车身表面以及各层空气之间存在着摩擦，再加上引入车内冷却发动机和室内通风以及外凸出零件引起气流的干扰，就会形成空气阻力。它与汽车的形状、汽车的正面投影面积、汽车与空气相对速度的平方成正比。

（3）上坡阻力

汽车在坡道上行驶时，其总重力沿坡道方向的分力称为上坡阻力。

（4）加速阻力

汽车加速行驶时，需要克服其自身质量加速运动的惯性力。

2．附着条件

（1）汽车行驶的动力方程

$$F_t = F_f + F_w + F_i + F_j$$

驱动力的最大值一方面取决于发动机可能发出的最大转矩和变速器换入最低挡时的传动比，另一方面又受到轮胎与地面的附着作用限制。

（2）汽车行驶的附着条件

附着力 F_ϕ：地面对轮胎的切向反作用力的极限值。它与驱动轮法向反作用力 F_z 成正比：

$$F_\phi = F_z\phi$$

式中，ϕ——附着系数。

汽车行驶的附着条件：地面切向反作用力不能大于附着力。

$$F_t \leqslant F_\phi = F_z\phi$$

汽车行驶必须同时满足驱动条件和附着条件，即为

$$F_f + F_w + F_i \leqslant F_t \leqslant F_\phi$$

任务二 | 我国汽车市场的发展

一、我国汽车工业的发展

我国汽车工业的发展经历了从无到有、从小到大，形成了创建、成长和全面发展 3 个历史阶段。

1．创建阶段（1953—1978 年）

我国汽车工业从 1953 年诞生到 1978 年，汽车产品从无到有，初步奠定了汽车工业发展的基础。

2．成长阶段（1979—20 世纪末）

1979 年到 20 世纪末，我国汽车工业获得了长足的发展，形成了完整的汽车工业体系。汽车工业企业逐步摆脱了计划经济体制下存在的严重的行政管理的束缚。这一阶段是我国汽车工业由计划经济体制向市场经济体制转变的转型期，探索出了对外交流合作、合资的经验，自主品牌汽车也进入了世界汽车市场，我国汽车工业上了一个新台阶。

3．全面发展阶段（21 世纪以后）

21 世纪我国加入 WTO 后，我国汽车工业进入了一个市场规模、生产规模迅速扩大的阶段，我国汽车全面融入世界汽车工业体系。目前，我国的汽车产量已经跃居世界第一。

未来我国汽车工业会形成自己特色的工业体系，同时与世界汽车主要发展国家进行交流合作，设计与生产更多造型奇特、性能卓越的汽车，如无人驾驶的“智能”汽车、水陆空三用汽车、飞碟汽车、潜艇式汽车等，满足人们日益增长的出行便利与生活需求。

二、我国汽车市场的发展

1．我国汽车市场的发展历程

我国汽车市场是通过经济体制改革建立起来的，与西方在商品经济发展中自然形成相比，形成过程存在重大差别。总体来看，大致可分为以下 3 个阶段。

（1）孕育阶段（1978—1984 年）

随着我国城市经济体制的改革，汽车产品的指令性计划由 1980 年的 92.7%下降到 58.3%，汽车流通从严格的计划控制到局部出现松动，但仍然带有浓厚的“计划”色彩。

（2）诞生阶段（1985—1993 年）

汽车产品流通市场机制的作用日益扩大，并逐步替代了传统的计划流通体制，市场机制开始主导汽车市场，我国的汽车市场全面形成。

（3）快速成长阶段（1993 年后）

这一阶段以 1994 年我国开始全面进入市场经济建设为标志，并持续到 2010 年或更晚，我国的汽车产业将建立成国民经济支柱产业。

2012 年以来，我国新能源汽车技术进入快速发展阶段，产业化水平居世界第二位，并且有望在 2020 年左右跃居世界第一位。

2．我国汽车市场的现状

目前，我国汽车市场总体上呈现出以下特点：

（1）市场总需求快速增长；

（2）在需求结构上，轿车的市场份额持续增长；

（3）汽车交易和消费行为趋于理性化；

（4）市场环境和市场秩序逐渐规范。

3．我国汽车市场的发展趋势

我国汽车工业将必然走向世界，同国际大公司展开一场激烈的竞争。这场竞争实质上是一场汽车市场营销的竞争，我国汽车市场营销模式的发展趋势主要有以下 5 个方面。

（1）汽车生产厂家推行单一品牌专卖店，鼓励经销商建立品牌专卖店、社区汽车服务店、快修店。

（2）汽车电子商务的迅速发展为传统企业的转型带来了契机。

（3）各大中心城市已经建成或正在建设一大批汽车有形市场或汽车城，基本上有两种方式：一种是集中多家配件企业和多种品牌；另一种是独家经营，同一市场多品牌销售。

（4）经济发达地域开始筹建类似于国外的汽车大道，集中、集合品牌专卖店销售模式。

（5）汽车特约经营店销售模式在广大县城、集镇的建立，城市、农村两个市场基本形成。

任务三 | 汽车营销市场基础知识

一、汽车销售市场营销环境分析

1．汽车市场营销环境

美国著名市场学家菲利普·科特勒将市场营销环境定义为“企业的营销环境是由企业营销管理职能外部的因素和力量组成的。这些因素和力量影响营销管理者成功地保持和发展同其目标市场顾客交换的能力。”也就是说，市场营销环境是指企业有潜在关系的所有外部力量与机构的体系。

汽车市场营销环境（Automobile Marketing Environment）是指在营销活动之外，能够影响营销部门建立并保持与目标顾客良好关系的各种因素和力量。营销环境既能为企业提供机遇，也能造成威胁。按照这些环境因素对汽车企业营销活动的作用方式的不同，汽车市场营销环境可以分为微观环境和宏观环境。

（1）汽车市场营销的微观环境

汽车市场营销的微观环境是指与汽车企业关系密切，能够影响企业服务顾客能力的各种因素，主要包括如下几项。

① 企业的内部环境。企业的内部环境指企业的类型、组织模式、组织机构及企业文化等因素。

② 生产供应者。生产供应者指向企业提供生产经营所需资源（如设备、能源、原材料、配套件等）的组织或个人。对汽车企业的市场营销而言，企业的零部件（配套协作件）供应者尤为重要。汽车企业要选择和规划好自己的零部件供应者。

③ 营销中介。营销中介指协助汽车企业从事市场营销的组织或个人，包括中间商、实体分配公司、营销服务机构和财务中间机构等。

④ 顾客。顾客是企业产品销售的市场，企业市场营销的起点和终点都是满足顾客的需要，汽车企业必须充分研究各种汽车用户的需要及其变化。

⑤ 竞争者。任何企业的市场营销活动都要受到其竞争者的挑战。

⑥ 有关公众。有关公众指对企业的营销活动有实际的潜在利害关系和影响力的一切团体和个

人，一般包括融资机构、新闻媒介、政府机关，协会社团组织以及一般群众等，这些因素构成企业的价值传递系统。营销部门的业绩，建立在整个价值传递系统运行效率的基础之上。

（2）汽车市场营销的宏观环境

汽车市场营销的宏观环境是指能影响整个微观环境和企业营销活动的广泛性因素。一般地说，汽车企业对宏观环境因素只能适应，不能改变。宏观环境因素对企业的营销活动具有强制性、不确定性和不可控性等特点，主要包括如下几项。

① 人口环境。人口环境指一个国家和地区（企业目标市场）的人口数量、人口质量、家庭结构、人口年龄分布及地域分布等因素的现状及其变化趋势。

② 自然环境与汽车使用环境。自然环境是指影响社会生产的自然因素，主要包括自然资源和生态环境。汽车使用环境是指影响汽车使用的各种客观因素，一般包括气候、地理、车用燃油、道路交通、城市建设等因素。

③ 科技环境。科技环境指一个国家和地区整体科技水平的现状及其变化。科学与技术的发展对一国的经济发展具有非常重要的作用。

④ 经济环境。经济环境包括能够影响顾客购买力和消费方式的经济因素，如消费者现实居民收入、商品价格、居民储蓄及消费者的支出模式等。

⑤ 政策与法律环境。政策与法律环境指能够影响汽车企业市场营销的相关政策、法律及制定它们的权力组织。

⑥ 社会文化环境。社会文化环境指一个国家、地区或民族的传统文化，如风俗习惯、伦理道德观念、价值取向等。

2．汽车市场营销环境的特点

汽车市场营销环境是汽车企业营销活动的基础和条件，具有如下一些特点。

（1）客观性

汽车市场营销环境是影响与制约汽车企业营销活动的客观存在的因素，它是不以企业的主观意志为转移的。如消费者消费收入、消费结构的变化等是客观存在的经济环境变化，在一定程度上影响了汽车消费；但这些变化并不是汽车企业可以主导的。

（2）差异性

汽车市场营销环境的差异性不仅表现在不同企业受不同环境的影响，而且同样一种环境因素的变化对不同汽车企业的影响也不同。因此，汽车企业为适应营销环境的变化所采取的营销策略也各不相同。如汽油价格的上升对生产大排量的汽车企业而言，是不利的因素；而对生产经济型、小排量的汽车企业而言，又是个机会。

（3）相关性

汽车市场营销环境不是由某一个单一的因素决定的，还要受到一系列相关因素的影响。如汽车销售不但受汽车市场供求关系的影响，还要受到国家汽车相关政策等的影响。

（4）不可控性

汽车营销环境的客观性决定了它的不可控性，即汽车市场营销环境是企业不可能控制的。汽车企业主要是通过市场调查的方法来认识市场营销环境变化的趋势及对企业经营的影响，通过调整企业内部营销力量，适应汽车市场营销环境的变化。

（5）动态性

汽车市场营销环境是不断发生变化的。目前，汽车市场营销环境的变化速度在不断地加快，每一个汽车企业作为一个小系统都与市场营销环境这个大系统处在动态的平衡中。一旦环境发生变化，平衡便被打破，汽车企业就必须积极地反应和适应这种变化。

二、汽车消费者购买行为分析

消费者是指为个人的目的购买或使用商品和接受服务的社会成员。

消费行为是指消费者为了满足生活消费需要，在内外部环境的刺激下，围绕着消费品的购买所产生的内在心理活动过程和外在行为过程的总和。

汽车消费者的购买行为是指汽车消费者在一定的购买欲望支配下，为了满足对汽车的需求而购买汽车的过程。

消费者行为虽然多种多样，但在这些千差万别的行为背后，存在一些共同的特点或特征。任何消费者行为都受人为的需要所支配，而人类的需要最终可以从生理、心理、社会等方面找到终极的源头。正是需要的共性决定了行为的共性，由此使我们对消费者行为规律的探索成为可能。消费者行为还具有可诱导的特点。消费者有时对自己的需要并不能清楚地意识到，此时，企业可以通过提供合适的产品来激发消费者的需要，正是在这个意义上，我们说，消费者的行为是能够被影响的。企业可以通过其产品来影响消费者的购买行为，从而实现企业的社会影响最大化和利润最大化。

影响汽车私人消费市场购买行为的因素有以下几个。

1. 文化因素

（1）社会文化。从广义的角度理解，文化是指人类社会历史发展过程中所创造的物质财富的总和，它既包括人类生产的物质财富和提供的各种服务，也包括价值观念、伦理道德、风俗习惯、行为规范、宗教信仰等意识范畴。不同民族、不同社会，其文化内涵的差别很大。因此社会文化因素对汽车消费者行为有着广泛的深刻影响。

（2）亚文化。亚文化又被视作"文化中的文化"，这种文化都由若干更小的文化组成，它为某种文化群体带来更明确的认同感和集体感。亚文化群体的成员不仅具有与主流文化共同的价值观念，还具有自己独特的生活方式和行为规范。就汽车消费者购买行为而言，文化的影响更为直接和重要，有时甚至是根深蒂固的。

2. 社会因素

汽车私人消费市场的购买行为也经常受到一系列社会因素的影响。这些因素主要有：参照群体、家庭、角色与地位。

（1）参照群体。参照群体是指对个人的态度具有直接或间接影响的群体。它可能是一个团体组织，也可能是某几个人；可能是正式的群体，也可能是非正式的群体。参照群体是人们效仿的对象和行动的指南，在缺乏客观标准的情况下，个人的消费选择往往以群体的标准为依据。比如，几个相处较好的朋友就可能会购买同一品牌的轿车。

（2）家庭。家庭是以婚姻、血缘和有继承关系的成员为基础形成的一种社会单位。大部分的消费行为是以家庭为单位进行的，在一个典型的现代家庭中，作为家庭成员的丈夫、妻子以及子女，在购买决策中的角色各不相同。首先，夫妻二人购买决策权的大小取决于家庭生活习惯、内部分工、收入与受教育程度等。一般来说，在家庭的购买活动中，丈夫与妻子的购买参与程度因所购汽车的车型及品牌的不同而不同，子女的影响力也不容忽视。汽车企业及其市场营销人员应认真研究特定目标市场的特定家庭模式，确定不同家庭成员在购买汽车产品中的影响力，并采取相应的措施来影响家庭成员的选择。

（3）角色与地位。角色是社会期望个人所承担的活动，每种角色都有相应的地位，它反映了社会对个人的综合评价。一个人在一生中会从属于许多群体，个人在群体中的位置取决于个人的角色与地位。一个消费者同时又扮演着多种不同的角色，并在特定的时间里具有特定的主导角色，每种角色都代表着不同的地位身份，并不同程度地影响着其购买行为。

3．个人因素

消费者的购买行为还会受到个人因素的影响，具体体现在以下几个方面。

（1）年龄与生命周期阶段。从消费者个人的角度考察，消费者的购买行为与所处年龄密切相关。随着年龄的增加，人们对汽车产品的喜好也在改变。例如，年轻人购买汽车注重汽车的动力及速度，而老年人购买汽车则注重汽车的操纵方便性和驾驶安全性。从家庭角度考察，其生命同期的不同阶段也影响消费者的消费选择。

（2）职业。一个人所从事的职业在一定程度上代表着他的社会地位，并直接影响他/她的生活方式和消费行为。不同职业的消费者对汽车的购买目标是不一样的，汽车企业可以为特定的职业群体提供其所需的汽车产品。

（3）经济状况。个人的经济状况对其消费选择具有重大影响，它在很大程度上决定着人们可用于消费的收入、对待消费的态度及借贷的能力。

（4）生活方式。从经济学的角度看，一个人的生活方式表明他所选择的时间分配方式以及对闲暇时间的安排，一个人对汽车产品的选择实质上是在声明他是谁，他想拥有哪类人的身份。消费者选择何种汽车产品与其特定的生活方式群体之间具有密切的联系。

（5）个性与自我观念。个性是指个人独特的心理特征，它使个人对环境做出相对一致和持久的反应。例如，有的人稳健保守，有的人则勇于冒险。个性不同会导致消费者购买行为的差异，进而影响消费者对汽车产品品牌的选择。自我观念与个性有关，可以理解为自我定位，它对消费行为产生影响的一个重要原因是：消费者往往会选择与他们的个性及自我定位相吻合的汽车产品。另外，自我观念在一定程度上影响着人们对未来（如收入）的预期，从而影响其现在的购买决策。在汽车企业的营销活动中，应注重产品一定的个性化特征，根据个性特征和自我观念的不同，把消费者划分为不同的细分市场，制定相应的营销策略。

4．心理因素

除文化、社会和个人因素外，消费者的购买行为还会受到动机、知觉、学习、信念和态度 4 个心理因素的影响。

（1）动机。每个人在每个时刻都有许多需要，包括生理需要，如口渴、饥饿等，也包括心理需要，如希望得到尊重、有归属感等。按其重要程度依次为生理需要、安全需要、社会需要、尊重需要和自我实现需要，并且只有较低层次的需要被满足后，较高层次的需要才会出现并要求得到满足。这个理论完全适合于我国当前的汽车消费市场情况，购买汽车的人，也是根据其在社会上所处的地位、要满足的需要，选择不同的车型和品牌。

（2）知觉。一个受到动机驱使的人可能随时准备行动，但具体如何行动则取决于他的知觉程度。

（3）学习。由于汽车市场营销环境的不断改变，新产品、新品牌不断涌现，汽车消费者必须多方收集有关信息之后，才能做出购买汽车的决策，这本身就是一个学习的过程。同时，消费者对汽车产品的消费和使用同样也是一个学习的过程。

（4）信念和态度。人们通过实践和学习获得自己的信念、形成自己的态度，它们反过来又影响着人们的购买行为。

任务四 汽车营销市场调研与预测

一、汽车营销市场调研与预测概述

1. 市场信息

（1）信息

信息是指知识、学问以及从客观世界提炼出来的各种数据和消息的总和。

（2）市场信息

市场信息就是反映市场活动特征及其发展变化情况的各种消息、情报、资料等的统称。包括：

① 市场需求信息指用户特点和影响用户需求各因素的信息。影响用户需求各因素的信息主要有购买力信息和购买动机信息；

② 竞争信息包括现有和潜在竞争者的基本情况、竞争能力、发展动向等有关信息。

（3）市场信息分类

市场信息按信息来源分：

① 外部环境信息：重点用户信息、同行竞争信息、技术发展信息，政治、法律信息，新能源、新材料开发信息以及自然环境方面的信息；

② 内部管理信息：生产成果信息、物资利用信息和财务状况信息。

市场信息按信息内容分：用户方面信息、市场开发方面信息、科技信息和政治信息。

2. 营销调研的概念、意义

营销调研就是运用科学的方法，有计划、有目的、有系统地收集、整理和研究分析有关市场营销方面的信息，并提出调研报告，总结有关结论，提出机遇与挑战，以便帮助管理者了解营销环境，发现问题与机会，并为市场预测与营销决策提供依据。

营销调研是企业经营的一项经常性工作，是企业增强经营活力的重要基础。它的作用与意义：

（1）有利于企业在科学基础上制订营销战略与计划；

（2）有利于发现企业营销活动中的不足，保持同市场的紧密联系和改进营销管理；

（3）有利于企业进一步挖掘和开拓新市场，发挥竞争优势。

3. 营销调研的步骤

营销调研一般可分为调研准备、调研实施和调研总结 3 个阶段（见图 1-5），具体有以下内容。

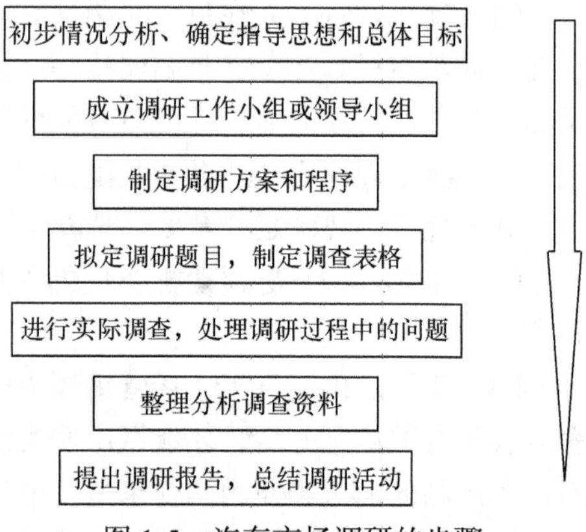

图 1-5 汽车市场调研的步骤

（1）初步分析情况

营销调研的第一步工作就是分析初步情况，明确调研目标，确定指导思想，限定调查的问题范围。企业市场营销涉及的范围很广，每次调研活动不可能面面俱到，而只能就企业经营活动的部分内容展开调研。

（2）成立工作小组

为了使调研工作有计划、有组织地进行，需要成立调研工作小组（课题研究小组）。如果调研活动规模较大，所需工作人员较多，涉及跨部门，甚至跨企业、跨行业的合作，为保证调研活动取得有关方面的支持，还必须成立调研领导小组。调研工作小组的职能就是具体完成调研工作，其组成人员可以包括企业的市场营销、规划（或计划）、技术研究、经营管理、财务或投资等多方面的人才，这些人员的来源既可能是企业内部，也可能是企业以外的单位或组织（如相应的研究机构等）。而领导小组成员一般包括工作小组组长（课题负责人）以及主要参加部门的相应负责人。

（3）制订调研方案和调研程序

制订调研方案和调研程序是着手调研的第一步。调研小组应根据调研的总体目标进行目标分解，做好系统设计，制订调研方案，确立调研方法与形式，并制订工作计划与阶段目标。

（4）拟定调研题目，制订调查表格

调研目标是通过一个个问题展开的，表格是调查的形式和工具。可以说调研题目选得好坏，直接关系到调研目标是否能达到。拟定问题的水平反映了调查小组的工作水平以及调查结果的水平，拟定好调研题目非常重要。

（5）进行实际调查

进行实际调查是营销调研的正式实施步骤。为了保证调查工作按计划顺利进行，如果必要应事先对有关工作人员进行培训，而且要充分估计出调研过程中可能出现的问题，并要建立报告制度。课题组应对调查进展情况了如指掌，做好控制工作，并对调查中出现的问题及时采取解决或补救措施，以免拖延调查进度。以上方面对于采取派调查人员出外调查方式更为重要。在这一步骤内，调查者还必须具体确定收集调查信息的途径，因为有些问题可以利用二手资料收集信息。当需要进行调查获取第一手资料时，应具体确定被调查对象或专家名单，对典型调查应具体确立调查地点或其他单位名单。

（6）整理分析资料

汽车市场调研资料的整理是汽车市场调研的收获阶段，在这个阶段，要对经过反复检查、核对、补充并验收合格后的调研表进行资料录入和统计分析。从工作程序上看，资料整理具有承前启后的作用。在汽车市场调研之前，对真实性、准确性均无可挑剔的答卷所提供的有效资料做进一步加工；在报告撰写之后，为报告结论提供资料依据。

工作小组应对调查得到的资料及被调查者的回函，分门别类地整理和统计分析，审查资料之间的偏差以及是否存在矛盾。因为被调查者的知识、专业存在差别，对同一问题的回答往往不一致，甚至截然相反，此时就应分析矛盾的原因，判断他们回答的根据是否充分等。此外，课题组还应从调查资料中优选信息，总结出几种典型观点或意见。

（7）提出调研报告

调研报告是营销调研的最终结果。调研报告编写的程序应包括：主题的确立、材料的取舍、提纲的拟定和报告的形式。

4．汽车市场营销预测的方法

市场预测是在市场调研的基础上，利用科学的方法和手段，对未来一定时期内的市场需求、需求趋势和营销影响因素的变化做出判断，为营销决策服务。

预测理论产生了很多预测方法。预测方法大体可分为两大类：一类是定性预测方法，另一类是定量预测方法。人们在实际预测活动中，往往结合运用两种方法，即定量预测必须接受定性分析的指导。

（1）定性预测方法

定性预测主要依靠营销调研，采用少量数据和直观材料，预测人员利用自己的知识和经验，从而对预测对象未来状况做出判断。这类方法有时也用来推算预测对象在未来的数量表现，但主要用来对预测对象未来的性质、发展趋势和发展转折点进行预测，适合于数据缺乏的预测场合，如技术发展预测，处于萌芽阶段的产业预测，长期预测等。

定性预测方法有很多种，其中最常用的是德尔菲法。它可以用于技术预测和经济预测，短期预测和长期预测，尤其是对于缺乏统计数据的领域，需要对很多相关因素的影响做出判断的领域，以及事物的发展在很大程度上受政策影响的领域，都是非常适合的。

（2）定量预测方法

定量预测方法是依据必要的统计资料，借用数学方法特别是数理统计方法，通过建立数学模型，对预测对象的未来在数量上的表现进行预测等方法的总称。汽车市场定量预测方法如下所述。

① 时间序列预测法模型

时间序列预测模型有多种，这里只介绍指数平滑法。

指数平滑法的原理就是认为，最新的观察值包含了最多的未来信息，因而应赋予较大的权重，越远离现在的观察值则应赋予越小的权重。

② 回归预测模型

回归预测模型是基于惯性和相关理论的统计学模型，是最常用的预测模型之一。通常情况下，只选用（准）一元线性回归预测模型。对于可划为一元线性回归的各种模型，在对原始观察值进行处理后，也可采用一元线性回归方法进行当量预测。

③ 市场细分集成预测法

市场细分集成预测法也叫谱系结构预测法。这种方法的基本原理是对某商品的使用对象按其特征进行细划分类，确定出若干细分市场——子目标，然后对各子目标分别采用适当的方法进行测算，最后汇总集成。

以轿车为例，我国轿车市场需求可以划分为县级以上企事业单位、县级以下企事业单位、乡镇企业、出租旅游业、家庭个人五个主要细分市场。其预测过程如表 1-2 所示。

表 1-2　轿车市场预测表

市场划分	主要影响因素	需求预测模型
县级以上企事业单位	单位配车比例	（单位数）×（配车比例）
县级以下企事业单位	单位配车比例	（单位数）×（配车比例）
乡镇企业	经济发展速度	需求量=f（乡镇企业产值）
出租旅游业	城市规模及旅游业发展	Σ（各类城市人口）×（各类城市人口配车比）
家庭个人	人均国民收入	需求弹性分析

④ 类比预测模型

该方法是以某个国家或地区为类比对象，研究预测目标与某个指标之间的数量关系，然后根据本国或本地区该指标的发展变化，测算预测目标值，从而达到预测目的。

⑤ 需求弹性法

此方法的数学模型为

$$y_t = y_0（1+i）t$$
$$i = E_s q = qi'/q'$$

式中 y_t——第 t 年预测对象预测值；

y_0——预测对象目前的观察值；

i'、i——分别为预测对象在过去和未来的平均增长率；

t——预测年份与目前的时差；

E_s——弹性系数，如过去年份汽车保有量的增长率与工农业增长速度（增长率）之比；

q'、q——分别表示对比指标过去和未来的数值，如工农业增长速度。

二、市场营销信息系统的组成与信息来源

市场营销信息系统是由内部信息系统、营销环境监测系统和营销研究系统 3 个子系统组成，各系统的功能与作用如下所述。

1. 内部信息系统

内部信息系统是对汽车企业内部的信息（如销售成本、利润、库存、资金盈利率等财务信息，以及人员状况、企业物资使用情况等管理信息）收集、整理、归类等。内部信息是营销人员运用的基本信息，它提供企业内部实际材料。

2. 营销环境监测系统

该系统的任务是收集外部信息，主要包括政府相关经济政策、法律法规，本行业的科技情报，本企业的社会影响，竞争对手情况，以及本行业的一些动态，用户的情况等，进而进行基本研究，得出一些如本行业发展周期的规律性认识和整个市场环境变动的预测等。该系统最重要的是建立情报（信息）搜集网。

3. 营销研究系统

营销研究系统也叫作信息分析系统，其主要功能是运用各种统计技术去发现资料中的重要关系，帮助制定更好的营销决策。对我国汽车企业来讲，市场营销信息系统还很不完善，这主要表现在营销环境监测系统和营销研究系统不完善。

市场营销信息的来源有以下几种。

（1）咨询员工法

企业的员工可以说人人都聚集着一定的信息，尤其是采购人员和销售人员，他们的活动范围大，接触面广，掌握的各种有用信息也多。对于员工的信息可以采用填表方式、会议方式、提问方式加以收集，甚至可以委托采集信息。信息采集人员可把所需信息分类制成表格，定期分发下去，在规定时间内收集起来，这种收集信息的方法既经济又容易实施。

（2）专门收集法

这也是一种相对易得的信息收集法。这种收集方法既可以由信息采集人员（或企业营销研究的软科学工作者）通过营销调研，也可以通过收集二手资料的方式，捕捉有用信息。营销调研一般得到的是原始信息，虽然这种信息获取的成本较高，但很准确、实用。二手信息是指不是企业亲自调研得到的信息，一般是有关统计部门或其他部门及民间团体调研得到的信息。例如，从各种统计年鉴、广播电视、报纸杂志、图书以及同行那里得到的信息。

（3）购买信息法

企业自己不一定要事事都亲自去调研或搜集信息，有些信息已有专门机构收集，企业购买这些信息既可以提高效率，又可以节约信息收集成本。对于有的中小企业而言，有时在无力收集信息时，也可以通过委托有关机构有偿收集和购买方式得到信息。

任务五 | 汽车营销市场细分

当今社会汽车市场竞争十分激烈，消费者的需求千差万别，企业无法在整个市场上为所有用户服务，应该在市场细分的基础上选择对本企业最有吸引力并能有效占领的那部分市场为目标，

并制订相应的产品计划和营销计划为其服务。这样企业就可以把有限的资源、人力、财力用到能产生最大效益的地方上。现代市场营销非常重视 STP 策略，即市场细分（Segmentation）、目标市场选择（Targeting）和市场定位（Positioning）。

市场细分也称市场细分化（Marketing Segmentation），是 20 世纪 50 年代中期由美国市场营销学家温德尔·斯密首先提出来的一个概念，它是企业经营惯用市场导向这一营销观念的自然产物。所谓市场细分，是指根据整体市场上顾客需求的差异性，以影响顾客需求和欲望的某些因素为依据，将一个整体市场划分为两个或两个以上的顾客群体，每一个需求特点相类似的顾客群就构成一个细分市场（或子市场）。在各个不同的细分市场，顾客需求有较明显的差异，而在同一细分市场上，消费者具有相同或相近的需求特点。

1．市场细分的作用

市场细分对企业市场营销的影响和作用很大，它表现在以下几个方面。

（1）有利于企业发掘新的市场机会。企业经过市场调查和市场细分后，对各细分市场的需求特征、需求的满足程度和竞争情况了如指掌，并能从中发现那些需求尚未得到满足或需求尚未充分满足的细分市场。这些市场为企业提供了一个新的极好的市场开拓机会。

（2）有利于小企业开拓市场，在大企业的夹缝中求生存。顾客的需求是多变的、各不相同的。即使是大企业，其资源也是有限的，不可能满足整个市场的所有需求，更何况是小企业。为求得生存，小企业应善于运用市场细分原理对整体市场进行细分，从中找到尚未满足需求的细分市场，采取与目标市场相应的产品、价格、销售渠道、销售促进的市场营销组合策略，从而获得良好的发展机会，取得较大的经济效益。

（3）有助于企业确定目标市场，制定有效的市场营销组合策略。通过市场细分，有助于企业深入了解顾客需要，结合企业的优势和市场竞争情况，进行分析比较，从细分市场中选择确定企业的目标市场。企业的经营服务对象一旦确定，就能有的放矢，有针对性地制定有效的市场营销组合策略，提高企业经营管理水平，增强市场竞争力。

（4）有利于企业合理配置和使用资源。企业根据市场细分，确定目标市场的特点，扬长避短，将有限的人力、物力、财力集中用于少数几个或一个细分市场上，可避免分散力量，取得事半功倍的经济效果，发挥最大的经济效益。

（5）有利于取得信息反馈以调整营销策略。就整体市场而言，一般信息反馈比较迟钝，不易敏感地察觉市场变化。而在细分市场中，企业为不同的细分市场提供不同的产品，制定相应的市场营销策略，企业能较易得到市场信息，察觉顾客的反应，这将有利于企业挖掘潜在需求，适时调整营销策略。

2．市场细分的要求

消费者市场细分的主要要求在于：被细分的子市场的差异必须十分明确、清楚，有一定的购买群体。同时细分市场必须是有效的，可以被衡量和被测定，即通过调查和测算可以定性和定量地被描述出来。

3．汽车市场细分的标准

市场细分通常是从消费者需求的不同角度将产品市场按照一定的标准进行细分。就一般的产品而言，消费者的利益取向总是可以遵循一定的规律进行划分和寻找的。那么，哪些因素在影响和制约人们的消费需求呢？

就一般消费品而言，影响消费者需求的因素可以归纳为四类，即地理因素、人口因素、心理因素和行为因素。这四类因素也就构成了市场细分的一般标准，或市场细分变量。

对汽车市场进行如下的具体化细分。

（1）按地理和气候因素来划分

寒冷地带的汽车用户，对汽车的保暖、暖风设备更加关注，对汽车的防冻和冷起动效果、汽车的防滑安全措施有较高的要求；炎热潮湿地带的汽车用户，对汽车的空调制冷、底盘防锈、漆面保护等有较高要求；平原地区的汽车用户，希望汽车底盘偏低，悬架软硬适中，高速行驶稳定性好；而丘陵山区的汽车用户更关注车辆的通过性，爬坡能力和操控性等。

（2）按人口因素来划分

因性别、年龄、收入、职业、教育、家庭、种族、宗教信仰等的差异而形成的对汽车产品的不同需求，从而细分汽车市场。

（3）按心理因素来划分

不同的生活方式、性格和偏好等心理因素方面的差异促成了消费者不同的消费倾向。如简约的生活方式或奢华的生活方式，外向的性格或内敛的性格，偏向于追求名牌或对品牌较为随意等形成了对汽车档次、品牌、价格、功能、款式和色彩方面的差异性需求。

（4）按行为因素来划分

行为因素是指消费者购买汽车的理由、追求的利益、使用状况和使用率、汽车待购阶段、对产品的态度等。汽车消费者行为因素体现在为什么要购买，是用来代步、是商用还是用来出游，抑或是几者兼备；是追求实用，还是追求时尚；是即刻购买，还是持币待购等消费类型。

4．汽车市场细分的步骤

选定市场范围是根据企业的实际与企业战略目标选定企业的行业属性与产品方向。就汽车行业而言，其市场范围可以有不同的划分方法。

（1）按照国家标准 GB/T 3730.1—2001 的汽车分类标准，汽车市场可分为：

① 乘用车，指 9 座及以下的客车市场；

② 商用车，指 9 座以上载客汽车和载货汽车市场。

（2）按传统的汽车分类划分标准，汽车市场可分为：载货汽车市场；越野汽车市场；自卸汽车市场；专用汽车市场；特种汽车市场；客车市场；轿车市场。

（3）按汽车产品的性能特点不同，汽车市场可分为：

载货汽车：包括重型汽车市场；中型汽车市场；轻型汽车市场；微型汽车市场。

轿车：包括豪华轿车市场；高档轿车市场；中档轿车市场；普及型轿车市场；微型轿车市场。

（4）按汽车产品的完整性不同，汽车市场可分为：整车市场；部件市场（含二、三、四类底盘）；汽车配件市场。

（5）按汽车使用燃料的不同，汽车市场可分为：汽油车市场和柴油车市场。

（6）按汽车销售时的新旧程度，汽车市场可分为：新车市场、旧车市场、拆车市场等。

企业可以选择大的汽车市场范围，如乘用车市场、货车市场，也可选择小的市场范围，如轿车市场或越野车市场作为企业基本的市场方向。

5．潜在客户的基本需求

从消费者对汽车消费需求的角度考虑，潜在客户的基本需求可以从两大系列来挖掘，一是客户属性系列，即从地理因素、人口因素、心理因素和行为因素中进一步细化来获得，如表 1-3 所示。二是从潜在客户对汽车产品的消费利益取向来寻找。消费者在追求汽车产品的消费利益时形成了价格、品牌、款式、功能等方面的基本需求。因此，汽车的功能、档次、款型就成了潜在消费者的基本需求，见表 1-3。

表 1-3　　客户属性划分

分类标准	可变因素	常用分界点
地理环境	地形地貌	平原、丘陵、山区
	气候	寒带、温带、亚热带、热带
人口社会因素	城市统计区人口/人	不足 5 万、5 万～20 万、21 万～50 万、51 万～100 万、101 万～300 万、301 万～600 万、601 万～1000 万、1001 万以上
	人口密度	城区、近郊、乡村
	人口及年龄统计	18～34 岁、35～49 岁、50 岁以上
	性别	男、女
	家庭人口	1～2 人、3～4 人、5 人以上
	家庭周期	单身青年、年轻夫妇、满巢期、空巢期、鳏寡期
	家庭年收入（人民币）	不足 5 万元、5 万～10 万元、10 万～20 万元、20 万～50 万元、50 万元以上
	职业	公务员、文教卫生、专业技术管理人员、商贸、中介机构业务人员、自由职业者、无业人员、其他
	文化程度	高中及以下、大专本科、本科以上
	社会阶层	低等阶层、中产阶层、上等阶层
	国籍	中国、其他
购买行为及心理	购买心理	求实心理、求廉心理、求新心理、求全心理、预期心理
	购买行为	理智型、情感型、经济型、从众型
	生活方式	封闭型、开放型
	个性	沉稳、活泼、内敛、外显
	行为场合	一般场合、特殊场合

（1）分析潜在客户的不同需求

根据消费者存在的每一个基本需求方向，划分其需求差异，见表 1-4。如三厢轿车是消费者的一项基本需求，但不同的消费者对三厢轿车的档次要求又存在着差异。

表 1-4　　消费者基本需求及需求差异

潜在消费者的基本需求	潜在消费者的不同需求
用途与功能性要求	商务用车、代步用车、多功能用车、休闲旅游用车
款型要求	两厢轿车、三厢轿车、多功能车、越野车
级别要求	高级豪华车、中高级车、中级车、普通型车、微型车
外形要求	古朴典雅型、稳重大方型、时尚新潮型

乘用车市场，可以有用途与功能性、款式要求、级别要求和外形要求的差异。

（2）对细分市场进行评价

细分市场是否有效，是否能成为企业的备选目标市场，要对细分市场进行评价。有效的细分市场应具备 5 个条件。

① 可测量性，即各子市场的购买力能够被测量。市场范围、市场大小、市场容量和市场潜力应能量化，并足够大，有一定发展潜力。

② 可进入性，即企业利用自身的资源、技术专长和产品开发能力能够进入所选定的子市场。

③ 可赢利性,即企业进行市场细分后所选定的子市场的规模和市场中的行业利润足以使企业有利可图。

④ 可区分性，即细分市场对企业市场营销组合中的任何一项因素的变动能做出差异性的反应。也就是说，细分市场是独立的，能够用特定的营销组合作用于细分市场。

⑤ 可行动性，即企业能制订有效的营销方案吸引和服务细分市场。

细分市场可以根据细分变量来进行，一个市场可以划分成若干个子市场，但并不是所有的子市场对企业都是有益的，只有具备了上述 5 个条件的子市场才能成为企业的备选目标市场。

项目拓展

新能源汽车的发展

新能源汽车是指采用非常规的车用燃料作为动力来源（或使用常规的车用燃料、采用新型车载动力装置），综合车辆的动力控制和驱动方面的先进技术，形成的技术原理先进、具有新技术、新结构的汽车。

新能源汽车包括纯电动汽车、增程式电动汽车、混合动力汽车、燃料电池电动汽车、氢发动机汽车、其他新能源汽车等。

一、纯电动汽车

纯电动汽车（Blade Electric Vehicles，BEV）是一种采用单一蓄电池作为储能动力源的汽车，它利用蓄电池作为储能动力源，通过电池向电动机提供电能，驱动电动机运转，从而推动汽车行驶。

二、混合动力汽车

混合动力汽车（Hybrid Electric Vehicle，HEV）是指驱动系统由两个或多个能同时运转的单个驱动系联合组成的车辆，车辆的行驶功率依据实际的车辆行驶状态由单个驱动系单独或多个驱动系共同提供。因各个组成部件、布置方式和控制策略的不同，混合动力汽车有多种形式。

三、燃料电池电动汽车

燃料电池电动汽车（Fuel Cell Electric Vehicle，FCEV）是利用氢气和空气中的氧气在催化剂的作用下，在燃料电池中经电化学反应产生的电能作为主要动力源驱动的汽车。燃料电池电动汽车实质上是纯电动汽车的一种，主要区别在于动力电池的工作原理不同。一般来说，燃料电池是通过电化学反应将化学能转化为电能，电化学反应所需的还原剂一般采用氢气，氧化剂则采用氧气，因此最早开发的燃料电池电动汽车多是直接采用氢燃料。氢气的储存可采用液化氢、压缩氢气或金属氢化物储氢等形式。

四、氢发动机汽车

氢发动机汽车是以氢发动机为动力源的汽车。一般发动机使用的燃料是柴油或汽油，氢发动机使用的燃料是液态氢。氢发动机汽车是一种真正实现零排放的交通工具，排放出的是纯净水，其具有无污染、零排放、储量丰富等优势。

五、其他新能源汽车

其他新能源汽车包括使用超级电容器、飞轮等高效储能器的汽车。目前在我国，新能源汽车主要是指纯电动汽车、增程式电动汽车、插电式混合动力汽车和燃料电池电动汽车，常规混合动力汽车被划分为节能汽车。

项目实训工单

<table>
<tr><td>项目名称</td><td>汽车及汽车营销市场</td><td>班　级</td><td></td><td>日　期</td><td></td></tr>
<tr><td>学生姓名</td><td></td><td>学　号</td><td></td><td>项目成绩</td><td></td></tr>
<tr><td>项目载体</td><td colspan="3">配件实训室、汽车营销企业</td><td>老师签字</td><td></td></tr>
<tr><td>项目目标</td><td colspan="5">1. 熟悉汽车构造及 VIN 码；
2. 掌握汽车市场细分及营销市场调研；
3. 能够按照任务描述完成工作任务。</td></tr>
<tr><td colspan="6">一、资讯
1. 填空
（1）汽车由__________、__________、__________、__________组成。
（2）车辆识别代号编码由__________位数字。
（3）汽车行驶总阻力 ΣF 包括__________、__________、__________、__________。
（4）我国汽车市场的发展历程有__________、__________、__________。
2. 论述
（1）汽车市场营销环境特点。

（2）汽车市场的调研步骤。

</td></tr>
<tr><td colspan="6">二、计划与决策
<table>
<tr><td>人员分工
每组 4～5 人</td><td>工具、材料、仪器</td><td>实施计划</td></tr>
<tr><td>组长：
组员：</td><td></td><td></td></tr>
</table>
</td></tr>
</table>

续表

三、项目实施

在实训室整车上（4～6 台）对汽车系统及配件（50 个以上）进行认知，贴好标签。

完成工作任务一：实车配件认知。

序号	配件名称	配件位置	配件用途	配件材料
1				
2				
3				
4				
5				

完成工作任务二：调研所在城市汽车配件市场的营销状况，分析营销企业（主要指汽车 4S 店）营销的利弊，完成调研报告。

四、项目检查

1. 专业能力

在本项目中你学到了哪些汽车配件知识，相关任务完成是否满意？

2. 个人能力

通过本项目的学习，你学会了哪些技能，提高了哪些方面的职业能力和职业素质（团队精神、安全环保、社会责任等方面）？

3. 方法能力

通过本项目的学习与描述，你认为在完成工作任务后，在工作过程中应提高哪些工作方法或学习方法？

五、项目评估

个人评估	等级 A B C D	说明：
小组评估	等级 A B C D	说明：
老师评估	等级 A B C D	说明：

项目二
汽车配件营销

项目目标

知识目标

了解汽车配件销售特点；

了解汽车配件市场的网络与电子商务销售技巧；

熟悉我国配件市场的调研及售后服务要求。

能力目标

掌握汽车配件人员规范礼仪、能够按品牌车型要求进行汽车配件商务活动及售后服务。

情感目标

能够开发销售渠道、掌握销售技巧并履行职业道德对配件进行销售。

项目描述

据调查，每年我国有四十余种新车型上市，你作为汽车配件销售顾问，在汽车市场调整期，你公司应采取何种策略，实现汽车及配件产品的更新换代。

课时计划

任务	项目内容	参考课时		
		教学课时	实训课时	合计
汽车配件营销	汽车配件行业基础知识	2	2	4
	汽车配件市场开发	2	2	4
	汽车配件促销策略	2	2	4
	汽车配件商务活动及售后服务活动开展	2	—	2
合计		8	6	14

任务一 汽车配件行业基础知识

一、汽车配件行业概况

1. 汽车配件定义

在汽车维修与汽车配件经营企业，通常把汽车配件、汽车标准件和汽车材料 3 种类型的汽车产品统称为汽车配件。汽车配件主要包含新车装配的原部件、售后零配件及汽车用品。

2. 汽车配件行业的特点

汽车零配件作为汽车的重要组成部分，是汽车产业发展的基础。在经济全球化的背景下，伴随着汽车产业新的变化，世界汽车零配件产业也呈现出新的发展态势。汽车配件行业在国民经济中占有重要的战略地位，能够直接或间接地带动国家经济的发展。汽车配件行业产业链是汽车产业链的一部分，它的上游是原材料行业，涉及钢铁、塑料、橡胶、石油、布料等；下游是汽车整车行业，主要是针对整车装配和售后服务市场，如图 2-1 所示。从其上游说，涉及的行业较多，尤其是钢铁、石油等产业在国民经济中占有重要的战略地位，汽车配件行业的发展可以有效带动此类行业的发展；从其下游说，汽车配件工业是汽车产业的重要组成部分。

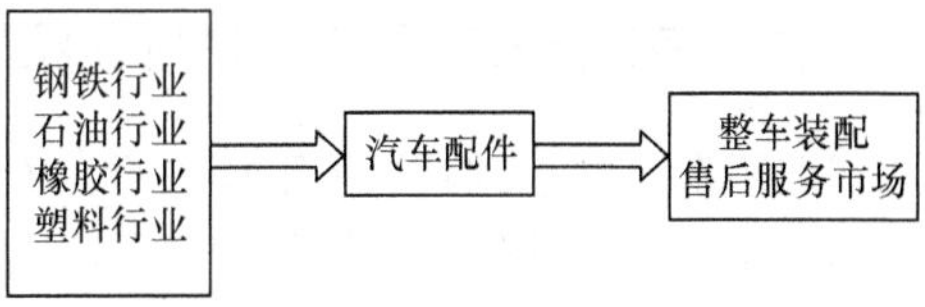

图 2-1 汽车配件行业

3. 汽车配件的分类

按照专业化分工程度，汽车配件产值占整车产值的 70%～80%，即在一辆汽车的总成本中，配件成本要占到 70%～80%。从汽车配件的使用材质、使用用途、结构功能、科技含量等方面来看，大致可以分为以下几类。

（1）配件按材质分类，可分为金属配件和非金属配件。目前，金属配件所占比重为 60%～70%，非金属配件占 30%～40%，其中塑料配件占 5%～10%。从发展趋势来看，金属配件比重逐渐下降，塑料配件逐渐增加。

（2）配件按使用用途分类，可分为汽车制造用配件和汽车维修养护用配件。汽车维修养护用配件如维修检测诊断设备、喷漆防腐及保养设备、清洗及加油站设备、润滑油与润滑剂等。各自所占比重决定于汽车产量和保有量，以及汽车维修量的多少。从世界总的状况来看，两类配件的大体比例为 8∶2。

（3）按配件的使用性质分类，可分为发动机机械系统、传动与行驶系统、车身附件、电器与电子配件等。

（4）从配件模块化供应的角度分类，可分为“模块→总成→组件→配件”几个层次。

（5）按科技含量，汽车主要配件分类见表 2-1。

表 2-1 汽车主要配件按科技含量分类

科技含量	配件名称
高科技类	发动机总成、V 形泵、排气催化转化器、风扇离合器、空调设备、后视镜、座椅系统、安全气囊、特种油品、安全玻璃、EFI 系统、AT/CVT、制动防抱死系统（ABS）、加速防滑调节装置（ASR）、自动平衡系统、四轮转向、四轮驱动、主动悬架、半主动悬架、全自动空气悬架系统、全球定位、导航系统（GPS）

续表

科技含量	配件名称
科技类	变速箱总成、保险杠（大型塑料件）、活塞、活塞环、气门、液压挺杆、轴瓦、塑料油箱、机油滤清器、燃油滤清器、离合器、盘式制动器、转向盘、刮水器、门锁、安全带、发电机、起动机、组合开关、分电器、等角速万向节、专用紧固件、灯具、汽车锻件、轴承、音响设备、车载电视、特种带材（轴瓦、散热器用）
一般类	高压油管、散热器、制动软管、转向器、传动轴、后桥齿轮、减振器、钢板、弹簧、轮辋、玻璃升降器、风扇洗涤器、暖风机、点火线圈、火花塞、喇叭、电线束、灯泡、随车工具、蓄电池

二、国际汽车配件工业发展现状与趋势

近年来，由于世界汽车市场对汽车安全、环保和节能的要求不断提高，法规标准日益严格，汽车产品日益个性化、多样化，新产品的技术含量加大、推出的速度加快，致使汽车产品生产成本上升，竞争加剧。

目前全球整车配套的配件总产值约为 11000 亿美元，汽车配件市场总额约为 13800 亿美元，配套市场约占 70%，售后市场约占 30%。配套市场中，欧洲和北美约占 60%，亚洲和大洋洲占 30% 以上。其中世界 97 家大的汽车配件供应商，年销售额都在 10 亿美元以上，合计超过了 5000 亿美元。

1．国际汽车配行业现状

汽车配件最初主要体现在机械控制系统，由于汽车智能化的发展及配件市场的竞争，世界各大汽车公司纷纷改革供应体制，实行全球生产、全球采购，即由向多个汽车配件厂商采购转变为向少数系统供应商采购；由单个汽车配件采购转变为模块采购；由实行国内采购转变为全球采购。整车厂商采购体制的变革，要求汽车配件厂商不断地与之相适应，不但要求汽车配件生产企业扩大自己的实力、提高产品开发能力，做到系统开发、系统供应，同时还要求其缩短开发周期，提供优质廉价产品。这一变革，推进了全世界汽车配件行业并购、重组的进程，呈现出不同的发展类型，主要体现在 4 个方面。

（1）西欧：汽车配件工业相当发达，超过整车制造业而走在前面；

（2）美国和加拿大：汽车配件工业与汽车整车制造业力量势均力敌；

（3）日本和韩国：汽车配件制造业相当强大，但仍受整车厂制约；

（4）中国和俄罗斯：汽车配件制造业基本上依附或从属于汽车整车制造业，暂未取得相对独立地位。

2．国际汽车配件行业发展趋势

随着全球化竞争的日益加剧，世界发达国家的汽车产业发生了新的变化，汽车配件行业也呈现出组织集团化、技术高新化、供货系统化和经营全球化等新特点，各大汽车配件厂商纷纷把航天、航空和电子等技术应用于汽车配件和集成上，新科技、新材料、新工艺、新设计理念的汽车配件纷纷运用到汽车产品上；新安全技术、电子技术、节能技术和环保技术已经成为企业的发展方向。

欧洲汽车配件生产企业纷纷向海外投资，进行国际化生产；北美汽车配件厂家纷纷投资欧

洲，新兴的亚洲市场是各大汽车配件跨国公司竞争的焦点，世界汽车配件发展趋势体现在以下3个方面。

（1）产业链全球化——全球采购、生产与销售；

（2）独立化演变——配件行业从整车厂逐步剥离，形成多种合作模式；

欧洲模式：以契约关系为基础的自由发展模式。

美国模式：以市场竞争机制为基础的传统模式。

日本模式：以资本关系为基础的协作模式。

（3）技术进步——专业化、模块化是发展趋势，对技术的专注和创新的执着成为行业核心竞争力。

世界排位前 20 名的著名汽车配件公司几乎都已在我国设立办事处或投资控股机构，如德尔福、天合、博世公司等，见表 2-2。

表 2-2　　世界主要配件公司

排名	公司名称	关联整车企业
1	罗伯特·博世 Robert Bosch GmbH	无
2	德尔福公司 Delphi Corp.	无
3	电装公司 Denso Corp.	丰田集团 Toyota group
4	麦格纳国际集团（加）Magna Inc.	无
5	江森控制 Johnson Controls Inc.	无
6	爱信精机 Aisin Seiki Co. Ltd.	丰田集团 Toyota group
7	李尔公司 Lear Corp.	无
8	法雷西亚 Faurecia	PSA group
9	法雷奥 Valeo SA	无
10	天合汽车 TRW Automotive Inc.	无
11	西门子 Siemens VDO	无
12	大陆集团（德）Continential AG	无
13	伟世通汽车系统 Visteon Corp.	无
14	矢崎公司 Yazaki Corp.	无
15	泰森·克鲁伯汽车系统公司 ThyssenKrupp AG	无
16	ZF 集团公司（德）ZF Friedrichshafen AG	无
17	丰田纺织 Toyota Boshoku Corp.	丰田集团 Toyota group
18	住友电工 Sumitomo Electric Industries Ltd.	无
19	美驰公司 ArvinMeritor Inc.	无
20	德纳公司 Dana Corp.	无

三、我国汽车配件行业发展现状及趋势

1．我国汽车配件行业现状

2013 年以来，我国汽车产业规模已经跃居世界第一，汽车配件工业也得到了很大发展，但与发达国家相比仍存在较大差距，缺乏国际竞争能力，主要表现在以下几个方面。

（1）汽车配件产业结构不合理，产品竞争力弱，专业化水平低，社会化分工程度低，高端人才短缺，整体环境不健全。

（2）投资力度不大，重复投资现象严重，产品开发能力弱。大部分企业不具备与主机同步的开发能力，产品标准化、系列化、通用化程度低。目前，我国具有高新技术的汽车配件产品还大多依赖于技术引进，而具有竞争力的汽车配件产品多属劳动密集型和原材料密集型产品。

（3）配件产品模仿性高，缺乏创新。我国大部分自主配件企业仍停留在来图加工、样品测绘阶段，面对整车厂推出的新车型、新品种、新技术快节奏的高需求，很难再依靠关税保护等手段来限制汽车厂商选择配件的采购渠道，国外技术含量高、质优价廉的配件有可能成为国内厂家的首选目标，我国配件企业面临的冲击比整车厂更直接、更严峻。

（4）核心技术缺失，成为我国汽车产业的“软肋”。我国汽车配件产品在高端技术领域与世界领先水平的差距并未随着我国汽车工业规模的持续增长而持续缩小，反而有扩大的趋势。

2．我国汽车配件产业发展趋势

近几年整车企业的产品销售收入每年平均增长 28.75%，而汽车配件企业的产品销售收入每年平均增长 36.82%，高出行业平均水平，作为我国汽车行业发展的支撑，汽车配件产业的发展不仅仅是规模数量的攀升，更重要的是产业的升级，以及随之而来的持续发展能力，目前我国汽车配件产业呈现四大趋势。

（1）我国汽车配件生产企业趋向产业集群

产业集群的迅速崛起反过来刺激了配件产业的发展升级，日本的丰田汽车城等均是大规模汽车产业集群的典型代表。

我国配件产业集群是一个系统集群，从原材料、配件、设备制造、联合加工到最后组装出厂，是一条完整的产业链条。随着近年吉林长春、湖北十堰、安徽芜湖、广东花都、京津冀环渤海经济圈等汽车配件产业基地的迅速崛起，我国现已基本形成东北、京津、华中、西南、长三角、珠三角六大配件的集中区域。

（2）我国汽车配件生产企业能力提升

近几年，我国汽车配件生产企业迅速崛起一批创新型配件企业，如万向集团、陕西法士特、福耀玻璃、信义玻璃、广西玉柴、深圳航盛、浙江银轮、南京奥特佳等，这些企业通过专业化细分市场，通过持续创新提升了企业发展的核心竞争力。

同时，我国配件生产企业正在不断拓展经营领域，搭建符合自己优势的产业链。系统化、模块化供货已经成为国际汽车配件产业的发展趋势。

（3）我国配件生产企业海外收购渐成模式

全球经济危机给我国汽车配件生产企业带来了最好的跳跃式发展的机会。在国家鼓励“核心配件自主化”的政策推动下，越来越多的配件企业通过海外并购获得技术以及与汽车集团具有血缘关系的企业实现自身的快速发展，把抄底海外视为获得核心技术的最佳路径。

（4）我国汽车配件企业兼并重组加速

近几年，海外配件巨头纷纷合资合作抢滩进入我国市场，德尔福、威斯卡特、康明斯等诸多

外资配件制造商早已在我国建成了数十个生产基地和分公司，如今外资对我国汽车配件的控制高达 70%～80%，尤其是日系厂商和韩系厂商的供应链几乎不对我国本土供应商开放，导致了我国配件供应商失去了与整车企业共同发展的机会。

外资在我国配件市场已经占到 60%以上的市场份额，在轿车配件行业占到 80%以上。我国配件企业实力弱、研发能力不足，因此我国配件企业要想在未来国际化市场竞争中占有一席之地，最快捷的方式就是通过兼并重组，形成规模化的配件企业集团。

（5）我国汽车配件行业面临转型，技术创新日趋活跃

高速发展的社会经济，轿车已迅速走入我国的普通家庭。目前全球汽车工业正在形成以低碳化、智能化为核心的新一轮科技转型，而配件供应商将成为这一发展趋势的重要推动力。随着我国汽车市场成长为全球最重要的市场，全球配件公司都加大了在我国市场研发的投入，而国内本土配件企业在加大技术投入的同时，也在加大跨国并购，将国外先进技术引入到国内。

任务二 汽车配件市场开发

一、汽车配件产品的定价方法

1. 成本导向定价法

（1）成本加成定价法

成本加成定价法是应用最普遍的一种方法，是以单位产品成本加上一定的成本加成率，即为该商品的出售价格。其计算公式为

单位产品价格=单位产品成本×（1+加成率）

【例 2-1】某汽车电子企业生产某小型电子配件的平均变动成本为 75 元，固定成本为 65 元，利润加成率为 40%，则这一小型电子配件的售价是多少？

解：单位产品价格=单位产品成本×（1+加成率）=（75 + 65）×（1 + 40%）=196（元）

（2）盈亏平衡定价法

盈亏平衡定价法指在销量既定的条件下，企业产品收支相抵时对应的价格，即企业赢利为零时所对应的价格为盈亏平衡价格，也称为企业的保本价格。其计算公式为：

盈亏平衡价格=固定成本/盈亏平衡销售量 + 单位变动成本

【例 2-2】某配件企业生产空气滤清器，单位变动成本为 70 元，全部固定成本为 100000 元，预计市场销量为 10000 个，企业如何定价才能确保不致亏损？

解：盈亏平衡价格=固定成本/盈亏平衡销售量 + 单位变动成本=（100 000/10 000 + 70）元=80（元）

（3）边际成本加成定价法

边际成本加成定价法也称为边际贡献定价法，即在定价时只计算变动成本，而不计算固定成本，在变动成本的基础上加上预期的边际贡献。用公式表示为

单位产品价格=单位产品变动成本+单位产品边际贡献

2. 需求导向定价法

需求导向定价法是指企业在定价时不再以成本为基础，而是以消费者对产品价值的理解和需求强度为依据。需求导向定价法分为理解价值定价法和需求差异定价法。

（1）理解价值定价法

理解价值定价法也称觉察价值定价法，是以消费者对商品价值的感受及理解程度作为定价的基本依据。

（2）需求差异定价法

需求差异定价法以不同时间、地点、商品及不同消费者的消费需求强度差异为定价的基本依据，针对每种差异决定其在基础价格上是加价还是减价。

3．竞争导向定价法

竞争导向定价是以市场上相互竞争的同类商品价格为定价基本依据，以随竞争状况的变化确定和调整价格水平为特征，与竞争商品价格保持一定的比例，而不过多考虑成本及市场需求因素的定价方法。竞争导向定价法主要有通行价格定价、密封投标定价、竞争价格定价等方法。

二、汽车配件产品定价策略

汽车配件产品的定价策略有折扣定价策略、新产品定价策略等、心理定价策略、产品组合定价策略。

1．折扣定价策略

折扣定价策略：包括现金折扣、数量折扣、功能折扣、季节折扣、折让策略。

2．新产品定价策略

新产品定价策略：包括撇脂定价策略，即高价策略、渗透定价策略，即低价策略、满意定价策略。

3．心理定价策略

心理定价策略：包括尾数定价策略、整数定价策略、声望定价策略、招徕定价策略、习惯定价策略。

4．产品组合定价策略

产品组合定价策略：包括产品线定价策略、组合产品定价策略、互补产品定价策略。

三、汽车配件的销售渠道

1．汽车配件分销渠道

汽车配件的销售渠道大致可以分为以下几个层次，第一层次是为汽车配件企业配套和进入 4S 店的汽车制造企业，第二层次是汽修企业，第三层次是进入零售和批发市场。汽车制造商控制了汽车销售之前的利润及核心业务，配件的主要商机就主要存在于后两个层次。

汽车配件分销渠道是指汽车配件从生产者向消费者或用户转移过程中所经历的一系列环节，也指这一环节中的所有组织和个人。

2．分销渠道的类型

由于汽车配件的品种多样并具有不同特点，因此其销售渠道也不相同，常见的有以下几种类型。

（1）按中间环节数目分类

按中间环节数目划分，其分销渠道有直接渠道和间接渠道。

① 直接渠道：直接渠道是指没有中间商参与，产品由生产者直接销售给消费者的渠道类型。

直接渠道的优点：

• 可根据用户的特殊需要组织加工，更好地满足需求；

• 便于消费者更好地掌握汽车配件产品的性能、特点、作用及使用方法；

• 可以减少汽车配件产品损耗，降低流通费用，掌握价格的主动权。

② 间接渠道：指有一级或多级中间商参与、汽车配件经过若干个环节到客户的过程，有一层渠道、二层渠道、三层渠道。

间接渠道的优点：

• 交易次数减少，节约流通领域的人力、物力、财力和流通时间，降低了销售费用和配件产品的价格；

• 使生产者能够集中精力进行生产，从而提高产品质量，扩大产品销售。

（2）按渠道中某一环节同类中间商的数目分类

根据渠道中某一环节同类中间商数目划分，分为宽渠道和窄渠道。

某一地区通过很少的专业批发商或一家。推销产品的称为窄渠道，反之为宽渠道。确定中间商数目时，有密集型分销、选择性分销和独家分销 3 种战略。

（3）分销渠道中的中间商

中间商是指介于生产者与消费者之间，参与产品交易活动，促进交易行为实现的企业和个人。

① 中间商的功能

• 有助于减少交易次数，降低流通费用。

• 可以代替生产企业完成营销任务。

• 可以集中、平衡和扩散营销任务。

• 有利于沟通信息及进行网络化营销，便于商品配送。

② 类型

按商品所有权划分：

• 经销商是指从事汽车配件产品交易业务，在商品买卖过程中拥有汽车配件产品所有权的中间商；

• 代理商是指从事汽车配件产品交易业务，接受生产企业委托，但不具有商品所有权的中间商。

按流通环节级别可分为批发商和零售商。

3．汽车配件的营销模式

汽车配件的营销模式包括汽车品牌 4S 店营销模式、汽车维修店营销渠道、大型汽配市场或汽配城、汽配连锁型营销渠道、汽车配件网络化营销模式。

任务三 | 汽车配件促销策略

一、促销的含义

促销（Promotion）是促进产品销售的简称。从市场营销的角度看，促销是企业通过人员和非人员的方式，沟通企业与消费者之间的信息，引发、刺激消费者的消费欲望和兴趣，使其产生购买行为的活动。

1. 促销的核心

促销的核心是沟通信息。没有信息的沟通，企业就不能把汽车产品和购买途径等信息传递给目标客户，也就谈不上购买行为的发生。因此促销的一切活动都以信息传递为起点，完成销售，最后又以信息反馈为终点。

2. 促销的目的

促销的目的是引发、刺激消费者产生购买行为。在消费者可支配收入既定的条件下，消费者是否产生购买行为主要取决于消费者的购买欲望，而消费者的购买欲望又与外界的刺激、诱导密不可分。促销就是利用这一特点，激发用户的购买兴趣，强化购买欲望，甚至创造需求来实现最终目的。

3. 促销的方式

促销的方式有人员促销和非人员促销两类。人员促销也称直接促销或人员推销，是企业运用推销人员向消费者推销商品或劳务的一种促销活动。它主要适用于消费者数量少、比较集中的情况下进行促销。非人员促销又称间接促销或非人员推销，是企业通过一定的媒体传递产品或劳务等有关信息，以促使消费者产生购买欲望、发生购买行为的一系列促销活动，包括广告、公关和营业推广等。它适合于消费者数量多、比较分散的情况下进行促销。通常，企业在促销活动中将人员促销和非人员促销结合运用。

二、汽车配件促销

汽车配件促销指企业通过人员推销或非人员推销的方式，向目标客户传递商品或劳务的存在及其性能、特征等信息，帮助消费者认识商品或劳务所带给购买者的利益，从而引起消费者的兴趣，激发消费和的购买欲望及购买行为的活动，其本质是买卖双方之间的交流，让客户了解信息，促进销售。

1. 汽车配件促销特征

（1）较强的专业技术性。

（2）经营品种多样化。

（3）经营必须有相当数量的库存支持。

（4）经营必须有服务相配套。

（5）配件销售的季节性。

（6）汽车配件销售的地域性。

2. 汽车配件促销方式

目前主要有人员推销、广告推销、营业推广、公共关系等几种方式。

（1）人员推销

人员推销主要是由推销人员与客户直接面谈沟通信息，人员推销方式具有直接、准确、推销过程灵活、易于与客户建立长期友好合作关系以及双向沟通的特点。

① 人员推销的基本形式：上门推销：直接推销法和间接推销法；柜台推销；会议推销。

② 人员推销的步骤：确定目标；接近潜在客户；推销介绍：提示说服和演示说服；回答疑问；成交；追踪服务。

（2）广告推销

广告是通过报纸、杂志、广播、电视、广告牌等广告传播媒体形式向目标客户传递信息。采用广告宣传可以使广大客户对企业的产品、商标、服务等加强认识，并产生好感。广告的特点是可以更为广泛地宣传企业及其商品，传递信息面广，不受客户分散的限制，主要作用有：

① 是传递信息的主要工具；

② 能够刺激需求，甚至创造需求；

③ 加强竞争；

④ 提高信誉，树立企业文化。

广告媒体主要包括：报纸广告；杂志广告；广播广告；电视广告。

（3）广告效益评估

广告效益包括广告的经济效益、广告的心理效益和广告的社会效益。

（4）营业推广

营业推广又称销售促进，是指企业运用各种短期诱因鼓励消费者和中间商购买、经销或代理企业产品或服务的促销活动。其特点是可有效地吸引客户，刺激购买欲望，可以较好地促进销售。

① 营业推广的目标

a. 吸引消费者购买。

b. 奖励品牌忠实者。

c. 实现企业营销目标。

② 营业推广的方式

营业推广的方式主要有：赠送促销；产品展销；打折优惠；优惠券；现场示范；有奖销售。

（5）公共关系

公共关系（Public Relations，PR）简称公关，也称公众关系。它是指企业在从事市场营销活动中正确建立企业与社会公众的关系，以便树立企业的良好形象，从而促进产品销售的一种活动。

① 含义：指某一组织为改善与社会公众的关系，促进公共组织的认识、理解及支持，达到树立良好的组织形象、促进商品销售目的的一系列促销活动。

② 职能：信息收集、咨询建议和信息沟通。

③ 内容：处理内部员工的关系、处理与顾客的关系、处理与相关企业的关系以及处理与新闻媒介的关系。

三、汽车配件客户接待

接待客户既是一门技巧，更是一门艺术。接待或拜访是汽车配件营销人员的日常工作。在接待和拜访中的礼仪表现，不仅关系到自己的形象，还关系到企业的形象。

1. 接待与拜访客户

礼仪是人类为维系社会正常生活而要求人们共同遵守的最起码的道德规范。礼仪起源于祭祀活动，后发展为人们道德行为的规范。

（1）拜访礼仪

① 拜访前应事先和被访对象约定，以免扑空或扰乱被访对象的计划。拜访时要准时赴约。拜访时间的长短应根据拜访目的和被访对象意愿而定。时间宜短不宜长。

② 到达被访人所在地时，一定要用手轻轻敲门，进屋后应待主人安排指点后坐下。后来的客人到达时，先到的客人应该站起来，等待介绍；

③ 拜访时应彬彬有礼，注意一般交往细节。告辞时要同主人和其他客人一一告别，说“再见”

"谢谢"；主人相送时，应说"请回""留步""再见"。

（2）接待礼仪

① 接待人员要品貌端正，举止大方，口齿清楚，具有一定的文化素养，受过专门的礼仪、形体、语言、服饰等方面的训练。

② 接待人员服饰要整洁、得体；女性应避免佩戴过于夸张或有碍工作的饰物，化妆应尽量淡雅。汽车配件店员工着装要求如图 2-2 所示。

图 2-2　汽车配件店员工礼仪要求

③ 如果来访者是预先约定好的重要客人，则应根据来访者的地位、身份等确定相应的接待规格和程序。在办公室接待一般的来访者，谈话时应注意少说多听，最好不要隔着办公桌与来人说话。对来访者反映的问题，应做简短的记录。

（3）接待礼节

在公司的办公场所（如展厅），接待客人、洽谈业务时，需要用到下列礼仪，熟练掌握这些礼仪会使工作变得更加得心应手，客户也会产生宾至如归的感觉（见表 2-3）。

表 2-3　接待礼节

礼节动作		礼节规范
引路	在走廊引路	应走在客人左前方的 2～3 步处
		引路人走在走廊的左侧，让客人走在路中央
		要与客人的步伐保持一致
		引路时要关注客人，适当地做些介绍
	在楼梯间引路	让客人走在正方向（右侧），引路人走在左侧
		拐弯或有楼梯台阶的地方应使用手势，并提醒客人"这边请"或"注意楼梯"等

续表

礼节动作		礼节规范
开门次序	向外开门时	先敲门，打开门后把住门把手，站在门旁，对客人说“请进”并施礼
		进入房间后，用右手将门轻轻关上
		请客人入座后安静退出。此时可用“请稍候”等语言
	向内开门时	敲门后，自己先进入房间
		侧身，把住门把手，对客人说“请进”并施礼
		轻轻关上门后，请客人入座后，安静退出
搭乘电梯	电梯没有其他人的情况	在客人之前进入电梯，按住“开”的按钮，此时请客人再进入电梯
		到大厅时，按住“开”的按钮，请客人先下
	电梯内有人时	无论上下都应客人、上司优先
	电梯内	先上电梯的人应靠后面站，以免妨碍他人进入电梯
		电梯内不可大声喧哗或嬉笑吵闹
		电梯内已有很多人时，后进的人应面向电梯门站立
电话礼仪	接听电话	铃响三声内接听电话，“您好，××专营店”“××节好”“我是××”
		记下对话摘要，登记《来店（电）客户登记表》，重点问题或内容，涉及数据应该再做确认，请对方先挂电话
		解答配件价格、配置等问题时，要流利、专业地回答；电话中向客户报价应遵循统一报价，费用明细应准确
迎客礼仪	门口至展厅间	客户车辆进入公司门口时，值班的安保人员，应该站立，并向客户行礼，表示欢迎
		引导人员指引客户停车，指引员应该伸手帮客户挡住车门上门沿，以防止客户头部被上门沿磕碰到
	展厅接待	保持微笑，保持眼睛接触。引导客户主动交谈
		放松和专业，说话可略带肢体语言

（4）接待与拜访客户的技巧与方法

① 销售工具的准备。销售工具包括：名片、文具、赠品、价格配置表、合同、目录、照片、配件库存等，及时更新相关信息和文件，修饰仪表及调整良好的接待心态。

② 营销人员不能让来访者坐冷板凳。

③ 营销人员对来访者的意见和观点不要轻率表态，认真倾听来访者的叙述。

④ 营销人员对能够马上答复的或立即可办理的事，应当场答复，不要让来访者等待，或再次来访。

⑤ 营销人员正在接待来访者时，有电话打来或有新的来访者，应尽量让助理或他人接待，以避免中断正在进行的接待。

⑥ 营销人员对来访者的无理要求或错误意见，应有礼貌地拒绝，而不要刺激来访者，使其尴尬。

⑦ 营销人员要结束接待，可以婉言提出借口，也可用肢体语言告诉对方本次接待就此结束。

（5）客户接待流程

客户接待流程如图 2-3 所示。

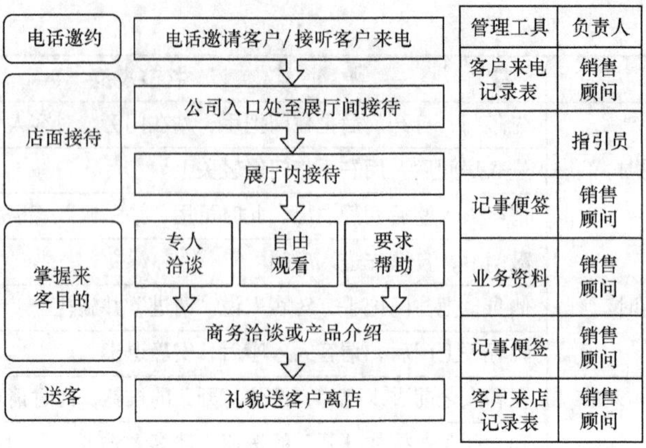

图 2-3　客户接待流程

2. 汽车配件产品信息咨询

（1）汽车配件目录查阅方法

① 按汽车配件名称（字母顺序）索引查阅。

② 按汽车总成分类索引查阅。

③ 按零件图形（图号）索引查阅。

④ 按汽车零件编号（件号）索引查阅。

⑤ 按汽车配件相关网站查阅。

（2）查询工具

① 纸质配件手册。

② 缩微胶片配件目录。

③ 电子配件目录（CD 光盘）。

（3）查阅汽车配件目录

① 确认备件号的有关参数

• 明确的备件名称；车型、款式、规格。

• 发动机型号和输出功率，发动机字母标记，底盘号，发动机和变速箱规格，制造厂家代码及生产日期。

• 选装件（如中央门锁），内部装备材料及基本色调（如座椅、车体外部颜色）。

② 车辆标牌、发动机和底盘号的位置（以一汽大众生产的捷达车为例）

• 车辆标牌：位于发动机机舱右围板处或储气室右侧。

• 发动机号：位于缸体和缸盖结合处的缸体前端。此外，齿型皮带罩上有一个条形码不干胶标签，上面标出了发动机号码。

• 车辆识别号（底盘号）：车辆识别号标在发动机机舱前端围板处，通过排水槽盖上的小窗口即可看到底盘号。

• 整车数据：不干胶标签贴在行李舱后围板左侧，上面有：生产管理号、车辆识别号码、车型代号、车型说明、发动机和变速箱代码、油漆号/内饰代码、选装件号等数据。

四、汽车配件营销流程

1. 向维修车间销售的流程

向维修车间销售的流程如图 2-4 所示。

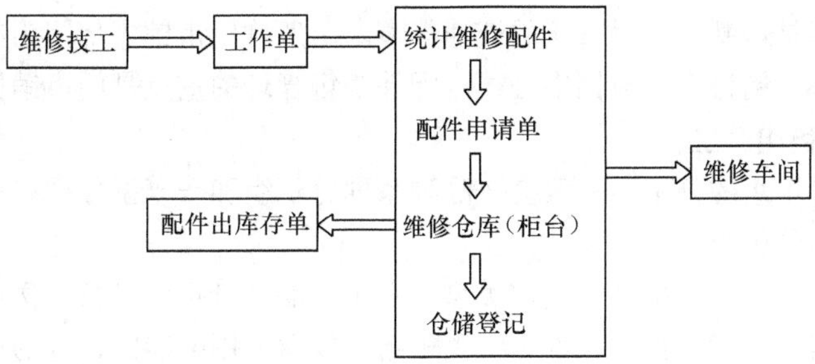

图 2-4　向维修车间的销售流程

2．向最终客户零售的销售流程

向最终客户零售的销售流程如图 2-5 所示。

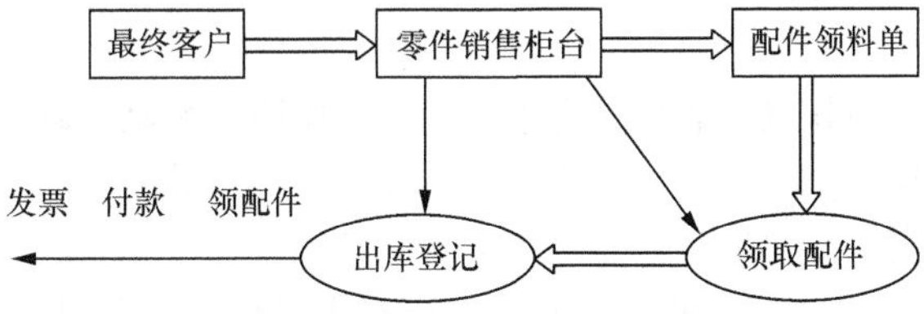

图 2-5　向最终客户零售的销售流程

3．向普通客户销售的流程

向普通客户销售的流程如图 2-6 所示。

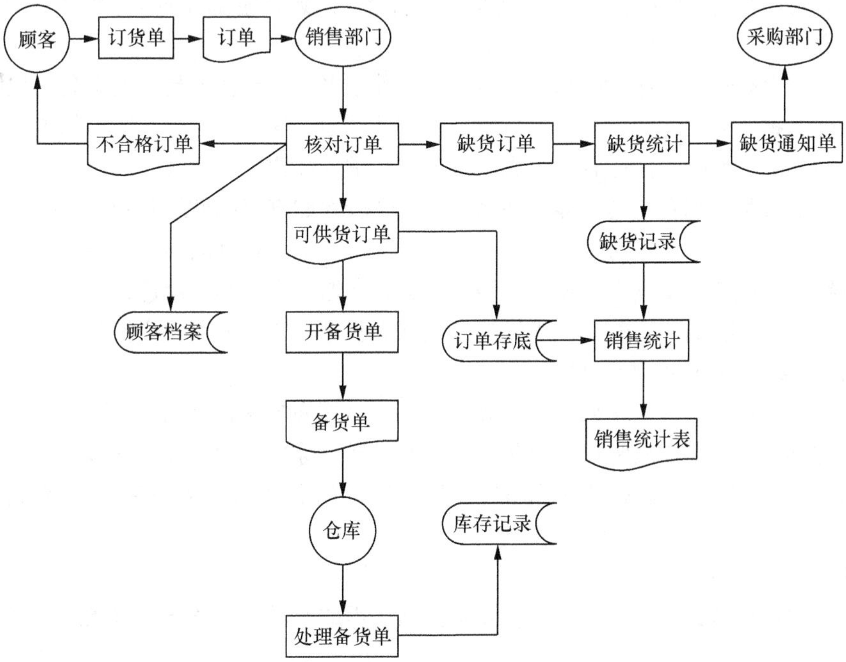

图 2-6　向普通客户的销售流程

五、汽车配件的门市销售

对于大多数汽车配件经营企业，配件销售的主要方式是门市销售。无论是批发经营，还是零售经营，门市销售都是最基本、最直接的流通渠道。一般称门市销售部门为门市部、营业部、超市，也有的称销售部、销售中心或销售公司。配件销售管理的重点是门市销售的管理。

1．门市销售的柜组分工

门市销售内部各柜组的分工，一般有按品种系列分柜组和按车型分柜组这两种方式。

（1）按品种系列分柜组

经营的所有配件，不分车型，而是按类型、系统、品名分柜组经营。例如，经营发动机配件的，称为发动机柜组；经营工具的，称为工具柜组；经营通用电器的，称为通用电器柜组。

这种柜组分工方式的优点：比较适合专业化分工的要求。因为汽车配件的分类是按照配件在一部整车的几个构成部分来划分的，如发动机系统、离合器变速器系统、传动轴系统等，因此这种分工方式比较能够结合商品的本质特点。把配件进行分类、其他综合件归为一类，有利于配件经营人员深入了解配件的性能特点、材质、工艺等商品知识。

（2）按车型分柜组

按不同车型分柜组，如分成桑塔纳、富康、捷达、奥迪、大众、通用柜组等。每个柜组经营一个或两个车型的全部品种。

这种柜组分工方式的优点如下所述。

① 便于区分各车型的特征，客户可以在一个柜组中寻找到所需配件，把进货、销量、库存、资金占用、费用、资金周转几项经济指标落实到柜组，有利于企业管理的规范化、信息化管理。

② 按车型分柜组还可与整车厂编印的配件目录相一致，当向整车厂提出要货时，经营企业可以很便利地编制以车型划分的进货计划。

③ 按车型分柜组，也有利于进行经济核算和管理，而孤立地经营不同车型的部分品种，难以考核经济效益。

但这种方法也有缺点，那就是每个柜组经营品种繁多，对经营人员的要求高，他们需要熟悉所经营车型的每种商品的性能、特点、材质、价格及产地，这不是一件很容易的事，而且当一种配件可以通用几个车型时，往往容易造成重复进货和重复经营。

柜组分工方式可根据企业的具体条件确定。一个较大的汽车配件经营企业，往往在一个地区设立几个门市部，或跨地区、跨市设立门市部。在门市内部，相互间的分工至关重要，有的按车型分工，如经营大型货运车辆配件或桑塔纳、捷达、奥迪等小型车辆配件；有的不分车型，按品种系列综合经营；也有的两者兼有，既以综合经营为基础，各自又有几个特色车型。

2．门市橱窗陈列和柜台货架的摆放

对汽车配件门市部来说，陈列商品十分重要。通过陈列样品，可以加深顾客对配件的了解，方便选购。尤其对一些新产品和通用产品，更能通过样品陈列起到很好的宣传作用。

配件陈列营销的方式有橱窗商品陈列、柜台货架商品陈列、架顶陈列、壁挂陈列和平地陈列等。

配件陈列营销应注意以下事项。

（1）易于顾客辨认，满足顾客要求。要将商品摆得成行成列、整齐、有条理、多而不乱、易于辨认。

（2）库有柜有、明码标价。陈列的商品要明码标价，有货有价。商品随销随补，不断档、不空架，把所有待销售的商品展示在顾客面前。

（3）定位定量摆放。摆放商品要定位定量，不要随便移动，以利于经营人员取放、盘点，从而提高工作效率。

（4）分类、分等摆放。应按商品的品种、系列、质量等级等有规律地摆放，以便客户挑选。

（5）连带商品摆放。把使用上有联系的商品，摆放在一起陈列，这样能引起顾客的联想，具有销售上的连带效应。

六、汽车配件的网络化营销

随着我国汽车服务市场及互联网信息技术的日益发展，汽车配件网络化经营和电子商务，已经呈现质量提升的趋势，信息管理成为汽车配件企业最重要的竞争工具之一。

目前国内的许多大中型汽车修理企业建立了计算机管理系统，实现了内部联网。这种网络覆盖了整个维修业务，从业务接待到派工领料，再到检验结算。计算机化的实时控制使经营者可随时了解厂内的实时状态，从而可以进行监控，并且大大提高每位员工的工作效率，更重要的是可取代手工做账和对账，加强配件管理。

1. 汽车配件网络化经营的优点

（1）网络化营销可以更方便地收集顾客购买汽车配件过程中所提出的各种问题，并及时将这些信息反馈给汽车配件生产企业，便于企业及时了解市场及客户的需求。

（2）网络化营销提高了销售的速度与便捷性，网络营销为客户提供24小时服务。客户在网络上了解经营企业全貌，下载所需车款配件的图片，了解价格，下订单等；企业可以节约时间和费用，包括员工、管理、市场等方面的花费等，而节省下的费用又可在汽车配件售价上使顾客受益，从而抢得市场先机。

（3）企业与客户通过互联网即可轻松获得汽车配件市场信息，相互交流，生产企业可以及时得知配件销售商的库存情况和销售情况，从而调整自己的生产和汽车配件调配计划。汽车配件销售商减少了库存，加快了资金流通，获得了较满意的收益。对用户来说，他们可以通过互联网，像“点菜”似地随意选取自己所需要的汽车配件。

（4）互联网还可起到一定的广告促销作用。

（5）实现汽车配件经营企业与经营商观念的变革，拉近汽车配件生产企业、销售商和顾客的距离。

2. 网络系统和网络化经营

目前国内一些汽配汽车用品网站迅速兴起，为产品供应商及消费者搭建了网络交流的平台。2007年，德国宝马首开先河，开通eBay配件直销网店，成为第一家在网上直销汽车零配件的汽车制造商，大大满足了车主对零配件日益增长的需求。

网络化经营汽车配件对于顾客、经销商，以及生产企业都是有利的。一个合格的汽配网络推广平台必须具备提供3种能力的条件：作为网上零售商的供应商、开设网上超市、自行建立网上销售型的网站。

（1）网上零售商的供应商

网上零售网站的供货商同传统的销售模式并没有很大的区别，配件企业不需要对网络有多少了解，也不需要增加额外的投入，当然，由于配件企业不参与网上销售管理，网上销售的主动权就掌握在网上零售商手里，销售业绩会受到诸多因素的限制，供货配件企业对此难以控制。

（2）建立网上销售型的网站

一些具有实力的配件企业可以自行建立一个功能完备的电子商务网站，从订单管理到售后服务都可以通过网站实现。企业成立专门的电子商务网站销售企业产品，并且将网上销售集成到企业的经营流程中去，这不仅是经济实力的体现，也是提高经营效率，增强竞争力的基础。但这种方式由于对资金和技术要求很高，开发时间长，还要涉及网上支付、网络安全、商品配送等一系列复杂的问题，需要一批专业人员来经营。

对于一般配件企业而言，他们自行生产的产品品种相对较少，通常都专注于生产一类或者几类产品，各种款式总数量通常也不会很多，无法和综合性网上零售商数以十万计的商品相提并论，而消费者在网上购买商品的主要原因之一就是可以从大量商品中进行选择，因此配件企业在商品品种方面并不具有特别的优势。对大多数企业而言，由于网上销售目前还没有形成主流，巨大的投资很难在短时间内见效，因此自行建立这样的电子商务系统并非最好的选择。

（3）网上超市

汽车零配件的网络化经营比较简单的方式是建立网上超市，网上超市可以在一定程度上满足企业网上销售的需要，厂家不必一次性投入大量的资金，避免了复杂的技术开发，而且适用范围更加广泛、风险也较小，因此，对于没有建立企业网站的企业或者不具备电子商务功能的网站，开设网上超市是一种比较快捷的方式，即使对于一般的电子商务网站，同样可以合理利用电子商务平台提供的强大功能，成为企业开展电子商务，争夺网上生存空间的补充或者过渡形式。当然，由于网上超市也存在一定的问题，真正能够利用网上超市获得理想的收益仍然不是一件容易的事情，这取决于网上超市平台的专业性用户资源，以及企业本身的经营能力。

3．汽车配件的电子商务

（1）电子商务的定义

电子商务是指以“数据信息”，即以电子、光或类似手段，包括电子数据交换（EDI）、电子邮件、电报、电信、电子复印等方式，所产生、发送、接受或存储的信息形式，也包括使用替代物替代以纸质文档为基础的信息交换与存储方法，所进行的商务活动。

（2）电子商务的特点

① 更广阔的营销环境。

② 更广阔的营销市场。

③ 更低廉的营销价格及流通速度。

④ 网络的运用，符合人们的消费习惯。

（3）电子商务的分类

① 按交易对象分类

第一种类型是企业与消费者之间的电子商务（B2C 模式）。

第二种类型是企业与企业之间的电子商务（B2B 模式）。

第三种类型是企业与政府之间的电子商务（B2G 模式）。

② 按照使用网络的类型分类

第一种类型是 EDI 商业。

第二种类型是 Internet 商业。

第三种类型是 Intranet 商业。

（4）汽车配件电子商务的运用

① 汽车配件信息包括两部分：基本信息和附加信息。基本信息一般包括配件名称、编号、价格、工时、适用车型（年款、厂家、车型）等；附加信息包括进货价格、进货渠道、销售价格等。

② 汽车配件电子商务经营模式。传统汽车零部件市场流通的环节过多，平均下来有 3～5 个环节，人为推高维修成本，而且供求信息不对称，结算方式不合理、管理不规范等因素都制约了传统汽配市场的发展。互联网的发展和应用，掀起了我国汽配行业电商新方向。天猫、京东等电

商平台的汽车配件销售规模正成倍增长，成为互联网经营的主力。

以“互联网思维”统御汽配市场，通过运营线上“汇配通商城”——汽配行业 F2B 电子商务平台网站，线下整合汽配生产厂家、仓储物流配送中心、银行结算和供应链金融服务、汽车修理厂四方市场主体，为汽配行业提供信息、仓储、物流、渠道、金融、技术一站式服务。通过实现汽车零配件“企业对企业”销售、“仓库至维修车间”配送，集信息支持、仓储支持、结算支持、渠道支持、物流支持为一体的现代化交易物流综合服务平台，能有效降低综合运营成本，解决供求双方信息不对称，确保产品品质，有利于品牌的高效推广。

任务四 汽车配件商务活动及售后服务活动开展

一、汽车配件商务活动

1. 订立和履行合同

汽车配件营销常用的书面合同有：购销合同、运输合同、保险合同。

（1）合同的概念和作用

概念：合同是双方当事人之间设立、变更、终止双方债权债务关系的协议。

主要作用：有利于维护合同当事人的合法权益和明确当事人的权利、义务。

（2）合同的特征

① 平等性。签订合同的双方或多方的法律地位是平等的，合同是协商、协作的产物；

② 自愿性。合同的签订是一个协商一致的过程。合同的内容只有表达当事人彼此一致的意愿，合同才能成立并有效；

③ 合法性。合同的撰写要严格遵守《中华人民共和国合同法》（以下简称《合同法》）的规定。合同内容必须是合法的，否则合同无效；

④ 规范性。依法成立的合同对当事人具有法律约束力；合同的写法和格式需要规范。

（3）订立合同的原则

① 平等原则。

② 自愿原则。

③ 公平原则。

④ 诚实信用原则。

⑤ 合法原则。

（4）买卖合同的内容

① 标的。标的是买卖合同双方当事人权利义务指向的对象。买卖合同不规定标的，就会失去目的，失去意义，因此，标的是买卖合同的必要条款。标的条款必须清楚地写明标的物的名称。

② 数量。标的物的数量是确定买卖合同标的物的具体条件之一。标的物的数量要确切，应选择双方共同接受的计量单位。可以采用行业或者交易习惯认可的计量单位。要确认双方认可的计量方法，同时应允许规定合理的磅差或尾差。

标的物的数量属于买卖合同成立应当具备的必要条款。

③ 质量。标的物的质量是确定买卖合同标的物的具体条件。标的物的质量一般包括两个方面的要求：一是标的物的品种和规格，通常指标的物的型号、批号、尺码、级别等；二是标的物的内在品质，通常指标的物应达到其应有的功效，并且不含有隐蔽瑕疵、缺陷等。标的物的质量须

定得详细具体。

但在一般情形下，欠缺质量条款，并不影响买卖合同的成立。当事人没有约定质量条款或者约定不明确，可以依照《合同法》第 61 条以及第 62 条的第 1 项补充确定。

④ 履行期限、地点和方式。履行期限直接关系到买卖合同义务完成的时间，涉及当事人的期限利益，也是确定违约与否的因素之一。履行期限可以约定为即时履行，也可以约定为定时履行，还可以约定为一定期限内履行。如果是分期履行，还应写明每期的准确时间。

履行地点是确定验收地点的依据，是确定运输费用由谁负担、风险由谁承受的依据；有时是确定标的物所有权是否转移、何时转移的依据；还是确定诉讼管辖的依据之一；对于涉外买卖合同纠纷，它是确定法律适用的一项依据。因而它十分重要，应在合同中写明。

履行方式，例如是一次交付还是分批交付，是交付实物还是交付提取标的物的单证，是铁路运输还是空运、水运等，同样事关当事人的物质利益，因此，应在合同中写明。

履行期限、履行地点和履行方式未在买卖合同中做出明确约定，一般并不影响买卖合同的成立。当事人未约定履行期限、履行地点和履行方式条款或者约定的不明确，可以依照《合同法》第 61 条、第 62 条第 4 款、第 3 款、第 5 款以及第 141 条第 2 款、第 160 条、第 161 条的规定补充确定。

2．汽车配件的展示与陈列

在汽车配件市场竞争激烈以及国内配件市场逐步规范的形势下，如何宣传与展示产品，取得良好的信誉已成为汽车配件营销的基础。

经营汽车配件的营业场地并不需要太大，但需要合理的布置。牌匾要醒目大方、标新立异；橱窗要洁净明亮、装饰新颖；配件、道具陈列以及背景和色彩搭配都要协调统一，给人以整体感，如图 2-7 所示，同时还应注意以下两点。

（1）要体现本店的经营特色，突出专营配件，如图 2-8 所示。结合经营店的经营范围和特点灵活地运用一些方法，适当地放大配件模型来增强宣传效果，如图 2-9 所示。

图 2-7　背景和色彩搭配要协调

图 2-8　突出专营配件

（2）要在色彩、灯光和图案文字上突出宣传效果。以配件色彩为中心，注意冷暖色调的搭配，一定要衬出配件的主体地位，不要喧宾夺主。适当地运用灯光，如小型霓虹灯，使配件显得高档；而保修、保退等售后服务项目可用文字、图案等形式突出表现，以增强客户对本店的信任。汽车配件经营场地的布置既要体现经销商专业、诚信和务实的特征，又要为顾客营造一个轻松愉快、充满信任的购物环境。

图 2-9　米其林轮胎专卖店

二、汽车配件售后服务与保修索赔

1．汽车配件售后服务的作用与意义

（1）汽车配件经营企业为客户提供及时、周到、可靠的服务，可以保证客户所购汽车配件的正常使用，最大限度地发挥汽车配件的使用价值。

（2）争取客户，增强企业的竞争力。除了产品性能、质量、价格之外，优质的售后服务可以增加客户对产品的好感。增加产品的好口碑，提高企业的声誉，迎来更多的客户，从而增强企业的竞争能力。

（3）收集客户和市场的反馈信息，为企业正确决策提供依据。售后服务不仅可以使企业掌握客户的信息资料，还可以广泛收集客户意见和市场需求信息，为企业经营决策提供依据，使企业能按照客户意见和市场需求的变化进行决策，从而提高决策的科学性、正确性，减少风险和失误。

（4）汽车配件经营企业应认识到汽车配件卖出去以后，不是销售的结束，而是扩大市场的开始。

2．售后服务的内容

售后服务是经营人员在配件售出，到达客户手里后，继续提供的各项服务。售后服务主要包括下列内容。

（1）建立客户档案

客户的档案管理是对客户的有关材料以及其他技术资料加以收集、整理、保管和对变动情况进行记载的一项专门工作。建立客户档案直接关系到售后服务的正确组织和实施。

档案管理必须做到以下几点：

① 档案内容必须完整、准确；

② 档案内容的变动必须及时；

③ 档案的查阅、改动必须遵循有关规章制度；

④ 要确保某些档案及资料的保密性。

客户档案主要内容包括：客户名称、详细地址、邮政编码、联系电话、法定代表人姓名、注册资金、生产经营范围、经营状况、信用状况、供销联系人、银行账号、与其建立交易关系的时间、历年交易记录、联系记录、配件消耗、配件来源情况等。

（2）对客户进行分类

在建立客户档案，并对客户进行调查分析的基础上，对客户进行分类。

① A 类客户：资信状况好、经营作风好、经济实力强、长期往来成交次数多、成交额较大、关系比较牢固的基本往来户。

② B 类客户：资信状况好、经济实力不太强，但也能进行一般的交易，完成一定购买额的一般往来户。

③ C 类客户：资信状况一般、业务成交量较少，可作为普通联系户。

对于不同类别的客户，要采取不同的经营策略，优先与 A 类客户成交，在资源分配和定价上适当优惠；对 B 类客户要“保持”和“培养”；对 C 类客户则应积极争取，加强联系。

（3）保持与客户的联系

建立客户档案和客户分类的目的在于及时与客户联系，了解客户的需求，并对客户的需求做出答复。应经常查阅最近的客户档案，了解客户汽车配件的使用情况以及存在的问题。与客户进

行联系时应遵循以下准则：

① 了解客户的需求。应了解客户的汽车配件使用中有什么问题，或者客户还有哪些需求；

② 专心听取客户的需求并做出答复；

③ 多提问题，确保完全理解客户的需求；

④ 总结客户的需求。在完全理解了客户的需求以后，还要进行归纳，填写“汽车配件客户满意度调查表”。

⑤ 对于 A、B 两类客户，可定期或不定期召开用户座谈会或邀请他们参加本企业的一些庆典或文化娱乐活动，加深与客户的联系。

（4）送货上门和质量“三包”

送货服务大大方便了顾客，目前在汽配经营行业普遍采用。对售出的配件实行质量“三包”（包退、包换、包修），维护了客户的权益，降低了客户的风险，而且也提高了企业的信誉，从而可以刺激销售。

（5）了解配件使用信息

要积极主动向大客户，如汽车修理企业、汽车运输公司、租赁公司、出租公司的修理厂等，了解车辆状况，按配件消耗规律，找出客户需求的规律性，以便及时协助客户合理储备配件。

① 了解客户车辆状况，主要了解客户拥有的车型、购买时间和使用状况。

② 找出客户配件消耗的规律，汽车的使用寿命周期由初期使用—正常使用—大中修理—后期使用—逐渐报废这样一个全过程。汽车配件消耗在这个全过程中的规律性，如表 2-4 所示。

表 2-4　汽车配件消耗规律

配件消耗时期	配件消耗规律
初期使用	走合期，零件磨损较快，所以配件消耗上升
正常使用期	在此期间，零件磨损转为平稳，配件消耗正常
中修期	以磨损消耗的配件为主，如发动机高速运动部位的配件
大修期	以磨损消耗的配件为主，如发动机、变速器等部位的配件
混合期	以定期保养用配件和磨损消耗的配件为主，以及由于大、中修质量影响造成返修所消耗的配件
后期使用	配件一般不属于正常磨损，在第一次大修时对底盘各部总成进行全面检查和调整
逐渐报废期	此期间配件消耗下降，配件储备处于紧缩阶段

根据以上规律的总结，可以看出配件消耗是以不同使用时期的不同消耗为重点的动态增减规律，它反映了配件消耗规律的普遍性，这是一种函数关系，如图 2-10 所示。

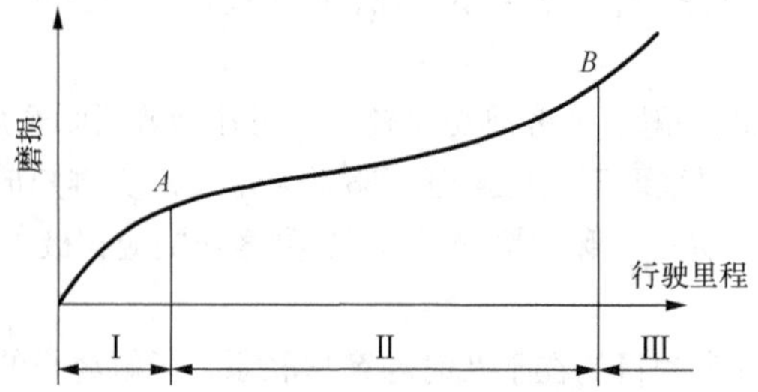

图 2-10　汽车配件磨损规律

它是符合车辆使用寿命周期规律的。配件储备定额应与上述函数建立对应关系，加上一定的安全储备量，这就是动态储备定额。按这个定额储备配件，就能满足车辆在不同使用时期配件消耗的需要。这样既保证了维修车辆配件消耗的需要，又相对节省了储备资金，同时避免了配件积压和报废损失。

（6）协助客户合理储备配件

① 配件储备要建立在消耗的基础上，以配件消耗量定存储量，加强分析配件的消耗规律，为制订维修配件储存计划提供依据。

② 根据车辆技术性能和使用条件，制订车辆在整个使用寿命周期内配件消耗分期计划，确定不同时期配件消耗重点，进而确定库存量和库存结构。

③ 认清总成和零件的存量关系，使存量合理化。总成可以分为大总成、小总成和事故总成，它们应分别采取不同方法储备。

a. 大总成，如发动机、变速器等。这类总成损坏率小，主要部件损坏时才需更换，储备不应过多，甚至可以在需要时临时采购。主要原因是其价格较高，这样做可以节省储备资金。

b. 小总成，如供油泵、发电机等。它们占用全车总成的 2/3 左右，这类总成一般易损，修理占用工时较长，影响车辆完好率，且一般总成比它的成套零件价格便宜。这类总成内的零件往往只有若干件易损，全部备齐也不经济。当前随着人们时间观念的增强，一般要求更换小总成，将原小总成取下留存，待修理好后，作为以后再次损坏时的备用品。可以根据实际使用情况，多储备小总成。在摸清其内部损坏零件后再有目的地储备零件。

c. 事故总成，如车架、保险杠、前后桥等。这类总成多由事故造成损坏，故不应提前储备，在接到事故车后，及时向预先约定的关系单位购买，这样较为经济。

d. 对保有量极少的车型，要采取特殊管理方法，以防急需时因配件待料，直接影响生产，如油罐车和牵引车等，因此必须想方设法保证供应。除加强与有车单位的横向联系外，对易损配件要储备充足，以保证正常维修的需要。大、中修配件集中在发动机、离合器、变速器等部位，可考虑备用总成，供修理时更换，换下的旧总成可在充足时间内修理，没有储备的配件也可以在此时间采购。旧总成修复后可作备用，这样就减少了大量库存配件。底盘配件可在第一次大修时检修调整，有目的、有计划地安排储备量。

3．汽车售后配件保修索赔

（1）汽车配件索赔定义、目的与原则

汽车售后配件索赔是把汽车销售企业（主要指汽车 4S 店）售出的车辆，在保修期内出现的汽车配件的质量问题，由索赔员代替客户与制造企业（主机厂）进行协商，给予配件的维修或更换，其相关费用（材料费和工时费等）由主机厂支付，从而维护主机厂及消费者的权利。

汽车配件索赔的目的是对产品质量的担保，为具有质量缺陷的产品提供服务；使用户对汽车配件企业的产品的质量及售后服务满意，以维护汽车制造企业及配件企业的形象、信誉，进一步完善汽车配件供应与销售体系，从而以优质的服务赢得用户的信赖。

汽车配件售后索赔原则：诚信正直、公平公正、相互信赖、认真负责。

（2）保修索赔期和保修索赔范围

各汽车制造企业保修索赔的具体规定尽管有些不同，但原则上没有大的区别。整车、配件的保修索赔期和保修索赔范围一般包括以下内容。

① 保修索赔期

整车保修索赔期：整车保修索赔期从车辆开具购车发票之日起的 24 个月内，或车辆行驶累计里程 4 万 km 以内，两条件以先达到为准。如果超出以上两范围之一的，该车就超出保修索赔期。

整车保修索赔期内，特殊零部件依照特殊零部件保修索赔期的规定执行。

特殊零部件保修规定：控制臂球头销、防尘套、横拉杆、万向节、前后减振器、各类轴承、橡胶件、喷油嘴、喇叭、蓄电池、氧传感器、三元催化转换器等都按 12 个月或者 4 万 km 的保修期执行。

② 配件保修索赔期

a. 由特约销售服务站免费更换安装的配件，其保修索赔期随整车保修索赔期结束而结束。

b. 由用户付费并由特约销售服务站更换和安装的配件，从车辆修竣后客户验收合格日和千米数算起，其保修索赔期为 12 个月或 4 万 km（两条件以先达到为准）。

在此期间，因为保修而免费更换的同一配件的保修索赔期为其付费配件保修索赔期的剩余部分，即随着付费配件的保修索赔期结束而结束。

（3）保修索赔的前提条件

① 必须是在规定的保修索赔期内；

② 用户必须遵守保修保养手册的规定，正确驾驶、保养、存放车辆；

③ 所有保修服务工作必须由汽车制造厂设在各地的特约销售服务站实施；

④ 必须是由特约销售服务站售出并安装或原车装在车辆上的配件，方可申请保修。

（4）保修索赔范围

① 在保修索赔期内，车辆正常使用情况下整车或配件发生质量故障和修复故障所花费的材料费、工时费属于保修索赔范围。

② 在保修索赔期内，车辆发生故障无法行驶，需要特约销售服务站外出抢修，特约销售服务站在抢修中的交通、住宿等费用属于保修索赔范围。

③ 汽车制造厂为每一辆车提供两次在汽车特约销售服务站进行免费保养，两次免费保养的费用属于保修索赔范围。

④ 不同行驶里程免费保养项目如下：

a. 2000km 免费保养项目：

- 更换机油及机油滤清器；
- 检查传动带；
- 检查空调暖风系统软管和接头；
- 检查冷却液；
- 检查冷却系软管及卡箍；
- 检查通风软管和接头；
- 清洗空气滤清器滤芯；
- 检查油箱盖、油管、软管和接头；
- 检查制动液和软管；
- 检查、调整驻车制动器；
- 检查轮胎和充气压力；
- 检查灯、喇叭、刮水器和洗涤器。

b. 6000km 免费保养项目：

- 更换机油及机油滤清器；

- 检查冷却液；
- 检查冷却系统软管及卡箍；
- 检查通风软管和接头；
- 清洗空气滤清器滤芯；
- 检查油箱盖、油管、软管和接头；
- 检查排气管和安装支座；
- 检查变速器、差速器油；
- 检查制动液和软管，必要时添加制动液；
- 检查、调整驻车制动器；
- 检查、调整前后悬架；
- 检查、调整底盘和车身的螺栓和螺母；
- 检查动力转向液，必要时添加；
- 检查轮胎和充气压力；
- 检查灯、喇叭、刮水器和洗涤器；
- 检查空调暖风；
- 检查空调滤清器。

4．不属于保修索赔的范围

（1）在汽车制造厂特许经销商处购买的每一辆汽车都随车配有一本保修保养手册，该保修保养手册须盖有售出该车的特许经销商的印章，并在购车客户签名后方可生效。不具有保修保养手册，或保修保养手册上印章不全或发现擅自涂改保修保养手册情况的，汽车特约销售服务站有权拒绝客户的保修索赔申请。

（2）车辆正常例行保养和车辆正常使用中的损耗件不属于保修索赔范围，包括润滑油、机油和各类滤清器；火花塞；刹车片、离合器片；清洁剂和上光剂；灯泡；轮胎；雨刮片。

（3）车辆因为缺少保养或未按保修保养手册上规定的保养项目进行保养而造成的车辆故障，不属于保修索赔范围。

（4）车辆不是在汽车制造厂授权服务站维修，或者车辆安装了未经汽车制造厂售后服务部门许可的配件不属于保修索赔范围。

（5）用户私自拆卸更换里程表，或更改里程表读数的车辆（不包括汽车特约销售服务站对车辆故障诊断维修的正常操作）不属于保修索赔范围。

（6）因为环境、自然灾害、意外事件造成的车辆故障不属于保修索赔范围，如酸雨、树胶、沥青、地震、冰雹、水灾、火灾、车祸等。

（7）因为用户使用不当，滥用车辆（如用作赛车）或未经汽车制造厂售后服务部门许可改装车辆而引起的车辆故障不属于保修索赔范围。

（8）间接损失不属于保修索赔范围。因车辆故障引起的经济、时间损失（如租赁其他车辆或在外过夜等因素）不属于保修索赔范围。

（9）由于特约销售服务站操作不当造成的损坏不在保修索赔范围。同时，特约销售服务站应当承担责任并进行修复。

（10）在保修索赔期内，用户车辆出现故障后未经主机厂（或汽车特约销售服务站）同意继续使用而造成进一步损坏，主机厂只对原有故障损失（须证实属产品质量问题）负责，其余损失责任由用户承担。

（11）车辆发生严重事故时，因用户未保护现场或因丢失损坏零件以致无法判明事故原因，汽车制造厂不承担保修索赔费用。

5．其他保修索赔事宜

（1）库存待售成品车辆的保修

对车辆因放置时间较长出现油漆变（褪）色、锈蚀、车厢底板翘曲变形等外观缺陷，由汽车制造厂索赔管理部批准后可以保修。

（2）保修索赔期满后出现的问题

对于超过保修索赔期而又确属耐用件存在质量问题的车辆，由汽车制造厂技术服务代表和汽车特约销售服务站共同对故障原因进行鉴定，并在征求汽车制造厂索赔管理部同意后方可按保修处理。

（3）更换仪表的特殊事宜

因仪表有质量问题而更换仪表总成的，汽车特约销售服务站应在用户“保修手册”上注明原仪表上的里程数及更换日期。

（4）故障原因和责任难以判断的问题

对于故障原因和责任难以判断的情况，如用户确实按“使用说明书”规定使用和保养车辆且能出示有关证据，如保养记录、询问驾驶员对车辆性能和使用的熟悉程度等符合规定的车辆，须报汽车制造厂索赔管理部同意后可以保修。

项目拓展

奔驰汽车营销的成功之道

德国奔驰（Benz）汽车公司在世界汽车行业独树一帜，以优质优价闻名于世。在激烈的市场竞争，世界许多汽车制造公司削减生产、缩短工时、裁减人员，而奔驰公司不仅保持生产，而且产量还略有增加。在激烈的国际竞争中，奔驰之所以能够很好地求得生存和发展，并成为世界汽车工业的佼佼者，重要的一点就在于它以“顾客要求第一”“广为顾客服务”为经营理念，充分认识到公司提供给顾客的产品，不仅是交通工具，还应包括汽车的质量、造型、功能、维修服务等，即以自己的产品整体来满足顾客的整体要求。正因为如此，在对世界近万名消费者的抽样调查中，奔驰车得分仅次于可口可乐和索尼，位列“世界名牌第一车”。那么奔驰是如何取得如此巨大成功的呢?下面我们来看看奔驰的营销理念。

1.“奔驰”的定位：元首座驾

在汽车行业众多的品牌中，定位观点是各不相同的。宝马车强调的是“驾驶的乐趣”，富豪强调“耐久安全”，马自达强调“可靠”，绅宝（SAAB）强调“飞行科技”，丰田（TOYOTA）强调“跑车外形”，菲亚特强调“精力充沛”，而奔驰的定位则是“高贵、王者、显赫、至尊”，奔驰的TV广告中较出名的系列是“世界元首使用最多的车”。

为了达到这一定位目的，奔驰公司一方面在产品的品质上追求精益求精，另一方面在价格定位上，也选取了高价位，与日本车的价格相比，一辆奔驰车的价格可以买两辆日本车。价值定价成为奔驰公司最重要的制胜武器。无怪乎消费者为了得到身份与地位的心理满足感而不惜重金。

2.“奔驰”的质量观

奔驰汽车的质量是首屈一指的。在产品的构想、设计、研制、试制、生产、维修等环节都突出了质量标准。其措施主要有如下几个方面。

（1）不断提高职工的技术水平，造就一支技术熟练的职工队伍。奔驰公司在国内有502个培训中心，培训范围包括新招学徒工的基本训练、公司管理人员的培训和在职职工的专业提高。受基本训练的职工平均每年维持在6000人左右，另外每年有2万～3万名在职职工参加培训，以保证职工的业务水平不断提高。

（2）建立严格的质量检测制度。奔驰公司始终将高品质看成是取得用户信任和加强竞争能力的最重要的一环，讲究精工细作，强调“质量先于数量”，要“为做得更好、最好而努力”。为此公司建立了严格的质量检测制度，并采取了先进的检测手段。对外加工件的检查，如一箱中发现有一个不合格，就要全部退货。对公司自产的发动机要经过42道工序自动检验。油漆稍有划痕，也要重新返工。在整车检测上，公司除了有计算机控制的质检系统检查外，还有一个占地 $84000m^2$ 的试验场，场内有各种不同路面的车道、障碍物等。公司每年要用100辆崭新的汽车进行各种破坏性试验测试，如以时速35英里（56.33km）去冲撞坚固的混凝土厚墙等。

（3）宁缺毋滥，确保优质。为确保奔驰车的质量，公司始终严格限制产品数量。多年来，奔驰车的产量一直控制在70万辆左右，而不像美国、日本和法国公司那样逐年增加产量。

由于奔驰公司严把质量关，使公司保持着优质名牌的地位和声誉。今天，奔驰汽车已在全世界的顾客心目中树立了这样的金字招牌：奔驰——优质。高品质、信赖性、安全性、先进技术、环境适应性是奔驰造车的基本理念，凡是公司所推出的汽车均需达到五项理念的标准，缺少其中任何一项或未达标准者均被视为缺陷品。

3.“奔驰”的创新观

奔驰汽车公司自开创以来，一直坚持大胆而科学的创新，以创新求发展是该公司的一贯方针，他们不断变换车型，不断地将新的工艺技术应用到生产上。奔驰公司在创新中始终贯彻“顾客要求第一”的经营理念。顾客的要求通过计算机向生产流水线发出指令，生产流水线即可生产出符合顾客要求的产品。目前，该公司生产的车辆从一般小轿车到大型载重汽车共160种，计3700个型号。

4. 奔驰的社会营销观

奔驰的汽车产品不仅优质，而且在造车时始终抱着对社会负责的态度来制造满足社会需求的车，充分体现了奔驰的社会责任感。

（1）制造全世界最“安全”的车

据统计，每年全球因交通事故死伤的人数高达25万人，汽车的安全问题尤其突出。奔驰公司一向重视交通安全问题，它首创的吸收冲击式车身，SRS安全气囊等安全设计被汽车工业界引为标杆，并导致各汽车大厂竞相投入研究开发的行列。翻开奔驰公司的历史，从20世纪50年代开始它就致力于安全问题的研究。1953年奔驰公司发明的框形底盘上的承载式焊接结构使得衡量车身制造的标准朝着既美观又安全的方向迈出了第一步。在600型的基础上，奔驰公司又研制出“安全客舱”：载客的内舱在发生交通事故时不会被挤瘪，承受冲击力的是发动机箱和行李箱这两个“缓冲区”，为了不让转向盘挤坏驾驶员，转向柱是套管式的，可以推拢到一起；每一部小轿车上，从车身到驾驶室部件，共有136个零部件是为安全服务的。

（2）制造环保至上的车

尽管汽车给人们带来很多的好处，遗憾的是汽车加速了环境的污染。汽车的运行增加了城市的噪声；汽车排出的废气污染了空气……环境污染成为汽车的两大克星之一（另一个是能源危机)。行家们预言，未来的汽车是环保汽车，如利用电能的电车，石油、太阳能、煤、核能、水力、风力都可以用来发电，这就使得汽车能源不局限于某一种能源，还可部分地消除噪声与废气的污染。

奔驰公司把对环保问题的关切作为其汽车设计的重点，长期以来重视环保技术的研究，研制节能和保护环境方面的新型汽车。石油危机发生后，奔驰公司着力研究汽车代用能源，如乙烷、甲烷、电动或混合燃料发动装置。

奔驰公司每年定期推出强化企业形象的广告，表现其对环境问题的高度关心是它的重要内容。一般汽车公司是以美国环保法规为最终标准，多数的商品开发也以满足美国的标准为前提，但奔驰公司除了这些之外，还另外制定了一套比美国标准还严格的管理规定。“使你加入节约能源及环境保护的工作”就是奔驰广告的口号。

5.“奔驰”的CS理念

(1)顾客满意从生产车间开始

在以消费者为中心的营销时代，顾客满意(CS)促销方兴未艾。它是指从顾客的需要出发，从产品结构、产品质量、销售方式、服务项目、服务水平等方面为顾客服务，满足顾客的各种不同的需要，使顾客完全满意。

一般的CS都是售后的，而奔驰公司的CS从生产车间就已经开始。厂里在未成型的汽车上挂有一块块的牌子，写着顾客的姓名、车辆型号、式样、色彩、规格和特殊要求等。不同色彩，不同规格，乃至在汽车里安装什么样的收录机等千差万别的要求，奔驰公司都能一一给予满足。据统计，奔驰车共有3700种型号。任何不同的需要都能得到满足。

(2)服务人员和生产人员一样多

奔驰公司的售后服务无处不在，使奔驰车主没有任何后顾之忧。在德国本土，奔驰公司设有1700多个维修站，雇有5.6万人从事维护和修理工作，在公路上平均不到25千米就可以找到一家奔驰车维修站。国外的维修站点也很多，据统计，它的轿车与商业用车在世界范围内共有5800个服务网点，提供保修、租赁和信用卡等服务。如果车辆在途中发生意外故障，开车的人只要就近向维修站打个电话，维修站就会派人来修理或把车辆拉到附近不远处的维修站去修理。无处不在的售后服务，使奔驰车主绝无半点烦恼。

奔驰车一般每行驶7500km需要换机油一次，行驶1.5万km需检修一次，这些服务都可以在当天完成。从急送零件到以电子计算机开展的咨询服务，奔驰公司的服务效率令顾客满意和放心。

(3)顾客满意从儿童开始培养

奔驰公司十分重视争取潜在的客户。它瞄准未来，心理争夺战竟从娃娃开始做起。每个来取货的顾客驱车离去时，“奔驰”都赠送一辆可作孩子玩具的小小奔驰车，使车主的下一代也能对奔驰车产生浓厚的兴趣，争取一代代都成为奔驰车的客户。这样客户对奔驰品牌的忠诚就世代地继承下来，从小喜爱奔驰车的幼童渐渐地被培养为终生喜爱奔驰车的客户。

“质量、创新、服务”是奔驰汽车公司一向倡导坚持的企业六字经营理念，但这6个字并非奔驰公司独创，也不是什么秘密。但是能站在对市场环境正确把握的基础上，把这些先进的理念与产品有机地结合起来，各企业的做法却有所差异。正是这种结合上的差异，才使奔驰汽车公司牢固地树立了整体产品的良好形象，使奔驰汽车公司成为当今世界汽车工业中一颗璀璨夺目的明珠。

自始至终站在顾客的角度来思考问题、经营企业，以顾客的需求为核心，顾客至上这是奔驰成功的秘诀之一，也是奔驰营销带给我们的可借鉴之处。

项目实训工单

项目名称	汽车配件营销	班 级		日 期	
学生姓名		学 号		项目成绩	
项目载体	配件实训室，汽车营销企业			老师签字	
项目目标	1. 了解汽车配件市场的网络与电子商务销售技巧 2. 掌握汽车配件人员日常接待礼仪要求 3. 能够按照任务描述完成工作任务				

一、资讯

1. 填空

（1）汽车配件的营销模式包括__________、__________、__________、__________。

（2）汽车配件售后索赔原则有__________、__________、__________、__________。

（3）汽车配件促销方式有__________、__________、__________、__________。

2. 简述

（1）汽车配件含义。

（2）汽车配件的电子商务销售技巧。

（3）汽车配件营销人员的基本素质。

二、计划与决策

人员分工（每组4～5人）	工具、材料、仪器	实施计划
组长： 组员：		

三、项目实施

完成工作任务一：“质量、创新、服务”是奔驰汽车公司一向倡导坚持的企业六字经营理念，从汽车市场营销的角度分析奔驰汽车的市场营销理念（报告）。

续表

<table>
<tr><td colspan="3">完成工作任务二：每年我国以四十余种新车型上市，调研所在城市汽车配件市场的营销状况，完成公司在汽车及配件产品的更新换代的调整期，如何取得市场先机及占有率（方案）。

完成工作任务三：进行汽车配件人员日常接待礼仪（4S 店服务顾问）的训练。</td></tr>
<tr><td colspan="3">四、项目检查
1. 专业能力
在本项目中你学了哪些汽车配件知识？相关任务完成是否满意？

2. 个人能力
通过本项目的学习，你学会了哪些技能，提高了哪些方面职业能力和职业素质（团队精神、安全环保、社会责任等方面）？

3. 方法能力
通过本项目的学习与描述，你认为在工作过程中应提高哪些工作方法或学习方法？</td></tr>
<tr><td colspan="3">五、项目评估</td></tr>
<tr><td>个人评估</td><td>等级　A　B　C　D</td><td>说明：</td></tr>
<tr><td>小组评估</td><td>等级　A　B　C　D</td><td>说明：</td></tr>
<tr><td>老师评估</td><td>等级　A　B　C　D</td><td>说明：</td></tr>
</table>

项目三
汽车配件的类型、编号及检索

项目目标

知识目标

了解汽车配件的类型；

了解汽车配件行业术语；

熟悉计量单位及常用工具和量具。

能力目标

掌握汽车配件编号体系原则和检索方法。

情感目标

能够熟练运用汽车配件检索专业知识，履行职业道德，为客户提供质优价廉的汽车配件产品。

项目描述

一个跟师傅学习的维修人员，在一次师傅不在的时候进购配件，发觉配件都有相关的配件号，他看不懂，不能进行工作，现在要求你为他做一个汽车配件计划表，并完成配件检索过程。

课时计划

任务	项目内容	参考课时		
		教学课时	实训课时	合计
汽车配件的类型、编号及检索	汽车配件基础知识	1	2	3
	汽车配件分类与鉴别	1	2	3
	常用工具和量具的使用	2	—	2
合计		4	4	8

任务一　汽车配件基础知识

一、汽车配件类型

在汽车维修企业与汽车配件经营企业，汽车配件（Auto Spare Parts）

是构成汽车整体的各个单元及服务于汽车的一种产品，通常把汽车零部件、汽车标准件和汽车材料 3 种类型的汽车产品统称为汽车配件。

1. 汽车零部件

（1）零件

零件指不采用装配、焊接、铆接等工序制成的单一成品、单个制件，如活塞销、平垫片等。

（2）单元体

单元体指由零部件之间任意组合而构成具有某一功能特征的功能组合体，通常能在不同环境独立工作，如气门组、连杆等。

（3）子总成

子总成指由两个或多个零件经装配工序或组合加工而成，对分总成有隶属级别关系，如离合器压盘、变速器盖等。

（4）分总成

分总成指由两个或多个零件与子总成一起采用装配或焊铆等工序组合而成，对总成有隶属装配级别关系，如活塞连杆组、曲轴飞轮组等。

（5）总成

总成指由数个零件、数个分总成或它们之间的任意组合而构成一定装配级别或某一功能形式的组合体，具有装配分解特性，如发动机总成、离合器总成。

（6）零部件

零部件包括总成、分总成、子总成、单元体和零件。

2. 汽车标准件

标准件是指结构、尺寸、画法、标记等各个方面已经完全标准化，并由专业厂生产的常用的零（部）件，如螺纹件、键、销、滚动轴承等。广义的标准件包括标准化的紧固件、连接件、传动件、密封件、液压元件、气动元件、轴承、弹簧等机械零件。狭义的标准件仅包括标准化紧固件。其中适用于汽车的标准件，称为汽车标准件，如图 3-1 所示。

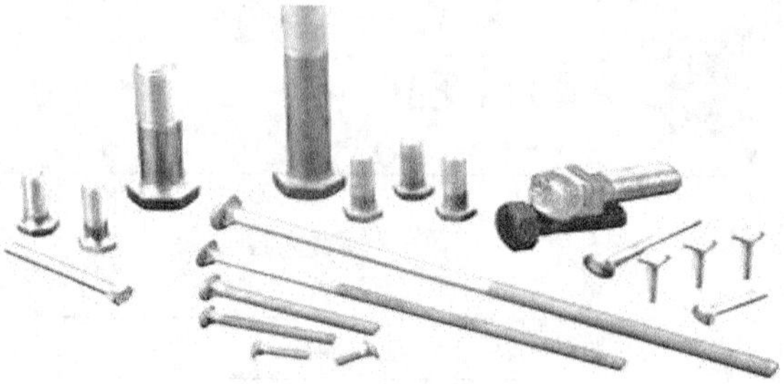

图 3-1　汽车标准件

3. 汽车材料

这里指的是汽车运行材料，所谓汽车运行材料是指车辆运行过程中，使用周期较短，消耗费用较大，对车辆使用性能有较大影响的一些金属材料，按其对汽车运行的作用和消耗方式的不同可分为：车用燃料，车用润滑油料，车用工作液，汽车轮胎，如图 3-2 所示。

4. 正品配件

正品配件是指汽车制造企业相关的汽车配件企业按照主机厂生产装配车辆要求使用的配件。这些性能、质量、规格等技术参数与主机厂完全一致的配件是为了向客户（车辆使用者）提供最佳车辆维修质量。客户使用仿制品、伪造品或回收的废品配件而出现故障的，将不在汽车制造企业新车的有限保修项目或其他汽车制造企业担保项目的范围内。另外，因使用仿制品、伪造品或回收的废品配件而导致其他正品损坏的情况也不在汽车制造企业保修范围内。

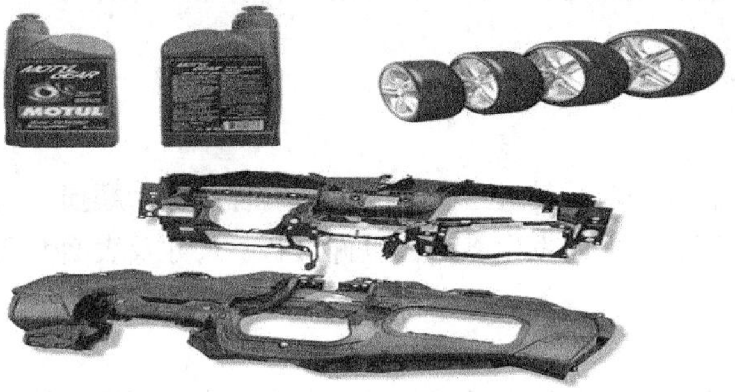

图 3-2　汽车材料

5．与汽车配件分类相关的名词

（1）相关名词

① 品种：同一名称的大类中，有相同功用而材质不同的零件，称为品种。

② 规格：零件、基础零件、合件、基础合件、组合件或总成的标准尺寸，加大或缩小的维修尺寸等称为规格。

③ 汽车配件：凡只适用于汽车上的零件、合件、组合件（包括它们的基础件）和总成统称为汽车配件。

④ 易损件：相对运动速度大、承载能力强、工作环境温度高且经常易磨损或断裂、易失效的零件为易损件。

（2）易损件分类

“易损件”顾名思义就是汽车零件中最容易受损更换的部件。易损件分为发动机易损件、底盘易损件、车身易损件、电器与电控设备易损件。

① 发动机配件与易损件

发动机是汽车的动力装置，以往复活塞式发动机为例，由两大机构五大系统组成。

常耗易损件：气缸体、气缸套、活塞、活塞环、活塞销、活塞销衬套、连杆、曲轴、连杆轴承与曲轴轴承、飞轮总成、气门、气门导管、气门弹簧、气门座圈、凸轮轴、气门挺杆、气门推杆、气门摇臂、凸轮轴正时齿轮、正时链条（齿形皮带）、进排气歧管总成、机油泵、机油集滤器、油底壳、汽油泵、汽油滤清器、空气滤清器、散热器、节温器、水泵、风扇皮带等。

② 底盘配件与易损件

汽车底盘由传动系、行驶系、转向系、制动系 4 部分组成。

常耗易损件：离合器总成、离合器从动盘总成、离合器传动操纵机构、离合器液压主缸和轮缸、变速器、传动轴及万向节、主动和从动锥齿轮、半轴、转向节、轮毂、轮毂螺栓及螺母、钢板弹簧、螺旋弹簧、钢板弹簧衬套、减振器、转向盘、转向器、动力转向装置、纵拉杆与横拉杆、空压机、液压制动主缸和轮缸、制动片、滚动轴承、汽车轮胎。

③ 车身配件与易损件

车身主要由车身、驾驶室、车架等组成。

常耗易损件：纵梁、蒸发器、蒸发器壳体、驾驶室、翼子板和挡泥板、保险杠、牌照板、车外后视镜、装饰条、车门槛嵌条、杂物盒、烟灰缸、杂物箱、立柱饰护板。

④ 电器与电控设备易损件

汽车电器与电控设备主要有各类传感器、执行器、发电机、起动机、灯光电器等组成。

常耗易损件：传感器、执行器、发电机、起动机、前照灯等。

二、汽车配件失效的形式

1．磨损

零件摩擦表面的金属在相对运动过程中不断损耗的现象称为磨损，它包括物理的、化学的、机械的、冶金的综合作用。磨损的发生将造成零件形状、尺寸及表面性质的变化，使零件的工作性能逐渐降低。

2．腐蚀

金属零件的腐蚀是指表面与周围介质起化学或电化学作用而发生的表面破坏现象。腐蚀损伤总是从金属表面开始，然后或快或慢地往里深入，并使表面的外形发生变化，出现不规则形状的凹痕、斑点等破坏区域。腐蚀的结果使金属表面产生新物质，时间长久将导致零件被破坏。

3．穴蚀

穴蚀是一种比较复杂的破坏现象，它是机械、化学、电化学等共同作用的结果。当液体中含有杂质或磨料时会加速破坏过程。穴蚀常发生在柴油机缸套的外壁、水泵零件、水轮机叶片、液压泵等处。

4．断裂

断裂是零件在机械力、热、磁、声响、腐蚀等单独或联合作用下，发生局部开裂或分成几部分的现象。断裂是金属材料在不同情况下，当局部裂纹发展到零件裂缝尺寸时，剩余截面所承受的外载荷超过其强度极限而导致的完全断裂。断裂是零件使用过程中的一种最危险的破坏形式。断裂往往会造成重大事故，产生严重后果。

5．变形

零件变形，特别是基础零件变形，使零部件之间的相互位置精度遭到破坏，影响了各组成零件之间的相互关系。在高科技迅速发展的今天，变形问题将越来越突出，它已成为维修质量低、大修周期短的一个重要原因。

6．疲劳断裂

零件在交变载荷的作用下，产生应力集中后，使零件产生冲击后形成的断裂现象。

疲劳断裂是汽车配件累积损伤的过程，是零件失效的形式之一。

任务二 | 汽车配件分类与鉴别

一、配件编码

汽配零件号即 OEM 编号，目前国内配件没有统一的编制法，各个汽车生产商都为自己的汽车以及配件制定了编制法，仅有部分配件拥有统一的规格。

1．汽车零部件编号的表达式

汽车零部件编号由企业名称代号、产品代号、组号、分组号、零部件顺序号、源码和变更代号等部分组成，如图 3-3 所示。

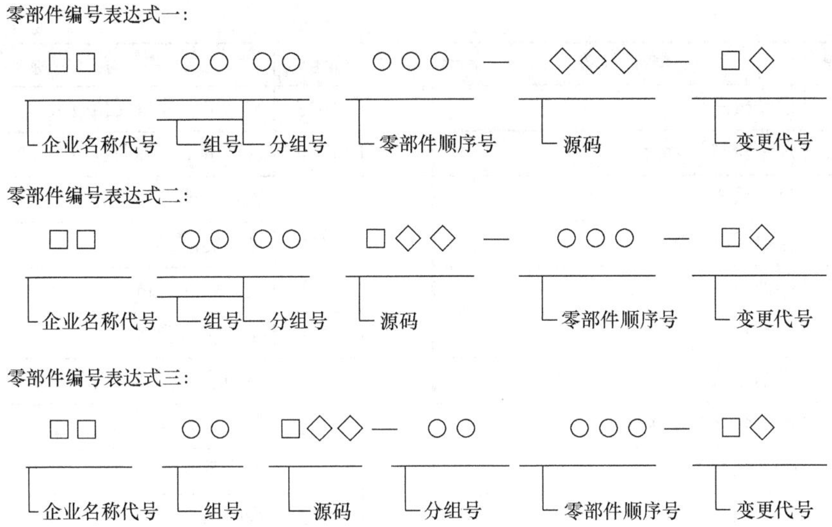

图 3-3　汽车零部件编号的表达式

□ — 大写字母，除“I”“O”外；○ — 阿拉伯数字；◇ — 字母或数字。

2．标准用术语

（1）企业名称代号——用 2～3 个字母表示。

（2）产品代号——用 3 位字母表示，指车型代号。此代号是依据企业车辆产品代号编制规则给定。

（3）组号——用两位阿拉伯数字表示，指汽车各功能系统分类代号。

（4）分组号——分组号：用 4 位阿拉伯数字表示，表示汽车各功能系统内分系统的代号，如表 3-1 所示。

（5）零部件顺序号——用 3 位阿拉伯数字表示，表示分组号内的总成、分总成、子总成、单元体或零件的顺序代号。

表 3-1　汽车产品零部件编号中的组号和分组号

组号	分组号	名　称	组号	分组号	名　称
10		发动机	10		发动机
	1000	发动机总成		1012	机油粗滤器
	1001	发动机悬置		1013	机油散热器
	1002	气缸体		1014	曲轴箱通风装置
	1003	气缸盖		1015	发动机起动辅助装置
	1004	活塞与连杆		1016	分电器传动装置
	1005	曲轴与飞轮		1017	机油细滤器
	1006	凸轮轴		1018	机油箱及油管
	1007	配气机构		1019	减压器
	1008	进排气歧管		1020	减压器操纵机构
	1009	油底壳及润滑组件		1021	正时齿轮机构
	1010	机油收集器		1022	曲轴平衡装置
	1011	机油泵		1023	发动机标牌

续表

组号	分组号	名　称	组号	分组号	名　称
10	1024	发动机吊钩	10	1026	发动机电控单元执行装置
	1025	皮带轮与张紧轮		1030	发动机工况诊断装备
11		供给系统	11		供给系统
	1100	供给系统装置		1127	自动提前器
	1101	燃油箱		1128	高压燃油管路
	1102	副燃油箱		1129	燃油喷射管路
	1103	燃油箱盖		1130	燃油蒸发物排放控制系统
	1104	燃油管路及连接件		1131	燃油压力调节器
	1105	燃油粗滤器		1132	进气系统
	1106	输油泵		1133	释压阀
	1107	节气门		1134	怠速控制阀
	1108	节气门操纵机构		1136	燃气供给系装置
	1109	空气滤清器		1140	储气瓶
	1110	调速器		1141	燃气管路
	1111	燃油喷射泵（电喷系统）		1142	蒸发器
	1112	喷油器		1143	过滤器
	1115	发动机断油机构		1144	混合器
	1116	燃油电磁阀		1145	燃气空燃比调节阀
	1117	燃油细滤器		1146	燃气压力调节器
	1118	增压器		1147	气体流量阀
	1119	中冷器		1148	气体喷射器
	1120	燃油压力脉动衰减器		1149	充气口总成
	1121	燃油分配器		1150	充气（出气）三通总成
	1122	燃油喷射泵传动装置		1151	燃气减压阀
	1123	电控喷射燃油泵		1152	燃气安全装置
	1124	电控喷射喷油器		1153	燃料选择开关
	1125	油水分离器		1154	空气预滤器
	1126	冒烟限制器		1156	供给系电控单元执行装置
12		排气系统	12		排气系统
	1200	排气系装置		1205	排气净化装置（催化转化器）
	1201	消声器		1206	二次空气供给系统
	1202	谐振器		1207	排气再循环系统（EGR）
	1203	消声器进排气管		1208	隔热板
	1204	消声器隔热板		1209	尾管

续表

组号	分组号	名　称	组号	分组号	名　称
13		冷却系统	13		冷却系统
	1300	冷却系统装置		1308	风扇
	1301	散热器		1309	风扇护风罩
	1302	散热器装置		1310	散热器百叶窗
	1303	散热器软管与连接管		1311	膨胀水箱
	1304	散热器盖		1312	水式热交换器
	1305	放水开关		1313	风扇离合器
	1306	调温器		1314	冷却系统电控单元执行装置
	1307	水泵			
15		自动液力变速器	15		自动液力变速器
	1500	自动液力变速器总成		1505	液力变速器电控单元执行装置
	1501	液力变矩器		1506	液力偶合器
	1502	自动变速器总成		1507	锁止离合器
	1503	冷却器		1508	单向离合器
	1504	自动液力变速器操纵机构			
16		离合器	16		离合器
	1600	离合器系统装置		1606	离合器取力器
	1601	离合器总成		1607	离合器操纵管路
	1603	液力偶合器		1608	离合器总泵
	1604	离合器助力器		1609	离合器分泵
	1605	储液罐		1610	ACS 自动离合系统
17		变速器	17		变速器
	1700	变速系统		1708	同步器
	1701	变速器总成		1709	油压调节器
	1702	变速器换挡机构		1710	油压开关总成
	1703	变速器换挡操纵装置		1711	润滑油滤清器
	1704	变速器油泵		1712	冷却器
	1705	起动机构		1720	副变速器总成
	1706	变速器悬置		1721	副变速器
	1707	AMT 电控单元执行装置		1722	副变速器操纵机构
18		分动器	18		分动器
	1800	分动器总成		1804	分动器操纵装置
	1801	分动器悬置		1805	分动器选择开关
	1802	分动器		1806	换挡气缸总成
	1803	分动器换挡机构		1807	分动器电控单元执行装置

续表

组号	分组号	名　称	组号	分组号	名　称
20		超速器	20		超速器
	2000	超速器总成		2003	超速器结合器
	2001	超速器		2004	超速器操纵机构
	2002	超速器联轴器			
21		电动汽车驱动系统	21		电动汽车驱动系统
	2100	电动汽车驱动装置		2126	插接器（插头）
	2101	电池组		2127	冷却系统装置
	2102	主开关		2128	电机过速报警装置
	2103	驱动电动机		2129	电机过热报警装置
	2104	驱动控制系统		2131	电机过电流报警装置
	2105	电缆及连接器		2132	整流器
	2106	断路器		2133	漏电报警装置
	2107	充电器		2134	接触器
	2108	车辆控制器		2136	运行显示装置
	2109	接线盒		2137	电制动显示装置
	2110	变压器		2138	故障诊断装置
	2011	传感器		2139	变流器
	2112	高压保护装置/高压熔断器		2141	锁止机构
	2114	电源管理系统		2142	电机控制器
	2116	发电机管理系统		2143	继电调整器与变向器
	2118	增程型发电机		2144	联轴节
	2120	燃料电池		2146	变速系统
	2121	耦合器		2147	传动系统
	2122	逆变器		2148	制动系统
	2123	AC/DC 变换器		2149	动力单元
	2124	电池过热报警装置		2151	驱动单元
22		传动轴	22		传动轴
	2200	传动轴装置		2207	后桥第二中间传动轴
	2201	后桥传动轴		2208	前桥第一中间传动轴
	2202	中间传动轴		2209	前桥第二中间传动轴
	2203	前桥传动轴		2210	后桥第三中间传动轴
	2204	后桥第一中间传动轴		2211	中桥第二中间传动轴
	2205	中桥传动轴		2212	传动轴保护架
	2206	中桥中间传动轴		2241	传动轴中间支承

续表

组号	分组号	名　称	组号	分组号	名　称
23		前桥	23		前桥
	2300	前桥总成		2306	前桥差速锁
	2301	前桥壳及半轴套管		2307	前桥差速锁操纵机构
	2302	前桥主减速器		2308	变速驱动桥
	2303	前桥差速器及半轴		2309	前桥变速操纵机构
	2304	转向节		2310	前桥轴头离合器
	2305	前桥轮边减速器		2311	前桥限位带
24		后桥	24		后桥
	2400	后桥总成		2405	后桥轮边减速器
	2401	后桥壳及半轴套管		2406	后桥差速锁
	2402	后桥主减速器		2407	后桥差速锁操纵机构
	2403	后桥差速器及半轴		2408	变速驱动桥
	2404	转向节		2409	后桥变速操纵机构
25		中桥	25		中桥
	2500	中桥总成		2507	中桥差速锁操纵机构
	2501	中桥壳及半轴套管		2510	轴间差速器
	2502	中桥主减速器		2511	轴间差速锁
	2503	中桥差速器及半轴		2512	轴间差速锁操纵机构
	2505	中桥轮边减速器		2513	中桥润滑油泵
	2506	中桥差速锁			
27		支承连接装置	27		支承连接装置
	2700	支承连接装置		2722	挂车支承装置的轴及滚轮
	2701	挂车台架		2723	支承装置升降机构
	2702	牵引装置		2724	支承装置升降驱动机构
	2703	连接机构		2725	支承装置升降驱动机构操纵装置
	2704	挂车转向装置		2728	挂车自动连接机构
	2705	转向装置的止位机构		2730	鞍式牵引座
	2706	挂车台架转向装置		2731	铰接车转盘装置
	2707	牵引连接装置		2740	辅助支承装置总成
	2720	挂车支承装置总成		2741	辅助支承装置
	2721	挂车支承装置			
28		车架	28		车架
	2800	车架总成		2804	后保险杠
	2801	车架		2805	牵引装置
	2802	发动机挡泥板		2806	前拖钩（拖拽装置）
	2803	前保险杠		2807	前牌照架

续表

组号	分组号	名　　称	组号	分组号	名　　称
28	2808	后牌照架	28	2810	副车架总成
	2809	防护栏			
29		汽车悬架	29		汽车悬架
	2900	汽车悬架装置		2920	限位器
	2901	前悬架总成		2921	附加桥钢板弹簧
	2902	前钢板弹簧		2922	附加桥附加弹簧
	2903	前副钢板弹簧		2923	附加桥减振器
	2904	前悬架支柱及臂		2924	附加桥横向稳定器
	2905	前减振器		2925	前横臂独立悬架系统
	2906	前悬架横向稳定装置		2926	后横臂独立悬架系统
	2908	调平控制系统		2930	前空气悬架
	2909	前推力杆		2935	后空气悬架
	2911	后悬架总成		2940	第二前悬架总成
	2912	后钢板弹簧		2941	第二前悬架钢板弹簧
	2913	后副钢板弹簧		2942	第二前悬架减振器
	2914	后独立悬架控制臂		2945	悬架电控单元执行装置
	2915	后减振器		2950	空气悬架电控单元执行装置
	2916	后悬架横向稳定装置		2955	液压悬架电控单元执行装置
	2917	侧向稳定后拉杆		2960	油气悬架
	2918	平衡悬架		2965	限位拉索
	2919	后悬架反作用杆			
30		前轴	30		前轴
	3000	前轴总成		3010	第二前轴总成
	3001	前轴及转向节		3011	第二前轴及转向节
	3003	转向拉杆			
31		车轮及轮毂	31		车轮及轮毂
	3100	车轮及轮毂装置		3106	轮胎
	3101	车轮		3107	备轮举升缸总成
	3102	车轮罩		3109	备轮举升手压泵
	3103	前轮毂		3117	附加轴轮毂
	3104	后轮毂		3112	连接法兰
	3105	备轮架及升降机构		3113	轮辋
32		附加桥（附加轴）	32		附加桥（附加轴）
	3200	附加桥总成		3202	附加桥举升机构
	3201	摆臂轴及摆臂		3203	举升机构管路系统

续表

组号	分组号	名　称	组号	分组号	名　称
33		后轴	33		后轴
	3300	后轴总成		3303	转向拉杆
	3301	后轴及转向节			
34		转向系统	34		转向系统
	3400	转向装置		3408	动力转向油罐
	3401	转向器		3409	动力转向助力缸
	3402	转向盘及调整机构		3411	整体动力转向器
	3403	转向器支架		3412	转向附件
	3404	转向轴及万向节		3413	紧急制动转向装置
	3405	转向操纵阀		3415	转向转换装置
	3406	动力转向管路		3417	助力转向控制滑阀
	3407	动力转向油泵		3418	电子助力转向执行装置
35		制动系统	35		制动系统
	3500	制动系统装置		3523	感应载阀
	3501	前制动器及制动鼓		3524	缓速器
	3502	后制动器及制动鼓		3525	制动压力调节阀
	3504	制动踏板及传动装置		3526	手制动阀
	3505	制动总泵		3527	辅助制动装置
	3506	制动管路		3529	防冻泵
	3507	驻车制动器		3533	双路阀
	3508	驻车制动操纵装置		3534	压力保护阀
	3509	空气压缩机		3540	真空助力器带制动泵总成
	3510	气压或真空增力机构		3541	真空泵
	3511	油水分离器		3548	发动机进气制动
	3512	压力调节器		3549	发动机排气制动
	3513	储气筒及支架		3550	ABS 制动防抱死装置
	3514	气制动阀		3551	制动调整臂
	3515	保险装置		3555	空气干燥器总成
	3516	快放阀		3556	制动截止阀
	3517	紧急制动阀		3561	制动软管及连接器
	3518	加速阀（继动阀）		3562	制动带
	3519	制动气室		3565	车辆稳定性辅助装置
	3520	气制动分离开关		3567	车辆稳定性辅助装置电控单元执行装置
	3521	气制动管接头		3568	EBS 电控单元执行装置
	3522	挂车制动阀			

续表

组号	分组号	名　称	组号	分组号	名　称
36		电子装置	36		电子装置
	3600	整车电子装置系统		3623	AMT 电控单元及传感器
	3601	车载电子诊断装置		3624	分动器电控单元及传感器
	3602	自动驾驶装置		3629	空气悬架电控单元及传感器
	3603	防撞雷达装置		3630	ABS 电控单元及传感器
	3604	巡航装置		3631	缓速器电控单元及传感器
	3605	防盗系统		3634	转向系电控单元及传感器
	3606	IC 卡识读机		3635	EBS 电控单元及传感器
	3607	电子报站器		3636	车辆稳定性辅助装置电控单元及传感器
	3608	电喷电子装置		3638	TPMS 系统
	3610	发动机系统电控装置		3658	安全气囊电控单元及传感器
	3611	发动机系统电控用传感器		3661	前照灯自动控制装置（AFS）
	3612	电子喷射电控单元及传感器		3665	集中润滑系统电控单元及传感器
	3613	化油器电控单元及传感器		3670	汽车总线（CAN/LIN）
	3614	供给系电控单元及传感器（底盘系统）		3671	车身电子控制系统/总线接点
	3615	EGR 电控单元及传感器		3674	车身集中控制系统（BCM）
	3616	冷却系统电控单元及传感器		3676	空调系统传感器
	3621	自动液力变速器电控单元及传感器		3682	电控单元及传感器
37		电气设备	37		电气设备
	3700	电气设备		3728	磁电机
	3701	发电机		3730	挂车供电插座
	3702	发电机调节器		3735	各种继电器
	3703	蓄电池		3736	电源总开关
	3704	点火开关装置及车门锁芯		3737	搭铁开关
	3705	点火线圈		3740	微电机
	3706	分电器		3741	刮水电机及开关
	3707	火花塞及高压线		3742	中隔墙电机及开关
	3708	起动机		3743	座位移动电机及开关
	3709	灯光总开关		3744	暖风电机及开关
	3710	变光开关		3745	空调电机及开关
	3719	遮光罩		3746	门窗电机及开关
	3721	电喇叭		3747	洗涤电机及开关
	3722	中央控制盒/电路保护装置		3748	后风窗除霜装置及开关
	3723	接线器/连接器		3749	散热器风扇电机及开关
	3725	点烟器		3750	转换开关（开关组件）

续表

组号	分组号	名　称	组号	分组号	名　称
37	3751	接触器	37	3775	主副油箱转换阀
	3752	爆燃限制器		3776	倒车监视系统
	3753	行程电磁铁		3777	分动器控制装置
	3754	电磁开关		3778	电子防盗装置
	3755	制动液位面装置（报警）		3779	指示器及开关
	3757	气压警报开关		3780	电压转换开关
	3758	车门信号开关		3781	空挡开关
	3759	座椅加热器及控制开关		3782	电动外后视开关装置
	3761	真空信号开关		3783	冷风电动机
	3763	车辆限速装置		3784	逆变器
	3764	ABS 系统调节电动机		3785	防暴电子设备
	3765	电子节气门		3786	天线电动机
	3766	闪光器（及时间控制器）		3787	中央门锁
	3767	燃油泵电动机		3788	火焰塞
	3768	电子点火模块		3789	润滑泵电动机
	3769	进气预热器		3790	电子门锁
	3770	电预热塞		3791	遥控接收器及遥控器
	3773	方向盘多功能开关总成		3792	翘板开关
	3774	组合开关		3793	负离子发生器
38		仪器仪表	38		仪器仪表
	3800	仪器仪表装置		3815	混合气点火器
	3801	仪表板		3816	空气压力表
	3802	车速里程表、传感器及软轴		3818	警报器装置
	3803	远光指示灯		3819	蜂鸣器
	3804	电钟		3820	组合仪表
	3805	陀螺仪/水平仪/海拔仪		3822	燃气显示装置
	3806	燃油表		3824	稳压器总成
	3807	机油温度表		3825	水位报警器总成
	3808	水温表		3826	气制动储气筒压力表
	3809	气体温度表		3827	发动机油压表
	3810	机油压力表		3828	冷却液温度表
	3811	电流表		3832	变速器操纵信号显示装置
	3812	电压表		3833	举升信号装置
	3813	转速表		3834	差速操纵信号显示装置
	3814	真空表		3850	车辆行驶记录仪

续表

组号	分组号	名　称	组号	分组号	名　称
38	3853	挂车自动连接信号显示装置	38	3872	蓄电池欠压报警装置
	3865	集中润滑系统显示装置		3876	出租车计价系统
	3871	预热温度开关及显示器总成			
39		随车工具及组件	39		随车工具及组件
	3900	随车工具及组件		3914	保温套
	3901	通用工具		3915	活动扳手
	3903	说明牌		3916	特种工具
	3904	铭牌		3917	轮胎充气手泵
	3905	铲子		3918	拆卸工具
	3907	牵引钢绳		3919	工具箱
	3908	防滑链		3920	厚薄规及量规
	3909	备用桶		3921	装饰标牌
	3910	灭火器及附件		3922	备品包箱
	3911	油脂枪		3923	车辆识别代号标牌
	3912	轮胎气压表		3924	发动机修理包
	3913	起重器		3926	三角警告牌
40		电线束	40		电线束
	4000	汽车线束装置		4013	后线束
	4001	发动机线束		4014	空调线束
	4002	车身线束		4016	线束固定器（线固定）
	4003	仪表板及控制台线束		4017	线束插接器
	4004	座舱线束		4018	灯具线束
	4005	顶棚线束		4021	拖挂车专用线束系统
	4006	装货空间线束		4022	货柜车专用线束系统
	4007	车门线束		4023	冷冻/冷藏车专用线束系统
	4008	电源系统线束		4024	计程车/警用车/救护车等专用车线束系统
	4010	车架线束/底盘线束		4025	旅行宿营车专用线束系统
	4011	前线束		4035	线束橡胶保护套
	4012	中间线束			
41		汽车灯具	41		汽车灯具
	4100	汽车灯具装置		4106	工作灯
	4101	前照灯		4107	尾灯
	4102	前小灯位置灯		4108	牌照灯
	4103	仪表灯		4109	停车灯
	4104	内部照明灯及开关		4111	转向灯及开关

续表

组号	分组号	名　　称	组号	分组号	名　　称
41	4112	投光灯	41	4124	阅读灯
	4113	倒车灯及开关		4126	踏步灯
	4114	示廓灯		4127	行李箱照明灯
	4116	雾灯及开关		4128	应急报警闪光灯
	4117	侧标志灯（侧反射器）		4129	警告灯
	4118	半挂车标志灯		4131	门灯
	4119	防空灯及开关		4133	组合后灯
	4121	组合前灯		4134	制动灯及开关
	4122	壁灯		4135	回复反射器
	4123	顶灯		4136	闪光器
42		特种设备	42		特种设备
	4200	特种设备		4212	水下部件通气管
	4201	机械打气泵		4221	轮胎充气系贮气筒
	4202	一挡取力器（动力输出装置）		4222	轮胎充气系压力控制阀
	4203	增压泵及减速器		4223	轮胎阀体
	4205	二挡取力器		4224	轮胎充气接头
	4207	三挡取力器		4225	轮胎充气管路
	4209	发动机拆卸器		4240	车门自动开关机构
	4210	特种设备气压操纵装置		4250	集中润滑系统
	4211	取力器		4260	集中气动助力伺服系统
45		绞盘	45		绞盘
	4500	绞盘总成		4505	绞盘鼓
	4501	绞盘		4506	绞盘驱动装置
	4502	绞盘传动轴		4507	绞盘支架
	4503	绞盘操纵装置		4508	液压泵、液压马达
	4504	绞盘钢索、链条及挂钩		4509	液压管路及连接器
50		车身	50		车身
	5000	车身总成		5006	车身外装饰
	5001	车身固定装置		5009	白车身装配总成
	5002	车身翻转机构		5010	车身骨架
	5004	车身锁止机构		5012	伸缩栅装置
	5005	放置物品台		5014	绞接栅及转盘机构
51		车身地板	51		车身地板
	5100	车身地板总成		5102	车身地板护面
	5101	车身地板零件		5107	车身地板盖板

续表

组号	分组号	名　　称	组号	分组号	名　　称
51	5108	工具箱	51	5132	侧面地板
	5109	地毯		5133	后地板
	5110	地板隔热层		5134	纵梁
	5111	进风口罩		5135	横梁
	5112	售票台		5136	压条
	5120	驾驶区地板总成（前地板总成）		5140	地板骨架总成和前踏步总成
	5121	驾驶区地板		5150	中间踏步总成
	5122	纵梁		5160	后踏步总成
	5123	横梁		5172	车身下防护装置
	5124	压条		5173	车身下防护板
	5130	乘客区地板总成（后地板总成）		5174	车身下导流板
	5131	通道地板			
52		风窗	52		风窗
	5200	风窗总成		5204	风窗升降装置
	5201	风窗框		5205	刮水器
	5202	风窗铰链		5206	风窗玻璃及密封条
	5203	风窗侧面玻璃		5207	风窗洗涤器
53		前围	53		前围
	5300	前围总成		5305	副仪表板
	5301	前围骨架及盖板		5306	仪表板
	5302	前围护面		5310	前围隔热层
	5303	杂物箱		5315	高架箱
	5304	前围通风孔			
54		侧围	54		侧围
	5400	侧围总成		5405	中间支柱
	5401	侧围骨架及盖板		5406	三角窗
	5402	侧围护面		5409	内行李架
	5403	侧围窗		5410	侧围隔热层
	5404	侧围升降机构		5411	行李箱门
55		车身装饰件	55		车身装饰件
	5500	车身装饰		5506	牌照及照明装置装饰件
	5501	顶盖装饰件		5507	活动入口装饰件
	5502	喷水口装饰件		5508	中间支柱装饰件
	5503	安全带装饰件		5509	散热器护栅装饰件
	5504	车身底部装饰件		5511	大灯、信号灯装置装饰件

续表

组号	分组号	名　称	组号	分组号	名　称
55	5512	轮罩装饰件	55	5523	豪华座椅装饰件
	5513	排气口出口装饰件		5524	行李架装饰件
	5514	散热器导流板装饰件		5526	乘客扶手装饰件
	5516	变速杆装饰件		5527	卧铺装饰件
	5517	空调装饰件		5528	车门搁物袋
	5518	行李箱装饰件		5529	座椅背搁物袋
	5519	驾驶台装饰件		5531	专用隔热、隔音装饰件
	5521	地板装饰件		5532	专用防尘、防雨密封装饰件
	5522	车壁装饰件			
56		后围	56		后围
	5600	后围总成		5606	行李箱盖锁及手柄
	5601	后围骨架及盖板		5608	行李箱护面
		200 后围裙板组件		5610	后围隔热层
	5602	后围护面		5611	刮水器
	5603	后围窗		5612	洗涤器
	5604	行李箱盖		5613	隔栅
	5605	行李箱盖铰链及支柱		5614	导流板
57		顶盖	57		顶盖
	5700	顶盖总成		5709	行李架总成
	5701	顶盖骨架及盖板		5710	顶盖隔热层
	5702	顶盖内护面		5711	顶盖升降机构
	5703	顶盖通风窗		5713	应急窗（安全窗）
	5704	顶盖外护面			
58		乘员安全约束装置	58		乘员安全约束装置
	5800	乘员安全约束装置		5823	气体发生器
	5810	安全带总成		5824	安全气囊电控单元执行装置
	5811	前安全带		5825	微处理器
	5812	后安全带		5826	安全气囊触发器
	5813	中间安全带		5830	儿童约束保护系统
	5814	安全带收紧器		5831	儿童安全座椅
	5820	安全气囊总成		5832	儿童安全门锁
	5821	前气囊袋		5833	儿童安全带
	5822	侧气囊袋		5834	童车和轮椅约束装置
59		客车舱体与舱门	59		客车舱体与舱门
	5901	大行李箱体		5902	大行李箱门

续表

组号	分组号	名　　称	组号	分组号	名　　称
59	5903	蓄电池舱体	59	5915	配电舱体
	5904	蓄电池舱门		5916	配电舱门
	5907	除霜器舱体		5918	小行李箱体
	5908	除霜器舱门		5919	小行李箱门
	5909	空调舱体		5920	其他舱体与舱门
	5910	空调舱门			
60		车篷及侧围	60		车篷及侧围
	6000	车篷总成		6003	车篷后窗
	6001	车篷骨架及附件		6004	车篷升降机构
	6002	车篷及侧围		6005	车篷座
61		前侧面车门	61		前侧面车门
	6100	前侧面车门总成		6107	车门密封条
	6101	车门骨架及盖板		6108	车门开关机构
	6102	车门护面		6109	车门滑轨及限位机构
	6103	车门窗		6110	车门气路
	6104	车门玻璃升降机构		6111	车门气泵
	6105	车门锁及手柄		6112	车门应急开启装置
	6106	车门铰链			
62		后侧车门	62		后侧车门
	6200	后侧车门总成		6207	车门密封条
	6201	车门骨架及盖板		6208	车门开关机构
	6202	车门护面		6209	车门滑轨及限位机构
	6203	车门窗		6210	车门气路
	6204	车门玻璃升降机构		6211	车门气泵
	6205	车门锁及手柄		6212	车门应急开启装置
	6206	车门铰链			
63		后车门	63		后车门
	6300	后车门总成		6307	车门密封条
	6301	车门骨架及盖板		6308	车门开关机构
	6302	车门护面		6309	车门助力撑杆
	6303	车门窗		6310	后门窗刮水器
	6304	车门玻璃升降机构		6311	后门窗洗涤器
	6305	车门锁及手柄		6312	后门窗除霜器
	6306	车门铰链			

续表

组号	分组号	名　　称	组号	分组号	名　　称
64		驾驶员车门	64		驾驶员车门
	6400	驾驶员车门总成		6405	车门锁及手柄
	6401	车门骨架及盖板		6406	车门铰链
	6402	车门护面		6407	车门密封条
	6403	车门窗		6408	车门开关机构
	6404	车门玻璃升降机构		6409	驾驶员车门（右）
66		安全门	66		安全门
	6600	安全门总成		6606	安全门铰链
	6601	安全门骨架及盖板		6607	安全门密封条
	6602	安全门护面		6608	安全门开关机构
	6605	安全门锁及手柄			
67		中侧面车门	67		中侧面车门
	6700	中侧面车门总成		6707	车门密封条
	6701	车门骨架及盖板		6708	车门开关机构
	6702	车门护面		6709	车门滑轨限位机构
	6703	车门窗		6710	车门气路
	6704	车门玻璃升降机构		6711	车门气泵
	6705	车门锁及手柄		6712	车门应急开启装置
	6706	车门铰链			
68		驾驶员座	68		驾驶员座
	6800	驾驶员座总成		6805	驾驶员座靠背
	6801	驾驶员座骨架		6807	驾驶员座支架
	6802	驾驶员座骨架护面		6808	驾驶员座头枕
	6803	驾驶员座软垫		6809	驾驶员座扶手
	6804	驾驶员座调整机构			
69		前座	69		前座
	6900	前座总成		6905	前座靠背
	6901	前座骨架		6906	前座扶手
	6902	前座骨架护面		6907	前座支架
	6903	前座软垫		6908	前座头枕
	6904	前座调整机构		6930	前座中间座
70		后座	70		后座
	7000	后座总成		7005	后座靠背
	7001	后座骨架		7006	后座扶手
	7002	后座骨架护面		7007	后座支架
	7003	后座软垫		7008	后座头枕
	7004	后座调整机构			

续表

组号	分组号	名　　称	组号	分组号	名　　称
71		乘客单人座	71		乘客单人座
	7100	乘客单人座总成		7105	座位靠背
	7101	乘客单人座骨架		7106	座位扶手
	7102	乘客单人座骨架护面		7107	座位支架
	7103	座位软垫		7108	乘客单人座头枕
	7104	座位调整机构		7109	座椅附件
72		乘客双人座	72		乘客双人座
	7200	乘客双人座总成		7205	座位靠背
	7201	乘客双人座骨架		7206	座位扶手
	7202	乘客双人座骨架护面		7207	座位支架
	7203	座位软垫		7208	乘客双人座头枕
	7204	座位调整机构		7209	座椅附件
73		乘客三人座	73		乘客三人座
	7300	乘客三人座总成		7305	座位靠背
	7301	乘客三人座骨架		7306	座位扶手
	7302	乘客三人座骨架护面		7307	座位支架
	7303	座位软垫		7308	乘客三人座头枕
	7304	座位调整机构			
74		乘客多人座	74		乘客多人座
	7400	乘客多人座总成		7405	座位靠背
	7401	乘客多人座骨架		7406	座位扶手
	7402	乘客多人座骨架护面		7407	座位支架
	7403	座位软垫		7408	乘客多人座头枕
	7404	座位调整机构			
75		折合座	75		折合座
	7500	折合座总成		7504	座位调整机构
	7501	折合座骨架		7505	座位靠背
	7502	折合座骨架护面		7506	座位扶手
	7503	座位软垫		7507	座位支架
76		卧铺	76		卧铺
	7600	卧铺总成		7606	卧铺靠背
	7601	卧铺骨架		7607	卧铺调整机构
	7602	卧铺软垫		7608	卧铺搁脚架
	7603	卧铺支架		7609	卧铺梯
	7604	卧铺骨架护面		7611	卧铺附件
	7605	卧铺扶手			

续表

组号	分组号	名　称	组号	分组号	名　称
78		中间隔墙	78		中间隔墙
	7800	中间隔墙总成		7803	中间隔墙窗
	7801	中间隔墙骨架及盖板		7804	中间隔墙玻璃升降机构
	7802	中间隔墙护面		7805	中间隔墙门
79		车用信息通信与声像装置	79		车用信息通信与声像装置
	7900	车用信息通信与声像装置		7912	显示器总成
	7901	无线接收与播放机集成系统（收放机）		7913	车用卫星定位导航装置
	7902	（无线电发报机）单一功能影音视听装置		7914	车载计算机
	7903	天线		7917	车内监控器及摄像系统
	7904	滤波器		7921	电源附件
	7905	车载电话		7922	声像附件
	7906	防干扰装置		7925	信息通信附件
	7908	录放机/扩音器		7930	交通信息显示系统
	7909	扬声器系统		7932	视频显示器装置
	7910	车用视盘机		7935	车载多功能显示系统
	7911	车用音响装置		7937	车载电台系统
81		空气调节系统	81		空气调节系统
	8100	空气调节装置		8112	空气调节操纵装置
	8101	暖风设备		8113	空气净化设备
	8102	除霜设备		8114	空调电气设备
	8103	制冷压缩机		8115	加温设备
	8104	车身强制通风设备		8116	冷、暖风流量分配器
	8105	冷凝器		8117	空气流量分配器
	8106	膨胀阀		8118	恒温调节器
	8107	蒸发器（制冷器）		8119	进、送风格栅
	8108	空调管路		8121	进气道与滤清器
	8109	储液干燥器		8122	集液器
	8110	吸气节流阀		8123	供暖和通风系统
	8111	冷气附件			
82		附件	82		附件
	8200	附件		8206	搁脚板
	8201	内后视镜		8207	各种用具、枪架
	8202	外后视镜		8208	反光器
	8203	烟灰缸		8209	安全锤
	8204	遮阳板		8213	冰箱
	8205	窗帘		8214	饮水器

续表

组号	分组号	名　　称	组号	分组号	名　　称
82	8221	杯架	82	8227	告示牌
	8222	书架、工作台		8228	投币机
	8223	药箱		8230	卫生间总成
	8224	随车文件盒		8231	卫生间
	8225	衣钩		8232	卫生间储水箱
	8226	行李挂钩		8233	卫生间供排水装置
	8215	拉手		8234	卫生间电控单元执行装置
	8218	物品盒		8235	卫生间污物处理封装装置
	8219	下视镜		8240	炊事间总成
	8220	保险柜		8261	发动机装饰附件
84		车前、后钣金	84		车前、后钣金
	8400	车前钣金零件		8403	前翼板
	8401	散热器罩		8404	后翼板
	8402	发动机罩及锁		8405	踏脚板
85		车厢	85		车厢
	8500	车厢总成		8507	车厢工具箱
	8501	车厢底板		8508	车厢篷布及支架
	8502	车厢边板		8509	车厢护栏
	8503	车厢后板		8511	车厢挡泥板
	8504	车厢前板		8514	后门骨架总成
	8505	车厢板锁		8515	翼开启机构
	8506	车厢座位		8516	顶棚外蒙皮总成
86		车厢倾斜机构	86		车厢倾斜机构
	8600	车厢倾斜机构总成		8608	举升机构油箱
	8601	车厢底架		8610	举升机构传动轴
	8602	倾斜机构		8611	油泵限位阀
	8603	倾斜机构液压缸		8613	举升节流单向阀
	8604	倾斜机构油泵		8614	下降限位阀
	8605	倾斜机构油泵管路		8615	下降节流单向阀
	8606	倾斜机构操纵装置		8616	滤清器
	8607	分配机构		8617	车厢保险支架总成

3. 汽车标准件

汽车标准件一般以现有的成熟的国家标准或汽车标准为依据，汽车标准件的编号由汽车标准件特征代号、品种代号、变更代号、尺寸规格代号、分隔点、总成件专用隶属件代号、机械性能及材料代号、表面处理代号和分型代号共 9 部分顺序组成，如图 3-4 所示。

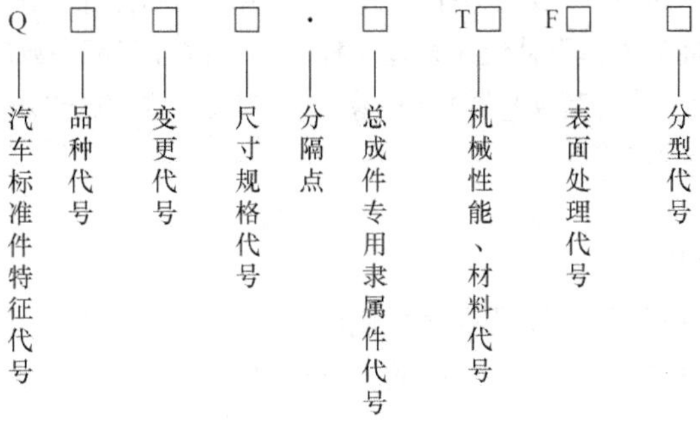

图 3-4　汽车标准件的编号

（1）汽车标准件特征代号

以“汽”字汉语拼音第一位大写字母“Q”表示。

（2）品种代号

品种代号由 3 位数字组成，首位表示产品大类，第二位为分组号，第三位为组内顺序号。结构、功能相近的品种尽可能编入同一分组。标准件品种代号的产品大类代号如表 3-2 所示。

表 3-2　　标准件品种代号

大类代号	0	1	2	3	4	5	6	7	8	9
产品类别		螺柱、螺栓	螺钉	螺母	垫圈、挡圈、铆钉	销、键	螺塞、扩口式管接头、管箍、管夹	滑脂嘴、封堵件、操纵连接件	卡套式管接头	其他

（3）变更代号

虽然标准件结构形式基本相同，但尺寸、精度、性能或材料等标准内容变更以致影响标准件的互换性时，应给出“变更代号”。同一品种中不同螺纹系列，同一品种中不具有派生关系和互换性的不同形式，也采用变更代号加以区分。变更代号以一位大写英文字母表示，由字母“B”开始顺序使用（不用字母“I”“O”“Q”“Z”）。

产品代号举例：Q121 双头螺柱（一端粗牙一端细牙普通螺纹）；Q121B 双头螺柱（一端粗牙一端较细牙普通螺纹）；Q150B 六角头螺栓（粗牙）；Q151B 六角头螺栓（细牙）；Q151C 六角头螺栓（较细牙）；Q271 十字槽盘头自攻螺钉（C 型末端）——F 型末端：Q272；Q274 十字槽沉头自攻螺钉；Q350B 六角薄螺母；Q370C 焊接六角螺母；Q371 焊接方螺母；Q401 平垫圈；Q402 大垫圈；Q403 弹簧垫圈；Q500 开口销；Q510 销轴；Q614B 方头锥形螺塞；Q674 塑料紧箍带；Q721 塞片；Q800 卡套；Q900B 通气塞。

（4）尺寸规格代号

尺寸规格代号直接用标准件的主要特征尺寸参数表示，不便直接表示的以主要尺寸参数折算的相应整数表示，仍不便表示的以该品种内规格系列的顺序号表示。

由一个主要尺寸参数即可表示标准件规格的，直接以该参数值用 2～3 位数字表示。当参数仅一位数时，应于左边加“0”补足两位；当参数以英寸为单位时，应以两位数字表示，其十位数应以整英寸数、个位数应以 1/8 英寸的整数倍表示，参数小于一英寸时，应于左边加“0”补足两位（Q614B）。

需由两个或3个主要尺寸参数（一般为公称直径及螺钉、螺杆公称长度）表示标准件规格的，应直接以参数值按主次顺序相接的3～6位数字表示。其中第一参数值仅为一位数的，应于左边加“0”补足两位，其余参数应直接写入，不补位；某些品种主要参数含有带小数规格时，该参数中的小数规格以增为10倍的整数表示，若与其余整数规格混淆时，则该参数的全部规格均增为10倍表示。

（5）总成件专用隶属件代号

用3位阿拉伯数字表示，表示分组号内的总成、分总成、子总成、单元体或零件的顺序代号。

（6）机械性能、材料代号

如果某一标准件仅有一种要求以及推荐采用的基本要求，其相应的机械性能、材料代号应省略；选用其他机械性能、材料时应加注相应的代号。

（7）表面处理代号

如果某一标准件仅有一种要求以及推荐采用的基本要求，其相应的表面处理代号应省略；选用其他表面处理方式时，应加注相应的表面处理代号。

（8）分型代号

以一种结构形式为基础，通过改变局部结构形式或增加新的技术内容所派生出的具有新增或不同功能的品种，其品种代号应与基本品种一致，每种分别给出分型代号。在同一基本品种范围内，分型代号用一位大写英文字母表示，由“A”开始顺序使用（不用字母“I”“O”“Z”）。

制成全螺纹的品种，视为一种分型，分型代号应统一用“Q”表示；如Q150B六角头螺栓。

采用预涂胶的标准件，其分型代号按照有关标准所规定的胶的分类代号表示。

同类标准件的同类分型应尽可能采用同一字母作为分型代号，不同类标准件的分型在不致混淆的条件下，允许采用相同字母作为分型代号。

4．非汽车标准件编号规则

为便于管理和识别，我国对汽车配件编号规则规定中的首位（N、L）或前两位（DJ）为特征代号。除特征代号之外，其他各位大致分为如下3种情况：

第一，对于原标准本身给出了编号规则且总位数不超过13位的，原则上继承原标准的编号规则；

第二，原标准本身给出了编号规则但总位数超过13位的，在继承原标准编号规则的基础上，在不产生歧义的前提下，对其中的某些内容简化注出；

第三，对于原标准没有规定编号规则的非汽车标准件，本着易掌握、易理解、实用的原则给出了编号规则。

（1）非汽车标准件分类

非汽车标准件包括：轮胎类；电器插接件、灯泡；螺栓、螺柱、螺钉、螺母、销、键、垫圈、挡圈、铆钉等紧固件类；滑脂嘴、操纵件；管接头；密封件；轴承、钢球；软管及油管组件；传动带；五金、工具；工作液。

（2）非汽车标准件标注

非汽车标准件在产品图样上标注时，应直接标注其相应标准所规定的完整编号，即同时注明其规格及标准编号（不写标准的年代号），且通常情况下，规格在前，标准编号在后，两者之间用半角连接符“-”相连接。

在产品明细表中填写时，其“代号”栏应严格按本标准所规定的编号填写；其“图号”栏填写与其在图样上所标注一致的编号（标准代号与顺序号之间不留空格）；“名称”栏填写其完整的名称。

对于电器插接件，一般均为非独立供货，在图样上应准确完整标注，在产品明细表中不必要时可不体现。

在编写产品明细表时，非汽车标准件的图幅栏均应为空，特性栏均应填写“B”。

5．进口汽车配件的编号原则

我国引进（或进口车型）汽车品牌繁多，中外合资品牌也较多。国外汽车制造厂（企业）的零件编号也无统一规定，由各企业自行编制。

（1）丰田零件编码

一般是由10～12位的数字构成。一般来说前五位代表是什么零件，如04111代表大修包，后五位为车型，如04111-46065表示皇冠3.0的大修包。最后两位一般来说是代表颜色。

从编码的第一位就可以大概分出这是哪一类的配件。编码第一位表示含义如下：

0字头是修理件；

1字头是发动机配件，如13101，就是活塞；

2字头是发动机附件，如发电机、马达；

3字头是离合或自动变速器箱传动类配件；

4字头是底盘配件，如悬挂方向机，球头等；

5、6字头是外观、内饰类；

7字头是装饰件、装饰条、防撞胶；

8字头为灯具及电器类；

9字头是油封轴承垫圈等的小零件；例如，前5位为该零件的类别，后5位为该零件所运用的车型，比如23300-33010，23×××代表燃油系统，33×××代表车型。

（2）本田汽车零件编号规则

分组号10～19表示发动机及其附件总成零部件。

分组号20～29表示驱动系统及其传动部件总成。

分组号30～39表示底盘系统机构部件总成及零件。

分组号40～49表示车身覆盖件及其结构部件总成。

分组号50～59表示车身附件及其总成零部件。

分组号60～69表示车内气温调节控制部件总成。

分组号70～79表示车内装饰总成及其零部件。

分组号80～89表示汽车电器及其仪表部件总成。

（3）德国大众零部件编号规则

全部零件被分成10个主组，每个主组分成若干个子组，以对应轿车上的相应部件组。零件号由9位数字构成：前3位表示车型或大的机组号（如发动机、变速器），第4位表示主组号，第5、6位表示子组号，最后3位表示零件的实际数字代码。

零件的更改通过1个或2个字母排在零件后的第10位和第11位标明，对于带有颜色的零件通过3个数字或数字与字母的组合代码列在零件后面来标明颜色。

例如：4B0807103BA7DL的含义是4B：车型；0：附加信息位；8：主组；07：子组；103：零件；BA：变更字母；7DL：颜色号（黑色）。

二、汽车配件鉴别

汽车配件规格众多，汽车4S店维修车间对配件的选用以正品配件为维修质量的基础。特别是《家用汽车产品修理、更换、退货责任规定》三包法的实施，为维修质量的保证提供了法律依据。对配件质量的鉴别，也是衡量汽车维修从业人员技能水平的标志。以下是配件质量的鉴别方法，供参考。

1．看包装

原厂配件包装一般比较规范，统一标准规格，印字字迹清晰正规，而假冒产品包装印刷比较粗劣，往往能很容易地从包装上找出破绽。

2．看颜色

某些原厂配件表面指定某种颜色，若为其他颜色，则是假冒伪劣零配件。

3．看外表

原厂配件外表印字或铸字及标记清晰正规，而假冒产品外观粗糙。

4．看油漆

非正品油漆在颜色、均匀度、明亮程度等方面存在一定的缺陷。

5．看质地

原厂配件的材料是按设计要求采用合格材料，假冒产品多是采用廉价低劣材料代用。

6．看工艺

低劣产品外观有时虽然不错，但由于制作工艺差，容易出现裂纹、砂孔、夹渣、毛刺或碰伤。

7．看“储存”

汽车配件如果出现干裂、氧化、变色或老化等问题，可能是在存放时因环境差、储存时间长、材料本身差等原因造成的。

8．看“接合”

如果发生离合器片铆钉松脱、刹车皮管脱胶、电器零件接头脱焊、纸质滤芯接缝处脱开等现象，则不能使用。

9．看标识

正规的零部件上标有某些记号，比如齿轮记号、活塞顶部标记等装配标记，用来保证机件正确安装。不能购买没有标识的配件。

10．看缺漏

正规的总成部件必须齐全完好，才能保证顺利装车和正常运行。实际应用中，往往因个别小配件短缺，造成整个总成部件报废。

11．看防护层

为了便于保管，防止零件磕碰，零件出厂之前都有防护层。例如衬套、大小轴瓦、活塞、气门等一般都用石蜡保护，以免其表面损坏，爆燃传感器等要轻拿轻放，防止零件失去性能。

12．看证件

一些重要部件，特别是总成类，比如离合器、喷油器、发电机等，出厂时一般带有说明书、合格证，以指导用户安装、使用和维护，若无这些多为假冒伪劣产品。

13．看规格

选购汽车配件时，要查明主要技术参数，特殊技术要符合使用要求。如长度、粗糙度等。

三、汽车配件检索方法

汽车配件检索就是通过配件检索工具获得配件编号，由配件编号查询配件信息的过程。配件信息包括配件仓储信息和配件基本信息，其中配件仓储信息包括仓位和数量，配件基本信息包括名称、型号、规格和价格。

1．汽车配件检索工具

（1）电子配件目录

信息承载量大，查询方便，更新方便，内容齐全。

（2）主机厂手册配件目录

每车一本，包括车辆配件基本信息。

（3）通用配件目录

对客户车辆使用有指导意义，但内容不全。

2．汽车配件检索方法

（1）电子配件目录查询检索

① 通过 VIN 码，确定需要检索配件的年份、厂家、车型、系列，然后进入相关目录进行查询。

② 根据配件所属的主组与分组，结合配件插图，找到指定配件。

③ 系统提供通过配件号查询配件的功能。

（2）汽车配件检索方法

① 按汽车配件名称检索。

② 按汽车总成分类检索。

③ 按零件图形（图号）检索。

④ 按零件编号检索。

任务三 常用工具和量具的使用

一、钢直尺、内外卡钳及塞尺

钢直尺是最简单的长度量具，它的长度有 150mm，300mm，500mm 和 1000mm 4 种规格。图 3-5 所示为常用的 150mm 钢直尺。

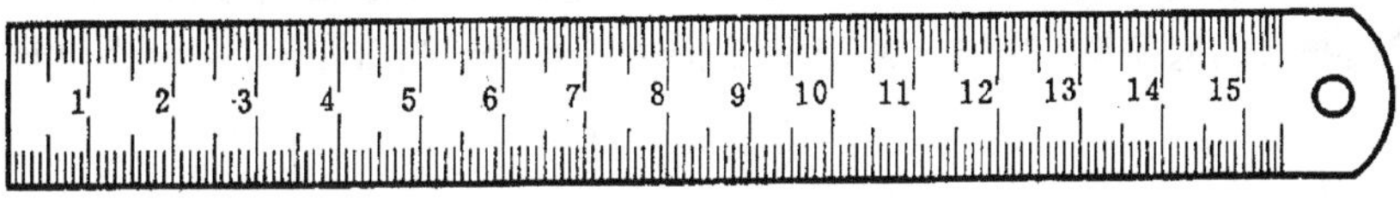

图 3-5 150 mm 钢直尺

钢直尺用于测量零件的长度尺寸，它的测量结果不太准确。这是由于钢直尺的刻线间距为 1mm，而刻线本身的宽度就有 0.1～0.2mm，所以测量时读数误差比较大，只能读出毫米数。其用途如图 3-6 所示。

二、内外卡钳

图 3-7 所示为常见的内卡钳和外卡钳。内卡钳是用来测量内径和凹槽的，外卡钳是用来测量外径和平面的。它们本身都不能直接读出测量结果，而是把测量得到的长度尺寸（直径也属于长度尺寸），在钢直尺上进行读数，或在钢直尺上先取下所需尺寸，再去检验零件的直径是否符合。

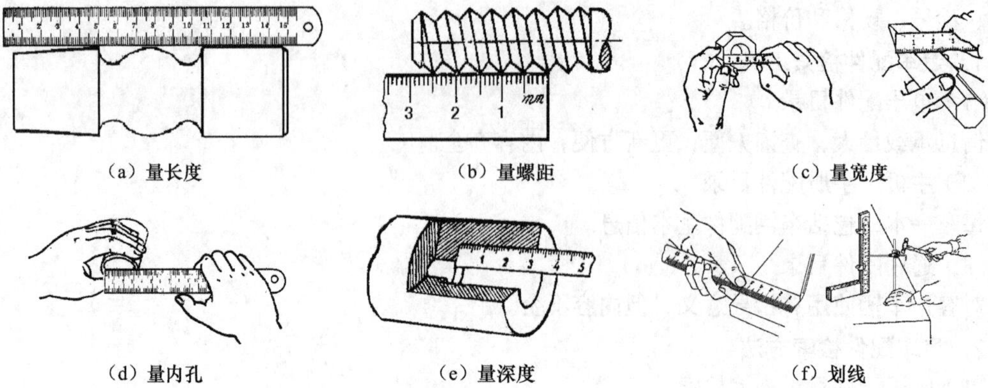

图 3-6　钢尺用途

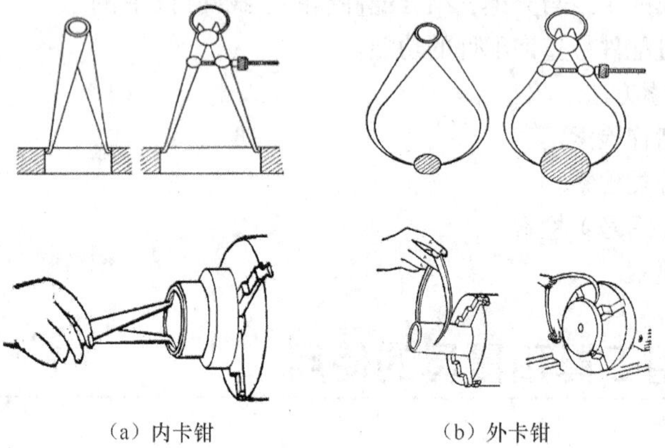

图 3-7　内外卡钳用途

三、塞尺

塞尺又称厚薄规或间隙片，如图 3-8 所示。塞尺主要用来检验机床特别紧固面和紧固面、活塞与气缸、活塞环槽和活塞环等两个结合面之间的间隙大小。塞尺是由许多层厚薄不一的薄钢片组成。

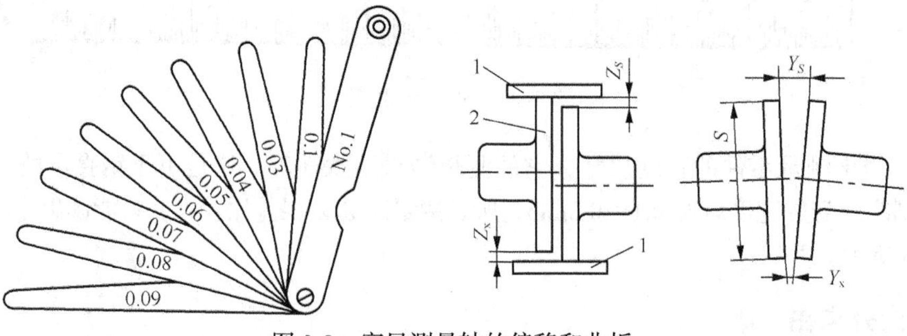

图 3-8　塞尺测量轴的偏移和曲折

四、游标读数量具

应用游标读数原理制成的量具有游标卡尺，高度游标卡尺、深度游标卡尺、游标量角尺（如万能量角尺）和齿厚游标卡尺等，用以测量零件的外径、内径、长度、宽度、厚度、高度、深度、角度以及齿轮的齿厚等，应用范围非常广泛。

1．游标卡尺的结构形式

游标卡尺是一种常用的量具，具有结构简单、使用方便、精度中等和测量的尺寸范围大等特点，可以用它来测量零件的外径、内径、长度、宽度、厚度、深度和孔距等，应用范围很广。

游标卡尺有如下 3 种结构形式。

（1）测量范围为 0～125mm 的游标卡尺，制成带有刀口形的上下量爪和带有深度尺的形式，如图 3-9 所示。

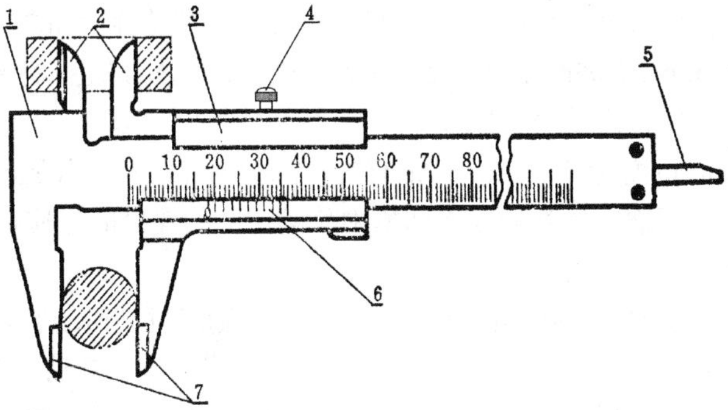

图 3-9　游标卡尺的结构形式之一

1—尺身；2—上量爪；3—尺框；4—紧固螺钉；5—深度尺；6—游标；7—下量爪

（2）测量范围为 0～200mm 和 0～300mm 的游标卡尺，可制成带有内外测量面的下量爪和带有刀口形的上量爪的形式，如图 3-10 所示。

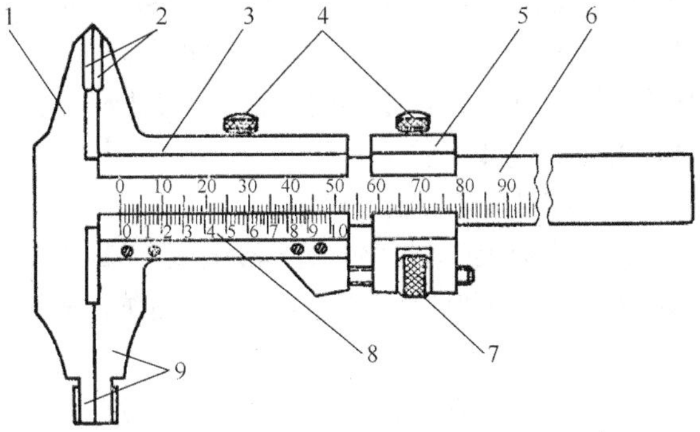

图 3-10　游标卡尺的结构形式之二

1—尺身；2—上量爪、3—尺框；4—紧固螺钉；5—微动装置；

6—主尺；7—微动螺母；8—游标；9—下量爪

（3）测量范围为 0～200mm 和 0～300mm 的游标卡尺，也可制成只带有内外测量面的下量爪的形式，如图 3-11 所示。而测量范围大于 300mm 的游标卡尺，只能制成这种仅带有下量爪的形式。

2．游标卡尺的组成

（1）具有固定量爪的尺身，如图 3-10 中的 1。尺身上有类似钢尺一样的主尺刻度，如图 3-10 中的 6。主尺上的刻线间距为 1mm。主尺的长度决定于游标卡尺的测量范围。

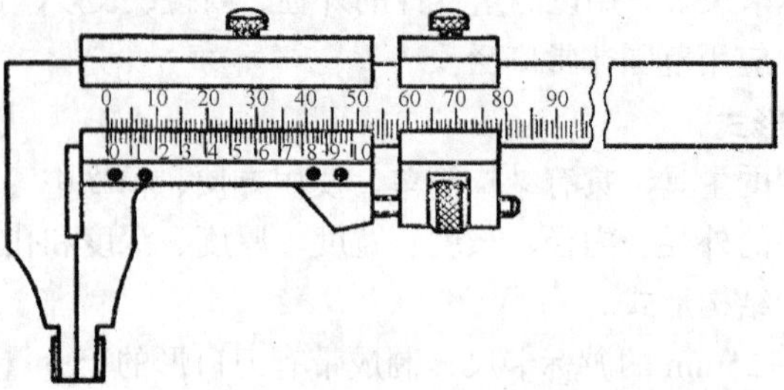

图 3-11 游标卡尺的结构形式之三

（2）具有活动量爪的尺框，如图 3-10 中的 3。尺框上有游标，如图 3-9 中的 6，游标卡尺的游标读数值可制成 0.1mm、0.05mm 和 0.02mm 的 3 种。游标读数值就是指使用这种游标卡尺测量零件尺寸时，卡尺上能够读出的最小数值。

（3）在 0～125mm 的游标卡尺上，还带有测量深度的深度尺，如图 3-9 中的 5。深度尺固定在尺框的背面，能随着尺框在尺身的导向凹槽中移动。测量深度时，应把尺身尾部的端面靠紧在零件的测量基准平面上。

（4）测量范围等于或大于 200mm 的游标卡尺，带有随尺框做微动调整的微动装置，如图 3-10 中的 5。使用时，先用固定螺钉 4 把微动装置 5 固定在尺身上，再转动微动螺母 7，活动量爪就能随同尺框 3 做微量的前进或后退。微动装置的作用，是使游标卡尺在测量时用力均匀，便于调整测量压力，减少测量误差。

3．游标卡尺的读数原理和读数方法

游标卡尺的读数机构，是由主尺和游标（如图 3-10 中的 6 和 8）两部分组成。当活动量爪与固定量爪贴合时，游标上的“0”刻线（简称游标零线）对准主尺上的“0”刻线。

此时量爪间的距离为“0”，如图 3-10 所示。当尺框向右移动到某一位置时，固定量爪与活动量爪之间的距离，就是零件的测量尺寸，如图 3-9 所示。此时零件尺寸的整数部分，可在游标零线左边的主尺刻线上读出来，而比 1mm 小的小数部分，可借助游标读数机构来读出。现把 3 种游标卡尺的读数原理和读数方法介绍如下。

（1）游标读数值为 0.1mm 的游标卡尺

如图 3-12（a）所示，主尺刻线间距（每格）为 1mm，当游标零线与主尺零线对准（两爪合并）时，游标上的第 10 刻线正好指向等于主尺上的 9mm，而游标上的其他刻线都不会与主尺上任何一条刻线对准。

$$游标每格间距=9 \div 10=0.9\ (mm)$$

$$主尺每格间距与游标每格间距相差=1-0.9=0.1\ (mm)$$

0.1mm 即为此游标卡尺上游标所能读出的最小数值。

当游标向右移动 0.1mm 时，则游标零线后的第 1 根刻线与主尺刻线对准。当游标向右移动 0.2mm 时，则游标零线后的第 2 根刻线与主尺刻线对准，依次类推。

若游标向右移动 0.5mm，则游标上的第 5 根刻线与主尺刻线对准。由此可知，游标向右移动不足 1mm 的距离，虽不能直接从主尺读出，但可以由游标的某一根刻线与主尺刻线对准时，该游标刻线的次序数乘以其读数值而读出其小数值。例如，图 3-12（b）所示的尺寸即为：$5 \times 0.1=0.5$（mm）。

另有一种读数值为 0.1mm 的游标卡尺，如图 3-13（a）所示，是将游标上的 10 格对准主尺的

19mm，则游标每格=19 ÷ 10=1.9（mm），使主尺 2 格与游标 1 格相差=2−1.9=0.1（mm）。这种增大游标间距的方法，其读数原理并未改变，但使游标线条清晰，更容易看准读数。

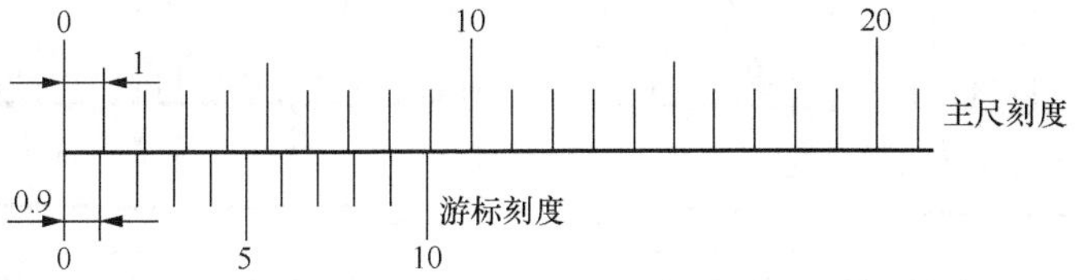

（a）

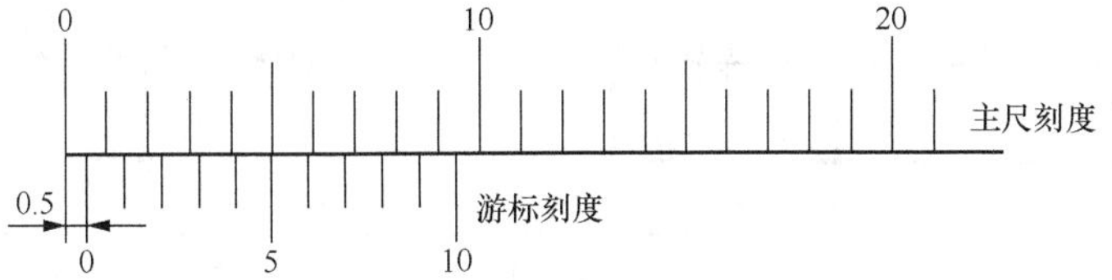

（b）

图 3-12　游标读数原理

在游标卡尺上读数时，首先要看游标零线的左边，读出主尺上尺寸的整数是多少毫米，其次是找出游标上第几根刻线与主尺刻线对准，该游标刻线的次序数乘以其游标读数值，读出尺寸的小数，整数和小数相加的总值，就是被测零件尺寸的数值。

在图 3-13（b）中，游标零线在 2mm 与 3mm 之间，其左边的主尺刻线是 2mm，所以被测尺寸的整数部分是 2mm，再观察游标刻线，这时游标上的第 3 根刻线与主尺刻线对准。所以，被测尺寸的小数部分为 3 × 0.1=0.3（mm），被测尺寸即为 2+0.3=2.3（mm）。

（2）游标读数值为 0.05mm 的游标卡尺

如图 3-13（c）所示，主尺每小格 1mm，当两爪合并时，游标上的 20 格刚好等于主尺的 39mm，则

游标每格间距=39 ÷ 20=1.95（mm）

主尺 2 格间距与游标 1 格间距相差=2−1.95=0.05（mm）

0.05mm 即为此种游标卡尺的最小读数值。同理，也有用游标上的 20 格刚好等于主尺上的 19mm，其读数原理不变。

在图 3-13（d）中，游标零线在 32mm 与 33mm 之间，游标上的第 11 格刻线与主尺刻线对准。所以，被测尺寸的整数部分为 32mm，小数部分为 11 × 0.05=0.55（mm），被测尺寸为 32+0.55=32.55（mm）。

（3）游标读数值为 0.02mm 的游标卡尺

如图 3-13（e）所示，主尺每小格 1mm，当两爪合并时，游标上的 50 格刚好等于主尺上的 49mm，则

游标每格间距=49 ÷ 50=0.98（mm）

主尺每格间距与游标每格间距相差=1−0.98=0.02（mm）

0.02mm 即为此种游标卡尺的最小读数值。

在图 3-13（f）中，游标零线在 123mm 与 124mm 之间，游标上的 11 格刻线与主尺刻线对准。所以，被测尺寸的整数部分为 123mm，小数部分为 11 × 0.02=0.22（mm），被测尺寸为 123+0.22=123.22（mm）。

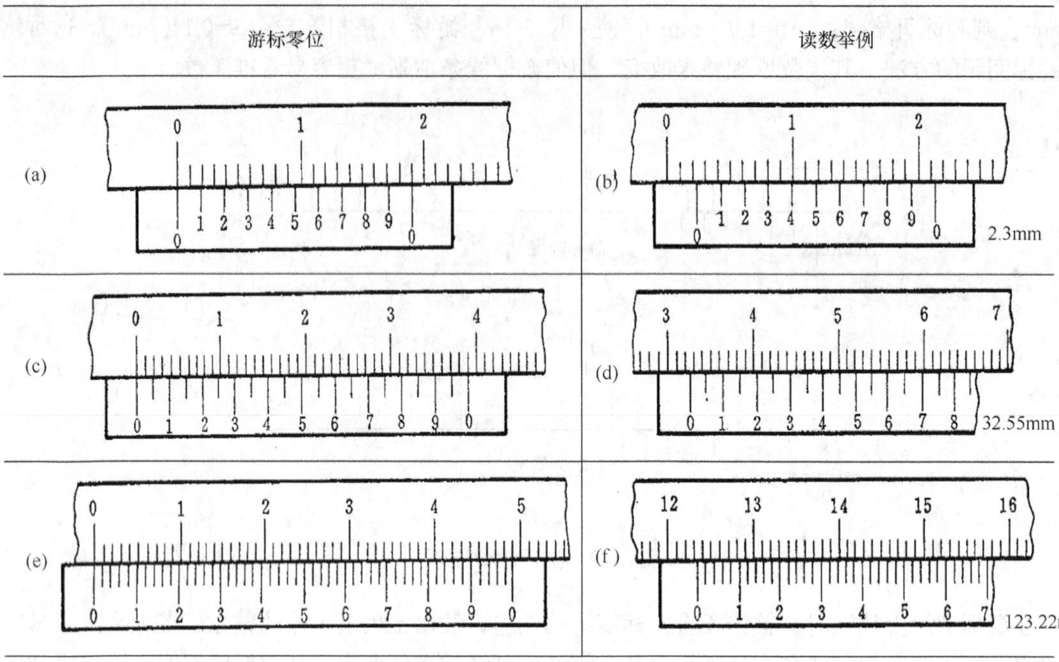

图 3-13　游标零位和读数举例

4．螺旋测微量具

应用螺旋测微原理制成的量具，称为螺旋测微量具。它们的测量精度比游标卡尺高，并且测量比较灵活，因此，当加工精度要求较高时多被应用。常用的螺旋读数量具有百分尺和千分尺。百分尺的读数值为 0.01mm，千分尺的读数值为 0.001mm。

图 3-14 所示的测量范围为 0～25mm 的外径百分尺。尺架 1 的一端装着固定测砧 2，另一端装着测微螺杆。固定测砧和测微螺杆的测量面上都镶有硬质合金，以提高测量面的使用寿命。尺架的两侧面覆盖着绝热板 12，使用百分尺时，手拿在绝热板上，防止人体的热量影响百分尺的测量精度。

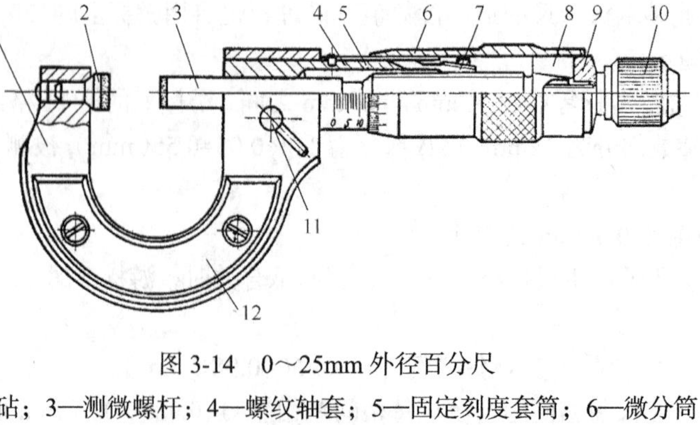

图 3-14　0～25mm 外径百分尺

1—尺架；2—固定测砧；3—测微螺杆；4—螺纹轴套；5—固定刻度套筒；6—微分筒；7—调节螺母；8—接头；9—垫片；10—测力装置；11—锁紧螺钉；12—绝热板

百分尺的读数方法：在百分尺的固定套筒上刻有轴向中线，作为微分筒读数的基准线。另外，为了计算测微螺杆旋转的整数转，在固定套筒中线的两侧，刻有两排刻线，刻线间距均为 1mm，上下两排相互错开 0.5mm。

百分尺的具体读数方法可分为 3 步：

（1）读出固定套筒上露出的刻线尺寸，一定要注意不能遗漏应读出的 0.5mm 的刻线值；

（2）读出微分筒上的尺寸，要看清微分筒圆周上哪一格与固定套筒的中线基准对齐，将格数乘 0.01mm 即得微分筒上的尺寸；

（3）将上面两个数相加，即为百分尺上测得尺寸。如图 3-15（a）所示，在固定套筒上读出的尺寸为 8mm，微分筒上读出的尺寸为 27（格）×0.01mm =0.27（mm），上两数相加即得被测零件的尺寸为 8.27mm；如图 3-15（b）所示，在固定套筒上读出的尺寸为 8.5mm，在微分筒上读出的尺寸为 27（格）×0.01mm =0.27（mm），上两数相加即得被测零件的尺寸为 8.77mm。

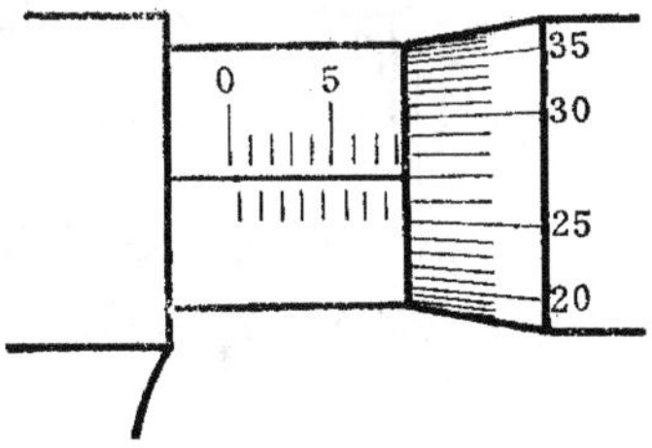

(a) 读数为 8.27

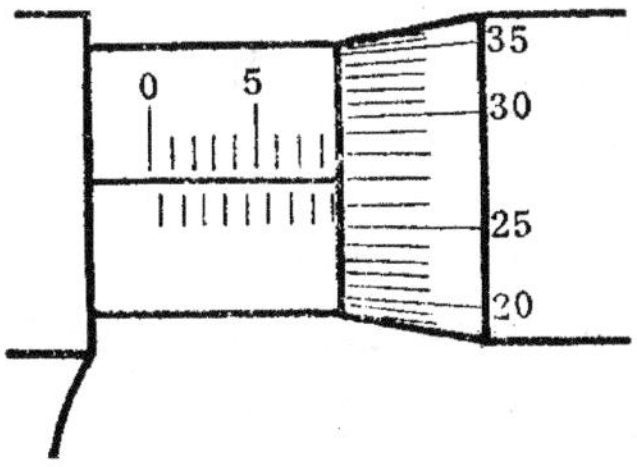

(b) 读数为 8.77

图 3-15　百分尺的读数

5．指示式量具

指示式量具是以指针指示出测量结果的量具。车间常用的指示式量具有：百分表、千分表、杠杆百分表和内径百分表等。主要用于校正零件的安装位置，检验零件的形状精度和相互位置精度，以及测量零件的内径等。

（1）百分表的结构

百分表和千分表都是用来校正零件或夹具的安装位置检验零件的形状精度或相互位置精度的。它们的结构原理没有什么大的不同，就是千分表的读数精度比较高，即千分表的读数值为 0.001mm，而百分表的读数值为 0.01mm。

百分表的外形如图 3-16 所示。8 为测量杆，6 为指针，表盘 3 上刻有 100 个等分格，其刻度值（即读数值）为 0.01mm。当指针转一圈时，小指针 10 即转动一小格，转数指示盘 5 的刻度值为 1mm。用手转动表圈 4 时，表盘 3 也跟着转动，可使指针对准任一刻线。测量杆 8 是沿着套筒 7 上下移动的，套筒 8 可作为安装百分表用。9 是测量头，2 是手提测量杆用的圆头。

图 3-17 所示为百分表内部结构的示意图。带有齿条的测量杆 1 的直线移动，通过齿轮传动（Z_1、Z_2、Z_3），转变为指针 2 的回转运动。齿轮 Z_4 和弹簧 3 使齿轮传动的间隙始终在一个方向，起着稳定指针位置的作用，弹簧 4 是控制百分表的测量压力。

百分表内的齿轮传动机构，使测量杆直线移动 1mm 时，指针正好回转一圈。由于百分表和千分表的测量杆是做直线移动的，可用来测量长度尺寸，所以它们也是长度测量工具。目前，国产百分表的测量范围（即测量杆的最大移动量），有 0～3mm；0～5mm；0～10mm 的 3 种。最小读数值为 0.001mm 的千分表，测量范围为 0～1mm。

（2）百分表和千分表的使用方法

由于千分表的读数精度比百分表高，所以百分表适用于尺寸精度为 IT6～IT8 级零件的校正和检验；千分表则适用于尺寸精度为 IT5～IT7 级零件的校正和检验。百分表和千分表按其制造精度，可分为 0 级、1 级和 2 级 3 种，0 级精度较高。使用时，应按照零件的形状和精度要求，选用合适的百分表或千分表的精度等级和测量范围。

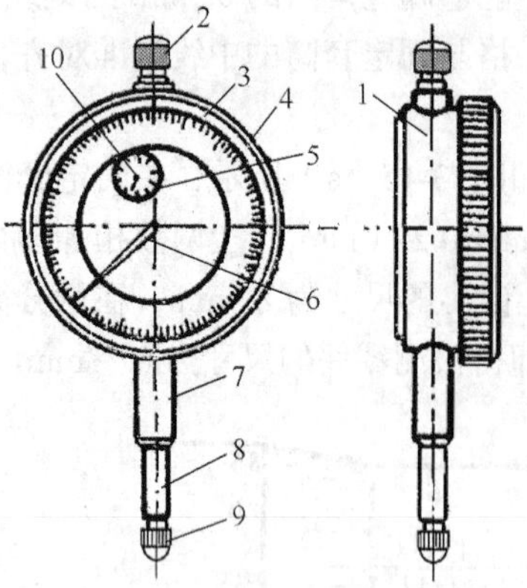

图 3-16　百分表

1—表身；2—圆头；3—表盘；4—表圈；5—转数指示盘；6—指针；7—套筒；8—测量杆；9—测量头；10—小指针

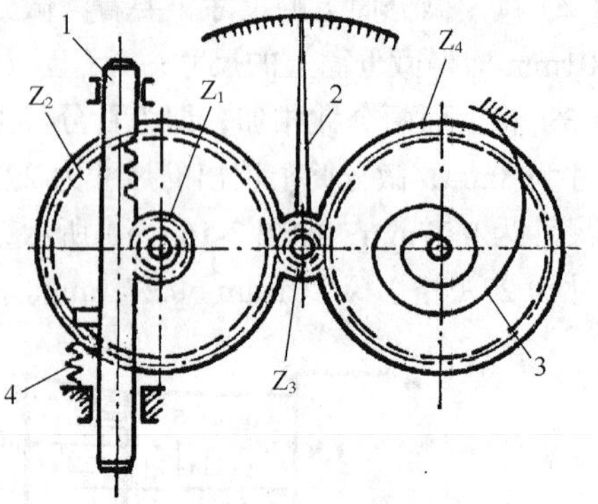

图 3-17　百分表的内部结构

1—测量杆；2—指针；3、4—弹簧

使用百分表和千分表时，必须注意以下几点：

① 使用前，应检查测量杆活动的灵活性。即轻轻推动测量杆时，测量杆在套筒内的移动要灵活，没有任何轧卡现象，且每次放松后，指针能回复到原来的刻度位置；

② 使用百分表或千分表时，必须把它固定在可靠的夹持架上（如固定在万能表架或磁性表座上），如图 3-18 所示。夹持架要安放平稳，以免测量结果不准确或摔坏百分表；

③ 用夹持百分表的套筒来固定百分表时，夹紧力不要过大，以免因套筒变形而使测量杆活动不灵活。

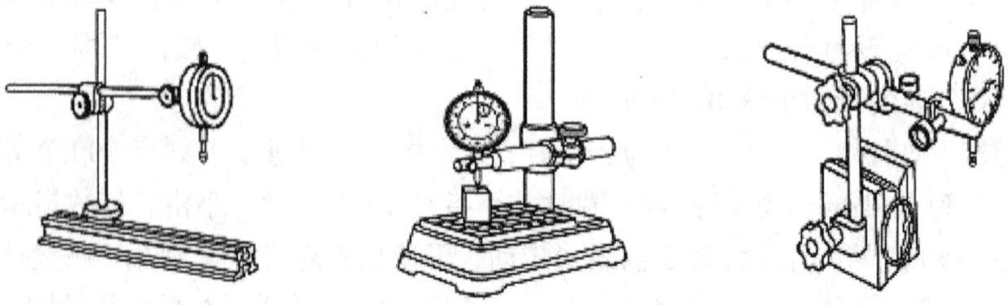

图 3-18　安装在专用夹持架上的百分表

项目拓展

汽车零部件行业产业链竞争格局分析

汽车零部件行业处于整个汽车产业链的中游，其上游产业为钢材、橡胶、塑料、化工等，下游则为整车厂商及其零部件配套供应商，汽车零部件行业产业链如图 3-19 所示。

从上游行业来看，零部件行业生产原材料价格主要由钢铁、石油、天然橡胶等大宗商品的市场价格决定。近年来由于受到铁矿石、石油、天然橡胶等资源类商品价格频繁波动的影响，钢材、橡胶、塑料及其他化工材料价格也出现大幅波动，对国内汽车零部件行业生产经营的稳定性造成一定的压力。

从下游行业来看，受益于国内外整车行业的发展和消费市场的扩大，国内汽车零部件行业呈现出良好的发展趋势。国内零部件供应商的下游客户主要为国内外整车厂商及其零部件配套供应商，客户集中度较高，因此零部件企业在与下游客户的谈判中处于相对弱势的地位。但对于部分在某一细分市场内具有领先优势的零部件供应商，其市场地位和技术优势将有助于提升市场话语权和议价能力，因此具备一定向下游转移成本的能力。

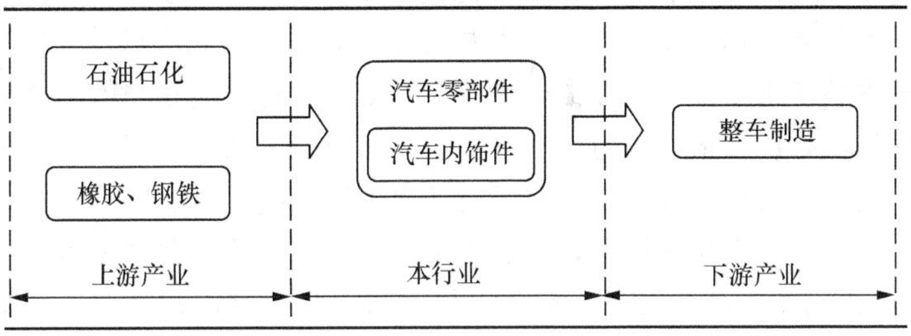

图 3-19　汽车零部件行业产业链

一、北美市场竞争格局

从近二十年的市场竞争主体来看，北美地区作为全球范围内重要的汽车生产消费市场，居于行业领导地位的跨国整车及零部件制造商基本上全部在北美投资建设有生产基地。北美地区整车配套市场的整体行业集中度相对适中，美国国际贸易管理署披露的数据显示，整车制造涉及的零部件种类繁多，因此全球除少数整车配套厂商同时在多项细分领域具备领先实力以外，大部分企业仅在特定或少数细分领域形成竞争优势。

二、欧洲市场竞争格局

德国：德国作为传统的汽车工业强国，汽车工业构筑了其国内经济发展的强劲推动力量。仍保持全球第四大整车生产国（数据来源：OICA）的地位。与此相适应的是，德国零部件行业在产业布局分工、过程控制、技术创新等方面均具有明显的竞争优势，尤其是发动机电子系统、车载媒体、锻造及冲压件等零部件更是在全球范围内居于领先地位。目前，德国零部件产业不仅可以满足国内庞大的整车生产需求，同时还可承接大规模的海外出口订单，德国零部件供应商约三分之一的销售额来自于国外市场，整体仍维持在较高水平。

法国：法国仅次于德国、俄罗斯、西班牙，现为欧洲第四大汽车制造国，其主要面向出口市场。以市场销售规模计算，法国的整车制造商排名欧洲第二，整车配套市场（OEM）规模排名欧洲第三。近年来法国整车产业专业外包生产对零部件供应商的依赖度日益提升，目前零部件制造及服务成本已占到整车生产成本的四分之三。

法国整车配套市场（OEM）和售后服务市场（AM）以动力传动设备、悬架系统、车身及内饰、车辆检测维修仪器等零部件产品为主，且其行业开放程度较高，德尔福、伟世通、江森自控、李尔等诸多大型跨国集团已占据市场主导地位。

英国：作为欧洲第五大汽车制造国，汽车产业为英国经济支柱产业之一，每年销售规模超过 550 亿英镑，同时也是英国最大的出口业务部门，约占其总出口量的 11%。目前英国拥有约 2350 家汽车零部件供应商，其中超过 70%的供应商将生产基地设在英国本土。英国汽车制造产业链相对完整，其中约 80%的整车组装部件可在国内完成采购，组装完成后大部分销往国外市场。

三、亚太市场竞争格局

日本：日本仅次于中国、美国，现为全球第三大汽车制造国，日本约有一半的整车产量向海外出口。日本汽车产业经过长期发展，零部件配套供应体系已相对完善，并形成了显著的产业集群优势。从竞争主体来看，以电装国际、爱信精机、日本矢崎为代表的日本整车配套厂商形成较高的产业集中度和产品专业化，由于其较早参与国际化竞争，因此普遍具有较强的市场竞争力。基于上述原因，日本整车或零部件产品的开发、设计及生产组装足以与欧美企业形成抗衡，导致日本对进口零部件的依存度很低，仅为11%左右。日本进口的汽车零部件主要为汽车用零部件附件、活塞、汽车音响及轮胎等，亚洲、欧洲、北美是其主要进口地区。

韩国：作为全球第五大汽车制造国，韩国零部件产业也居于世界先进水平，韩国汽车零部件进口规模整体较低，90%以上由本国厂商提供，现代MOBIS为韩国最大的零部件供应商。近年来，德尔福、伟世通、TRW和江森自控等国际零部件集团也先后进入韩国，成为当地市场的重要参与力量。

澳大利亚：汽车工业作为澳大利亚最大的单项制造产业，对其经济增长、社会就业、技术进步有着重要的影响。由于近年来受到国内市场空间有限且汇率持续高位等因素的影响，给澳大利亚的整车制造产业带来较大挑战，其产业规模和成本优势均有所削弱。澳大利亚目前可以生产几乎全部的汽车部件，如发动机、仪表盘、制动器与离合器、悬架、排气管、传动系统、空调、安全设备等。总体来看，目前澳大利亚的汽车消费主要依赖于整车进口。澳大利亚汽车产业的国际化程度相对较高，其国内主要整车制造商和零部件生产商大多为海外跨国集团的子公司。受到国内市场开放程度较高且国外厂商实施的本地化战略影响，澳大利亚零部件行业拥有较强的国际竞争力与研发实力。

项目实训工单

项目名称	汽车配件的类型、编号及检索	班　级		日　期	
学生姓名		学　号		项目成绩	
项目载体	汽车配件实训室、汽车营销企业			老师签字	
项目目标	1. 熟悉计量单位及常用工具和量具； 2. 掌握汽车配件编号体系、原则和检索方法； 3. 能够按照任务描述完成工作任务。				

一、资讯

1. 填空

（1）汽车零部件由__________、__________、__________、__________组成。

（2）汽车标准件__________、__________、__________、__________完全标准化。

（3）汽车运行材料包括__________、__________、__________、__________、__________。

（4）配件失效的形式有__________、__________、__________、__________、__________。

2. 论述

（1）汽车配件检索方法。

续表

(2) 汽车配件性能检测。

二、计划与决策

人员分工 每组 4～5 人	工具、材料、仪器	实施计划
组长： 组员：		

三、项目实施

完成工作任务一：汽车配件计划表。

序号	组号	分组号	名　称	规格型号	单位	数量	要求
1							
2							
3							
4							
5							

完成工作任务二：正确使用汽车计量工具。

四、项目检查

1. 专业能力

在本项目中你学到了哪些汽车配件知识，相关任务完成是否满意？

2. 个人能力

通过本项目的学习，你学会了哪些技能，提高了哪些方面的职业能力和职业素质（团队精神、安全环保、社会责任等方面）？

续表

<table>
<tr><td colspan="3">3．方法能力
通过本项目的学习与描述，你认为在工作过程中应提高哪些工作方法或学习方法？</td></tr>
<tr><td colspan="3">五、任务评估</td></tr>
<tr><td>个人评估</td><td>等级　A　B　C　D</td><td>说明：</td></tr>
<tr><td>小组评估</td><td>等级　A　B　C　D</td><td>说明：</td></tr>
<tr><td>老师评估</td><td>等级　A　B　C　D</td><td>说明：</td></tr>
</table>

项目四

汽车常用材料

项目目标

知识目标

了解汽车常用油料、液体的基本性能；

了解汽车常用金属和非金属材料的性能；

熟悉汽车滚动轴承和油封、汽车油漆、轮胎等知识。

能力目标

掌握汽车常用材料基本性能及使用注意事项。

情感目标

能够掌握汽车常用材料特性，履行职业道德，为客户提供质优价廉的汽车常用材料并安全使用。

项目描述

一客户（个人）车辆在进行二级维护时，更换润滑脂，配件仓库管理员只领出了一种润滑脂。维护完毕，客户在查材料单时，对润滑脂的使用提出质疑，他认为车辆的不同润滑点不能用同一种润滑脂，提出索赔，你如何处理?

课时计划

<table>
<tr><th rowspan="2">任务</th><th rowspan="2">项目内容</th><th colspan="3">参考课时</th></tr>
<tr><th>教学课时</th><th>实训课时</th><th>合计</th></tr>
<tr><td rowspan="6">汽车常用材料认识</td><td>汽车常用油料、液体</td><td>2</td><td>1</td><td>3</td></tr>
<tr><td>汽车常用金属与非金属材料</td><td>0.5</td><td>—</td><td>0.5</td></tr>
<tr><td>滚动轴承和油封</td><td>0.5</td><td>—</td><td>0.5</td></tr>
<tr><td>汽车油漆</td><td>0.5</td><td>—</td><td>0.5</td></tr>
<tr><td>汽车轮胎</td><td>0.5</td><td>1</td><td>1.5</td></tr>
<tr><td>汽车其他材料</td><td>4</td><td>—</td><td>4</td></tr>
<tr><td colspan="2">合计</td><td>8</td><td>2</td><td>10</td></tr>
</table>

汽车常用材料包括制造汽车各种零部件用的汽车工程材料，以及汽车在使用过程中需要消耗的燃料和工作液等汽车运行材料。工程材料主要包括金属材料、高分子材料、陶瓷材料、复合材料等；汽车运行材料主要包括燃料、车用润滑油、汽车工作液、轮胎等。

任务一 汽车常用油料、液体

一、汽车发动机润滑油的功能

1．润滑

润滑作用是发动机润滑油的主要功能。发动机在高速运转时，润滑油被发动机润滑系统送到各摩擦表面形成油膜，使金属间的干摩擦变成润滑油层间的液体摩擦，从而减少机件的磨损，保证机件的正常运转。

2．密封

润滑油膜可以附在发动机内部运动部件之间的间隙（如气缸和活塞之间的间隙）内，这样既可以起到油封的作用，又可以保证运动部件的自由运转。

3．冷却

燃料在发动机中燃烧后产生的无效热能如不及时排出，发动机会因温度过高而损坏。在发动机工作时，润滑油不断通过从气缸、活塞、曲轴等摩擦表面上吸取热量并把它传导到其他温度较低的零件上，其中一部分热量通过油底壳或机油散热器等外部机件消散到空气中，而大部分热量则是传导至与冷却水接触的气缸壁上，经冷却后被带出机体散掉。

4．洗涤

发动机润滑油在循环过程中，能把附在摩擦表面上的脏杂物带走。当它们通过机油滤清器时，这些脏杂物被截留在滤清器中，而干净的润滑油又继续进行洗涤作用，这样反复循环可使机件保持清洁及正常运转。

5．防锈和消声减振

润滑油吸附在金属表面，能防止酸性气体和水对金属的腐蚀。发动机内部机件摩擦表面上的油膜不但能传递发动机工作时的冲击负荷，还能降低金属与金属之间的震动与噪声，有助于发动机安静工作。

二、汽车常用润滑材料

1．发动机机油

汽车润滑油分为矿物润滑油、合成润滑油、半合成润滑油等几类。润滑油通常是由天然气与原油提炼的碳氢化合物配制而成，一般润滑油中含有聚烯类（PAO）即称为合成机油。

发动机机油作为发动机的润滑油料，是汽车润滑材料中用量最大、性能要求较高、品种规格繁多、工作条件异常苛刻的一种油品。机油的成分是基础油（矿物油）+添加剂（防锈，防腐剂等）。

（1）发动机机油的使用性能

发动机机油的工作条件十分恶劣，经受的环境温差较大，另外还要遭受水汽、酸性物质、灰尘微粒和金属杂质的侵扰，因此，对发动机机油的使用性能也就提出了更高的要求。

① 黏度

黏度是指液体受到外力作用移动，液体分子间产生的内摩擦力的大小。发动机机油的黏度受温度的影响较大，所以在使用过程中应考虑其工作环境温度，以便选用适当黏度的品种。

② 黏温性

黏温性指发动机机油的黏度随发动机工作温度的变化而改变的性能。对于发动机机油来讲，黏温性是一项重要指标。发动机工作温度升高，发动机机油的黏度减小。黏度太小，润滑油膜容易破坏，密封作用不好，发动机机油消耗增加，同时还导致发动机部件磨损。发动机工作温度降低时，发动机机油黏度会增大，流动性不好，使发动机发动后不易形成油膜，摩擦金属表面长时间得不到充分润滑，发动机零件磨损增加。

③ 腐蚀性

发动机机油腐蚀性表示润滑油长期使用后对发动机机件的腐蚀程度。在机油中加有各种类型的抗腐、抗氧添加剂，可抑制、延缓机油的氧化过程，减少氧化物产生。

④ 清净分散性

发动机机油在使用过程中，因受到废气、燃气、高温和金属催化作用，会生成各种氧化物。干净、分散性能良好的发动机机油能使这些氧化物悬浮在油中，通过发动机机油过滤器将其过滤掉，从而减少发动机气缸壁、活塞及活塞环等部件上的沉积物，防止由于零件过热烧坏活塞环而引起气缸密封不严、发动机功率下降、油耗增加的故障。

⑤ 抗磨性

抗磨性指润滑油能够有效阻止或延缓发动机部件摩擦现象发生的特性。在机油中加入适量的抗磨添加剂后，机油便具有很强的抗磨性能，能够保证发动机各部件得到可靠润滑，避免或减少机件磨损。影响机油抗磨性能的主要因素是在发动机工作的条件下，机油在金属表面保持油膜的能力。

⑥ 抗氧化安定性

发动机机油在使用和储存过程中，一旦与空气接触，在条件适当的情况下，便会发生化学反应，产生诸如酸类、胶质等氧化物。氧化物集聚在发动机机油中会使其颜色变暗、黏度增加、酸性增大。因此，发动机机油都应具有抗氧化能力，这种能力称为抗氧化安定性。

⑦ 热氧化安定性

发动机机油在发动机机件上形成油膜，油膜在高温和氧化作用下，抵抗漆膜产生的能力，称为发动机机油的热氧化安定性。

（2）发动机机油的分类

① 按使用性能（使用等级）分类

机油桶上标有“API”和“SAE”的字样，这些反映了机油的质量等级和黏度等级。

SAE（Society of Automotive Engineers）是美国汽车工程师学会的英文缩写。

润滑油的黏度多使用 SAE 等级别标识，例如：SAE15W-40、SAE5W-40，“W”表示 winter（冬季），其前面的数字越小说明机油的低温流动性越好，代表可供使用的环境温度越低，在冷起动时对发动机的保护能力越好；“W”后面（一横后面）的数字则是机油耐高温性的指标，数值越大说明机油在高温下的保护性能越好。它分为 0W、5W、10W、15W、20W 及 25W 6 个级别。数字越小，表示越能在低温下使用，如通常 20W 最低可在−15℃下使用，而 5W 最低可在-30℃下使用。40 表示机油的高温性能，它分为 20、30、40、50 及 60 这 5 个等级。数字越大，表示机油在高温时的黏度越高。一般天气下可选用 40 等级；而到了炎热的夏天，特别是对于一些长时间高速行驶或载重较大的车来讲，可选择 50 等级的机油，特别是一些较旧的车，选用 50 级别还可达到减少机油消耗、降低发动机噪声的效果。

API：美国石油学会（American Petroleum Institute），在汽车润滑油方面，负责制订质量分类。

API 将汽车发动机机油分为 S——汽油机油，C——柴油机油。

“S”开头系列规格有：SA、SB、SC、SD、SE、SF、SG、SH、SJ、SL、SM。从“SA”一直到“SM”，每递增一个字母，机油的性能都会优于前一种，机油中会有更多用来保护发动机的添加剂。字母越靠后，质量等级越高，国际品牌中机油级别多是 SF 级别以上的。

“C”开头系列规格有：CA、CB、CC、CD、CE、CF、CF-2、CF-4、CG-4、CH-4、CI-4。当“S”和“C”两个字母同时存在，则表示此机油为汽/柴通用型。

C 系列（柴油机系列）分为：CA、CB、CC、CD、CE 等级别。

② 使用机油注意事项

a．严格按照汽车使用说明书中的规定，选用与该型汽车相适应的机油。

汽油机机油和柴油机机油原则上应区别使用，只有在汽车制造厂有代用说明或标明是汽油机和柴油机的通用油时，才可代用或在标明的级别范围里通用。

b．应尽量使用多级油。多级油的优越性是它的黏度随温度变化小，温度范围宽，通用性好，特别是寒区短途行驶，低温起动较多，其优越性更为明显。

c．将润滑油分成夏季用的高温型、冬季用的低温型和冬夏通用的全天候型。

2．齿轮油

汽车齿轮油用于机械式变速器、驱动桥和转向器的齿轮、轴承等零件的润滑，起到润滑、冷却、防锈和缓冲的作用。

齿轮油以精制润滑油为基础，通过加入抗氧化剂、防腐蚀剂、防锈剂、消泡剂、抗磨剂等多种添加剂配制而成。

（1）齿轮油的性能特点

汽车齿轮油应具有优良的极压抗磨性，热氧化安定性，防锈、防腐蚀性和剪切安定性；在使用中不产生泡沫，具有良好的低温流动性等，以满足汽车传动齿轮在各种工况下的润滑要求。

① 极压抗磨性是指齿面在高压（或高温）润滑条件下，防止擦伤和磨损等的能力。

② 抗氧化安定性是指齿轮油在与空气中的氧接触氧化后，会出现黏度升高、酸值增加、颜色加深、产生沉淀和胶质的现象，影响齿轮油使用寿命等的程度。

③ 剪切安定性是指汽车齿轮油在齿轮啮合运动中会受到强烈的机械剪切作用，使齿轮油中添加的高分子化合物（黏度指数改进剂和某些降凝剂）分子链被剪断变成低分子化合物，从而使齿轮油黏度下降的程度。

④ 齿轮油要有良好的黏温特性是指汽车齿轮油的工作温度变化很大，冬季冷起动时，温度可在 0℃以下，要求汽车齿轮油的黏度不超过 150Pa·s；当正常工作时，其工作温度可在 100℃以上，此时要求齿轮油的黏度不能太小。

（2）齿轮油的规格

目前国际上采用美国汽车工程师学会（SAE）和美国石油学会（API）的分类标准。如：API GL-4 SAE 80W 的含义：

API——美国石油学会简称；

GL-4——齿轮油质量标号，指适用于双曲面齿轮传动的润滑；

SAE——美国汽车工程师学会简称；

80W——齿轮油黏度级号，80W 指适用于–26℃以上的温度范围。

① API 质量标号根据齿轮负载能力，分为 GL-1、GL-2、GL-3、GL-4、GL-5、GL-6 六个质

量等级。

我国齿轮油分两大类，一类是车辆齿轮油，包括手动变速箱齿轮油和后桥齿轮油；另一类是工业齿轮油，其中工业齿轮油又分为工业闭式齿轮油、蜗轮蜗杆油、工业开式齿轮油3种。齿轮油的低温表观黏度是采用布氏黏度计（Brookfield）按ASTM D2983（GB/T 11145）方法测定的动力黏度，用MPa·s表示。表观黏度与后桥齿轮的低温流动性有关，通常用表观黏度为150000MPa·s时最高使用温度来确定油品的黏度等级（牌号）。

我国普通车辆齿轮油的标准为SH0350-92，相当于国外的API GL-3；中负荷车辆齿轮油标准正在制定；重负荷车辆齿轮油标准为GB 13895—1992（参照采用API GL-5和MIL-L-2105D）。国外车辆齿轮油规格有手动变速箱油MT-1；后桥齿轮油API GL-5、MIL-L-2105E、PG-2。

② SAE黏度标号分为70W、75W、80W、85W、90、140、250七个黏度等级标号，其中带W字母的为冬季用油。多级齿轮油，如SAE80W/90，表示其低温黏度符合SAE80W的要求，高温黏度符合SAE90的要求，该油可以在某一地区全年通用，也可根据当地温度选用。

（3）选用齿轮油注意事项

① 根据季节选择齿轮油的标号（黏度级），对照当地冬季最低气温适当选用。标号为75W、80W、85W号的齿轮油分别适用于最低气温为–40℃、–26℃、–12℃的地区。

② 根据齿轮类型和工况选择齿轮油（使用性能级别）。对于一般工作条件下的螺旋锥齿轮主减速器（驱动桥）、变速器和转向器，可选用普通车辆齿轮油；主减速器是准双曲面齿轮的，必须根据工作条件选用中负荷车辆齿轮油或重负荷车辆齿轮油，绝不能用普通齿轮油代替准双曲面齿轮油。馏分型双曲面齿轮油的颜色一般为黄绿色到深绿色及深棕红色，其他齿轮油一般为深黑色，使用时注意区别。

③ 按维修手册数量要求进行加油。

④ 按规定期限换油，一般换油期为30000～48000km。

3．润滑脂

润滑脂实际上是一种稠化了的润滑油，是将稠化剂分散于液体润滑剂中所组成的一种固体或半固体产品。润滑脂主要用于汽车轮毂轴承及底盘各活络关节处的润滑。

（1）润滑脂的性能特点

① 稠度。稠度指润滑脂的浓稠程度。

② 耐热性。润滑脂应具有很强的附着能力，要求在温度升高时也不易流失。

③ 抗磨性和抗水性。要求润滑脂具有良好的抗磨性和抗水性，不会在遇水后稠度下降，甚至乳化而流失。

④ 良好的胶体安定性和抗腐蚀性。防止使用中和储存时胶体分解，液体润滑油被析出。

（2）润滑脂的种类

润滑脂有钙基润滑脂、钠基润滑脂、钙钠基润滑脂、通用锂基润滑脂、汽车通用锂基润滑脂、极压锂基润滑脂、石墨钙基润滑脂等。

（3）润滑脂使用注意事项

① 推荐使用锂基润滑脂。锂基润滑脂滴点高，使用温度范围广，并有良好的低温性、抗磨性、抗水性、抗腐蚀性和热氧化安定性，是目前最常用的一种多效能润滑脂。

② 不同种类的润滑脂不能混用，新旧润滑脂也不能混用。即使是同类的润滑脂也不可新旧混用，这是因为旧润滑脂含有大量的有机酸和杂质，会加速新润滑脂的氧化。换润滑脂时，必须将旧润滑脂清洗干净，才能加入新润滑脂。

③ 用量适当。更换轮毂轴承润滑脂时，只需在轴承的滚珠（或滚柱）之间塞满润滑脂，而轮毂内腔采用“空毂润滑”，即在轮毂内腔仅仅涂上一层润滑脂，这样易于散热，既可降低润滑脂的工作温度，又可节约润滑脂用量。

（4）合理选用润滑脂

① 与水直接接触的部位，如水泵轴承、底盘轴承等，不能用钠基等水溶性稠化剂润滑脂，应使用钙钠基脂或锂基脂。

② 高转速、恶劣条件下工作的部位，如离合器分离轴承、传动轴中间轴承、传动轴十字轴滚针轴承等，可用黏附性好、稠度低一些的钙基脂、钙钠基脂。

③ 高温部位，如变速器输入轴承，不能用钙基脂，应使用钠基脂或钙钠基脂。

④ 轮毂轴承应使用长寿命的锂基脂或二硫化钼锂基脂，以减少轮毂拆装次数，降低维护成本。

⑤ 石墨钙基脂则适用于钢板弹簧、起重机齿轮转盘、铰车齿轮等重负荷、低转速和粗糙的机械润滑。

4．制动液

制动液用于液压制动系统和液压离合器操纵系统的能量传递，制动液的质量直接关系着行车安全。为了保证汽车的行驶安全，汽车制动液必须具有适当的黏度、气阻温度、氧化安定性及橡胶溶胀性等。

（1）性能要求

① 黏度。制动液必须有合适的高、低温黏度，其高温（100℃）运动黏度不低于 1.5 mm^2/s，否则将起不到润滑作用，而且密封性差，容易出现渗漏；而低温（–40℃）运动黏度不应大于 1800mm^2/s，否则在严寒地区使用时，由于流动性差会影响安全。

② 平衡回流沸点和气阻温度。平衡回流沸点是指在一个单位大气压下，60mL 制动液在容量为 100mL 并装有回流冷凝器的圆底烧瓶中，在规定的回流速度下的沸腾温度（经压力校正）。平衡回流沸点越高，制动液在使用时越安全可靠，在制动液规格中对平衡回流沸点做了规定。气阻温度是指制动液温度升高蒸发气化，导致气阻，使汽车制动液压系统开始失去制动能力的温度。气阻温度越高，制动液在使用时就越安全可靠。一般来说，平衡回流沸点高的制动液，其气阻温度也高。

③ 湿平衡回流沸点。当制动液含有（3.5±0.5）%的水时，所测定的平衡回流沸点称为湿平衡回流沸点。这一性能指标是考虑到汽车在使用中，制动液不可避免地会吸入一部分水分，吸有水分的制动液其平衡回流沸点和气阻温度都会降低，这就会影响制动液的使用性能，当制动液含水 2.0%时，其平衡回流沸点可由 193℃下降到 150℃。因此，制动液在使用和储存时要注意避免吸水。

④ 氧化安定性和防腐性。为防止制动液对制动系部件产生腐蚀作用，制动液必须用抗氧剂、防锈剂和多种抗腐蚀添加剂，有效地控制制动液的酸值和提高其抗腐蚀、防锈蚀的能力。而氧化安定性直接关系到制动液的使用寿命，所以制动液的规格中规定制动液在规定条件进行 70℃、168h 的氧化试验，以测定制动液的氧化安定性。

⑤ 橡胶溶胀性。制动总泵和分泵的橡胶皮碗和密封件如果和制动液产生溶胀，导致皮碗的形状、尺寸和机械强度发生变化，而不能有效地密封，甚至出现翻碗，使液压系统失效。因此制动液对橡胶皮碗等橡胶部件的侵蚀作用应尽量小。在制动液规格中，要求橡胶皮碗在制动液中，分别进行 70℃、120h 和 120℃、70h 的橡胶溶胀试验。

⑥ 溶水性。制动液中存在游离的水时，在低温下可能结冰，高温时会气化而导致制动故障，所以要求制动液能够把外来的少量水分完全溶解吸收，并且不因此而分层、产生沉淀或显著改变

原来的性质。

（2）制动液的分类、品种和牌号

① 国外制动液的规格标准。常用的进口制动液有 DOT3 和 DOT4，它们属非矿物油系，是由以聚二醇为基础和乙二醇及乙二醇衍生物为主的醇醚型合成制动液，再加润滑剂、稀释剂、防锈剂、橡胶抑制剂等混合而成，是各国汽车使用最普遍的制动液。

② 目前国内还在使用的制动液按原料不同分为合成型、醇型和矿物型 3 种。合成型制动液有 4603、4603-1 和 4604 等牌号。4603、4603-1 适用于各类载货汽车的制动系，4604 适合于高级轿车和各种汽车的制动系统。

（3）制动液的选用

① 优先选用进口名牌制动液。根据汽车使用说明书中的规定选用制动液，普通汽车可使用 DOT3 型号的制动液，比较高级的车型可使用 DOT4 型号的制动液。

② 合理选用国产制动液。使用国产制动液时，合成制动液适用于高速重负荷和制动频繁的轿车和货车；醇型制动液只能用于车速较低，负荷不大的老旧车型；矿物型制动液可在各种汽车上使用，但制动系需换耐油橡胶件。

（4）注意事项

① 各种制动液绝对不能混用，否则会因分层而失去制动作用。

② 保持清洁，不允许杂质混入制动系统。

③ 注意防潮，防止水分混入和吸收水分使沸点降低。存放制动液的容器应当密封，更换下来和装在未密封容器内的制动液，不允许继续使用。

④ 定期更换，制动液应在 1～2 年进行更换，以防制动液吸湿后影响制动性能。

⑤ 山区下坡连续使用制动或在高温地区长期频繁制动，制动液温度可达 150℃～170℃，因此要注意检查制动液温度，以防因气阻发生交通事故。

⑥ 防止矿物油混入使用醇型和合成型制动液的制动系统，使用矿物油制动液，制动系应换用耐油橡胶件。使用醇型制动液前，应先检查是否有沉淀，如有沉淀，应过滤后再使用。

5．防冻液

长效防冻液一般都具有防冻、防锈、防沸腾和防水垢等性能。常用的防冻液为水与乙二醇、水与酒精、水与甘油按一定比例混合而成。多数防冻液为乙二醇—水型。目前我国市场上销售最多的是壳牌、美孚牌和 TCL 牌防冻液。

（1）性能要求

① 防冻液对发动机的冷却和传热应无不良影响。

② 防冻液的冰点应低于最低环境温度。

③ 对冷却系的金属无腐蚀作用，且不会产生沉淀物，对橡胶件的影响应尽可能小。

④ 要求具有较小的低温黏度，且应无毒，起泡性小，沸点低，蒸发损失少。

（2）防冻液的种类

① 发动机防冻液是由基础液、防腐剂、消泡剂、染料和水组成。

② 汽车防冻剂的种类很多，像无机物中的氯化钙（$CaCl_2$）、有机物中的甲醇（CH_3OH）、乙醇（C_2H_5OH，俗名酒精）、乙二醇（$C_2H_4(OH)_2$，俗名甜醇）、丙三醇（$C_3H_5(OH)_3$，俗名甘油），润滑油以及我们日常生活中常见的砂糖、蜂蜜等，都可作为防冻液的母液。

（3）注意事项

① 尽量使用同一品牌的防冻液，不能混加。不同品牌的防冻液其生产配方会有所差异，如果

混合使用，多种添加剂之间很可能会发生化学反应，造成添加剂失效。

② 防冻液的有效期多为两年（个别产品会长一些），添加时应确认该产品在有效期之内。

③ 必须定期更换，一般为两年或每行驶 4 万公里更换一次，出租车的更换周期应缩短。更换时应放完旧液，将冷却系统清洗干净后，再换上新液。

④ 避免兑水使用。

6．自动变速器油

自动变速器油主要用于自动变速器。它由精制的矿物油或合成油加入各种添加剂而合成。添加剂中有黏度指数改进剂、摩擦调整剂、抗氧化剂、清净分散剂、防锈剂、橡胶膨润剂、消泡剂等，而且还加入着色剂，使油液具有特定的颜色以便与其他油液相区别。自动变速器油是性能要求最高的润滑油之一，它必须满足动力传递、液压控制、润滑、冷却等各方面的要求。

（1）性能要求

自动变速器油除具有齿轮润滑油的性能外，还应具有液压油的黏度、黏温特性和适合湿式离合器的摩擦特性。

① 适宜的黏度和黏温特性。自动变速器传动油（ATF）的使用温度从最低环境温度到 170℃。从传动效率考虑，黏度低有利，但黏度太低又会导致液压控制系统及伺服机构及油泵处产生油液泄漏，因此，ATF 必须要有适当的黏度和黏温特性，各汽车公司规定的 ATF 高温（100℃）运动黏度在 7.0～8.5mm^2/s，为确保良好的低温起动性能，避免离合器摩擦片烧损，一般要求低温黏度不大于：–18℃，1400MPa·s；–23℃，4000MPa·s；–29℃，230000MPa·s；–40℃，55 000MPa·s。

② 良好的热氧化安定性。由于自动变速器在工况变化频繁时，ATF 主体温度可能超过 150℃，离合器片表面温度可高达 390℃左右，所以要求 ATF 有良好的热氧化安定性和薄层油高温热安定性，否则油内氧化生成的酸或过氧化物会对轴承、离合器摩擦片和橡胶密封件产生腐蚀。

③ 良好的润滑性和摩擦特性。为确保变速行星齿轮、轴承、推力垫圈和油泵的使用寿命，ATF 必须有良好的润滑性；而摩擦特性对换挡感觉、响声和离合片的耐久性有重要影响。自动变速器因离合器摩擦片材质及变速机构的结构不同，对 ATF 的摩擦特性有不同的要求。

④ 优良的抗泡沫性。泡沫对液力传动系统危害极大，泡沫使变矩器传递功率下降，而且泡沫的可压缩性将导致液压系统压力波动和压力下降，甚至使供油中断，导致离合片打滑、烧损。

⑤ 对橡胶密封材料有良好的适应性。自动变速器油不会导致密封材料产生过大的膨胀、收缩和硬化，否则会引起漏油，导致重大故障。

（2）自动变速器油的规格

主要以美国通用公司的“DEXRONⅡ-E”和福特公司的“MERCON”这两种规格为代表，其他欧洲、日本制造厂家近年来也制定了各自的新规格。例如，捷达轿车使用的自动变速器油规格为“VW ATF，日本的规格为“0riginal ATF”，用以替代“DEXRONⅡ-E”和“MERCON”。各类车型一定要按制造厂家推荐的规格选用相应的自动变速器油。

7．汽车液压油

（1）汽车液压油的性能

汽车液压油的性能包括抗磨性、抗泡沫性和析气性、化学安定性等。

① 抗磨性：液压油必须具有良好的抗磨性，抗磨液压油内的抗磨剂主要是 ZDDP 和硫—磷型，它们对含银部件有腐蚀作用，青铜部件对抗磨剂也很敏感。

② 抗泡沫性和析气性：液压油的压缩性随液压系统压力的升高而增大。当油内含有气泡时尤为显著，液压油的压缩性将导致系统压力不足和传动反应迟缓，严重时会产生噪声、振动、气蚀、

甚至损伤设备。因此，要求液压油应具有良好的消泡性和析气性。

③ 化学安定性：一般液压油的工作温度为 55℃～65℃，油泵转速和压力增加可使油温升到80℃左右。由于工程车辆液压系统的油箱容量较小，油在系统内的循环率高，油温可超过 100℃，加上高速流动的油液中空气和水分离困难，将加速油的氧化变质。因此要求油液必须具有较好的热稳定性、氧化安定性、水解稳定性和抗乳化性。

（2）液压油的分类

国产液压油的黏度分级是按 ISO3448 进行编排的。ISO 于 1982 年以 ISO6743/4 组公布了液压系统液压油分类标准，我国在 1982 年等效采用了 ISO 标准。将液压油按 40℃运动黏度分为 N15、N22、N32、N46、N68、N100 和 N150 七个牌号。

液压油按使用性能分类也是根据 IS06743/4 标准来划分的，其中汽车常用的为 HM、HV、HS 三种。抗磨液压油（HM）是汽车液压系统广泛使用的液压油。液压系统对液压油质量的要求取决于系统的压力、体积流率和温度等运行条件。

（3）液压油的选用

汽车上应用液压油的部位有传动、转向、悬架、自动倾卸、自动举升等机构。选用液压油时应考虑液压系统的工作条件（包括油泵的类型、工作压力、转速和系统内的油温，各部件材质，液压系统工作时间和工作特点等）和液压系统的工作环境（包括工作环境温度、温度变化情况及有无特殊情况等）。对于影响汽车行车安全的系统（如制动系统、转向系统等）应按汽车制造厂规定的油品选用。液压转向助力器一般采用 HV 类低温抗磨液压油或 ATF；汽车减振器采用性能属于 HV 类的专用汽车减振器油，目前国内外汽车采用的减振器油有矿油型和硅油型两种。

液压油的黏度牌号选择，应以保证液压系统在低温环境下能工作且灵敏可靠，在高温环境下能保持容积效率、机械效率之间的最佳平衡为考虑原则。

任务二　汽车常用金属与非金属材料

一、金属材料的力学性能

1. 强度

金属材料的强度是指金属材料在外力作用下抵抗变形和破坏的能力，所以又有抗拉强度和屈服点之分。

抗拉强度是金属材料在受拉时抵抗被拉断的能力，其代号为 σ_b，单位是兆帕（MPa）。

屈服点是金属材料在受拉时抵抗产生明显的永久性变形的能力，其代号为 σ_s，单位是兆帕（MPa）。

2. 塑形

塑形是指金属材料受到外力作用产生显著的永久性变形而不断裂的能力，常用伸长率 δ 和断面收缩率 ψ 表示。它们分别表示材料受拉时长度变形和截面变形，以百分比表示。

3. 韧性

韧性指金属材料抵抗冲击而不致断裂的能力，常用冲击韧度 d_k 表示，单位是焦耳/平方厘米（J/cm^2）。

4. 疲劳

疲劳是指金属零件长期在交变载荷作用下工作，突然发生断裂的现象。

疲劳强度是指金属材料在无限多次交变载荷作用下，而不致发生断裂的最大应力。

5．硬度

硬度指金属材料抵抗局部变形、压痕或划痕的能力，一般以布氏硬度（HB）和洛氏硬度（HR）表示。

二、汽车常见金属材料种类

1．钢

钢是含碳量小于2.11%的铁碳合金，是使用最广泛的金属材料。

钢的种类很多，按是否加入碳以外的其他元素，可分为碳素钢和合金钢两大类。

按含量多少又可分为低碳钢（ω_C<0.25%）、中碳钢（0.25%≤ω_C≤0.6%）和高碳钢（ω_C>0.6%）。

（1）碳素钢结构钢

① 牌号

牌号由代表屈服点的字母、屈服点的数值、质量等级符号、脱氧方法符号4个部分按顺序组成，如Q235-AF牌号中："Q"是钢材屈服点"屈"字汉语拼音首位字母，"235"表示屈服点为235MPa，"A"表示质量等级为A，"F"表示沸腾钢。

② 用途

Q195、Q215A（B）、Q235A（B）常用于制造受力不大、不重要也不复杂的零件，如螺钉、螺母、垫圈、推杆、制动杆、车轮轮毂等。

（2）优质碳素钢结构钢

① 牌号

牌号由两位数表示，表示钢平均含碳量的万分之几。如钢号"30"表示钢中含碳量0.30%。含锰量高的优质碳素钢结构钢还应将锰元素符号在钢号后表示出来，如15Mn、45Mn等。优质碳素钢常用牌号有15、20、25、35、45、60、45Mn、65Mn等。

② 用途

优质碳素钢结构钢的用途如表4-1所示。

表4-1　碳素钢结构钢的用途

钢号	主要性能	应用举例
08F、10、10F、15、20、25	良好的塑性、韧性、可焊性和冷加工成型性。由于含碳量低，可用作渗碳件	制造冲击件（制动气室外壳、消音器外壳、焊接件及渗碳件（齿轮、凸轮）紧固零件（螺栓、垫圈、铆钉等）
30、35、40、45、50、55	强度较高，并有一定的塑形和韧性。可焊接性较差，使用时大都是经调质处理	制造负荷较大的淬硬调质零件，如连杆、曲轴、机油泵传动齿轮、活塞销、凸轮等
60、65、70、75	强度、硬度高，塑性、韧性差、经淬火和中温回火后弹性好	用于截面尺寸较大而且比较重要的弹簧、轴、销等的制造

2．合金钢

在碳钢中加入一种或多种适量合金元素，以改善钢的某种性能，称为合金钢。碳钢中加入的合金元素有Si、Mn、Cr、W、V、Mo、Ti等。

（1）牌号

合金结构钢的牌号用"两位数字+元素符号+数字"表示：前面两位数字表示钢中含碳量是万

分之几；元素符号表示所含合金元素；后面数字表示合金元素平均含量的百分数。

（2）用途

合金结构钢 40Cr，常作重要调质件，如气门、气缸盖螺栓、车轮螺栓、半轴和重要齿轮等；18CrMnTi，常用来制造变速器齿轮、主传动锥齿轮；40MnB，可代 40Cr 钢作转向节、半轴、花键轴等；60Si2Mn 钢，用来制造钢板弹簧等。

3．铸铁

铸铁具有良好的可铸性、耐磨性和切削性。凡力学性要求不高、形状复杂、锻造困难的零件，多用铸铁制造，如气缸套、后桥壳、飞轮、制动鼓等。常用铸铁材料如表 4-2 所示。

表 4-2　　常用铸铁材料

名称	牌号说明	主要性能	用途
灰铸铁	由“HT”及后面的一组数字组成，数字表示其最低抗拉强度	脆性大，塑性差，焊接性差，铸造性好，易切削。具有消振和润滑作用	用于制造气缸体、气缸盖、飞轮和制动鼓
球墨铸铁	由“QT”和两组数字组成，分别表示最低抗拉强度和伸长率	强度较高，韧性比灰铸铁有较大改善。有较良好的铸造性、耐磨性、减振性和切削性	用于制造曲轴、凸轮轴和前、后桥壳
可锻铸铁	由“KTH”“KTB”“KTZ”及两位数字组成，“KT”是可锻铸铁的代号，“H”“B”“Z”分别表示“黑心”“白心”及球光体，两位数字的含义同球墨铸铁	具有较高的塑性和韧性，强度较好，能承受一定的冲击载荷。但铁水流动性差，铸造工艺较复杂	用于制造后桥壳、轮、制动踏板、活塞环、齿轮轴、摇臂、转向机构等

4．常用有色金属

镁、铝、铜、锌、铅等及其合金称为有色金属。具有某种特性，如导热性、导电性好、密度小而强度高、耐腐蚀性好等。

（1）纯铝

铝是银白色的金属，密度为 2.7g/cm^2，熔点低于 660℃，具有良好的导电性和导热性。

（2）铝合金

纯铝加入 Si、Cu、Mg、Mn 等合金元素后，可得到强度较高，耐腐蚀性较好的铝合金。铝合金分为形变铝合金（或称压力加工铝合金）和铸造铝合金两类。

（3）轴承合金

轴承合金是用来制造滑动轴承的材料，是轴承支撑并保证其正常运转的零件。

常用的合金有锡基合金、铅基轴承合金、铜基轴承合金、铝基轴承合金等。

任务三　汽车轴承

一、滚动轴承的分类

滚动轴承最常用的分类是按轴承所能承受的负荷方向和滚动体的种类，如表 4-3 所示。

表 4-3 滚动轴承的分类

名　称	实物图	名　称	实物图
深沟球轴承		推力球轴承	
调心球轴承	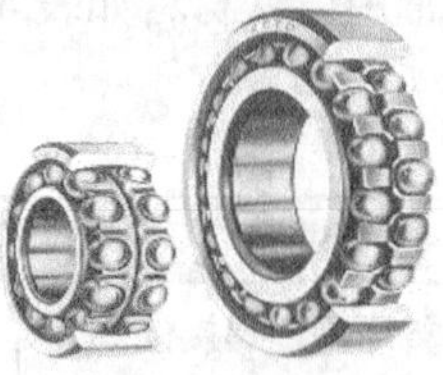	推力角接触球轴承	
角接触球轴承		推力圆柱滚子轴承	
外球面球轴承		推力滚针和保持架组件	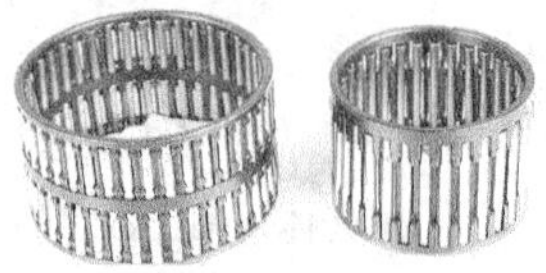
圆柱滚子轴承	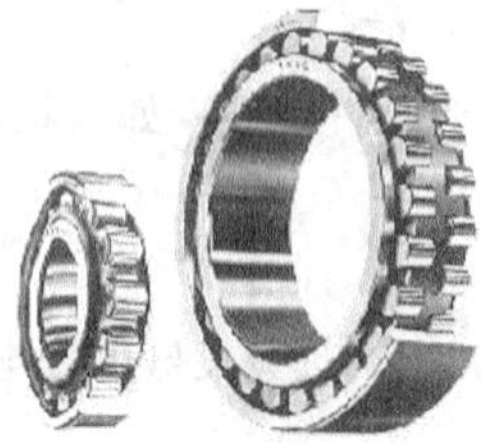	推力圆锥滚子轴承	
滚针轴承	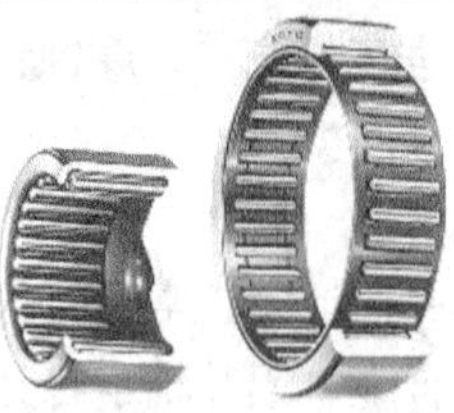	推力调心滚子轴承	
调心滚子轴承		圆锥滚子轴承	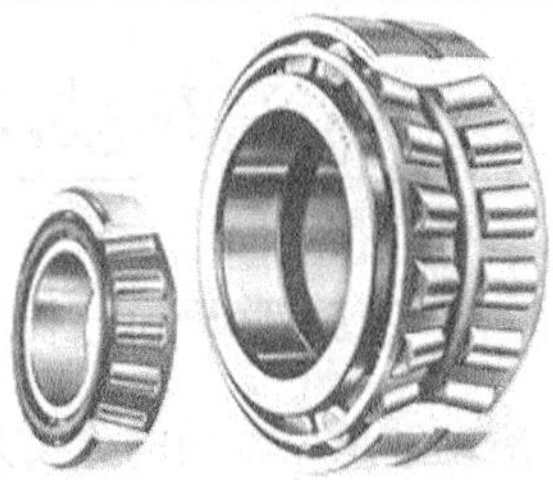

二、汽车轴承

汽车轴承主要分三大部分：发动机部件，底盘部件和车身系统，如表4-4所示。

表4-4　　汽车轴承的分类

汽车常用轴承分布	轴承安装部位	主要轴承类型
发动机部件	张紧轮和惰轮用轴承	圆锥滚子轴承
	水泵轴承	双列球轴承
	冷却风扇马达用轴承	滚珠轴承
	发电机	圆柱滚子轴承
底盘部件	车轮轮毂轴承	角接触球轴承、深沟球轴承、圆锥滚子轴承
	转向齿轮用轴承	推力球轴承、推力滚针轴承
	离合器分离轴承	圆柱滚子轴承
	手动变速箱用轴承	推力球轴承、圆柱滚子轴承
	差速器齿轮	推力球轴承
	自动变速箱用轴承	推力球轴承、推力滚针轴承
	传动轴用轴承	推力球轴承、推力滚针轴承
车身系统	悬架用轴承	深沟球轴承

三、滚动轴承代号

1. 轴承型号代号用途

轴承型号代号代表象征滚动轴承的结构、尺寸、类型、精度等，代号由国家标准GB/T 272—1993规定。

2. 代号的构成

轴承代号（轴承型号）的组成如表4-5所示。

表4-5　　轴承代号（轴承型号）的组成

<table>
<tr><th>前置代号</th><th colspan="5">基本代号</th><th colspan="8">后置代号</th></tr>
<tr><td rowspan="3">轴承的分部件代号</td><td>五</td><td>四</td><td>三</td><td>二</td><td>一</td><td rowspan="3">内部结构代号</td><td rowspan="3">密封与防尘结构代号</td><td rowspan="3">保持架及其材料代号</td><td rowspan="3">特殊轴承材料代号</td><td rowspan="3">公差等级代号</td><td rowspan="3">游隙代号</td><td rowspan="3">多轴承配置代号</td><td rowspan="3">其他代号</td></tr>
<tr><td rowspan="2">类型代号</td><td colspan="2">尺寸系列代号</td><td colspan="2" rowspan="2">内径代号</td></tr>
<tr><td>宽度系列代号</td><td>直径系列代号</td></tr>
</table>

3. 轴承内径代号

一般情况下轴承内径=轴承内径代号（基本代号的后两位数）×5，例如，轴承6204的内径是4×5=20（mm）。

4. 常见的特殊情况

（1）轴承内径小于20mm时的表示方法，如表4-6所示。

表 4-6　　轴承内径小于 20mm 的表示方法

轴承内径尺寸/mm	10	12	15	17
对应内径代号	00	01	02	03

（2）当轴承内径小于 10mm 时，直接用基本代号的最后一位表示轴承内径尺寸；例如，轴承 608Z，用基本代号“608”的最后一位 8 作内径尺寸。以此类推 627 的内径为 7mm，634 的内径为 4mm。

（3）轴承的内径不是 5 的倍数或者大于等于 500mm，内径代号用斜杠“/”隔开。还有部分滚针轴承旧代号、内径代号直接用“/”隔开。“/”后边的几位数值为轴承内径尺寸，如表 4-7 所示。

表 4-7　　轴承内径大于 20mm 的表示方法

轴承型号	619/1.5	62/22	60/500	3519/1120	7943/25
内径尺寸/mm	1.5	22	500	1120	25

任务四　汽车油漆

一、概述

汽车油漆主要是为了保护车体不被腐蚀，其次还能增加车的美观程度，是客户张扬个性的一种表现方式。

汽车漆主要由树脂、颜料、助剂、填料、固化剂、溶剂等组成，汽车油漆分为素色漆、珍珠漆、银粉漆和实色漆。

二、汽车油漆品牌分类

（1）国际品牌：美国 PPG、荷兰阿克苏、美国杜邦、美国威士伯、德国施必快、美国圣威廉、德国鹦鹉、英国 ICI、日本关西、日本立邦、意大利爱犬。

（2）国产品牌：上海高飞、广东雅图、广东银帆、广州邦士（国产漆由于技术、工艺、原材料等受限制，导致整体质量一般）。

任务五　汽车轮胎

轮胎是汽车的重要部件之一，它直接与路面接触，支撑汽车的质量。和汽车悬架共同缓和汽车行驶时所受到的冲击，保证汽车有良好的乘坐舒适性和行驶平顺性并维持汽车行驶的驱动力及附着性，提高汽车的牵引性、制动性和通过性。

一、轮胎材料组成

现在大多数汽车轮胎材料的主要成分是天然橡胶或者合成橡胶，天然橡胶的综合性能优越过合成橡胶，所以高级轮胎多用天然橡胶。为了使橡胶具有制造轮胎所要求的性能，必须要在橡胶中渗入各种不同的化学材料，即化学添加剂。其中添加的一种很重要的添加剂叫炭黑，因为炭具有特别的吸附性，碳粒子与橡胶分子的黏结非常好，使得橡胶增强了硬度、强度和耐磨性。由于炭黑与橡胶基本等量，所以汽车轮胎主要材料实际上是一种橡胶和炭黑的复合材料。

二、轮胎分类

1．结构分类

轮胎按结构分类可分为子午线轮胎、斜交轮胎。

2．花纹分类

轮胎按花纹分类可分为条形花纹轮胎、横向花纹轮胎、混合花纹轮胎、越野花纹轮胎。

3．车种分类

轮胎按车种分类，大概可分为 8 种，即 PC——轿车轮胎；LT——轻型载货汽车轮胎；TB——载货汽车及大客车轮胎；AG——农用车轮胎；OTR——工程车轮胎；ID——工业用车轮胎；AC——飞机轮胎；MC——摩托车轮胎。

三、轮胎品牌与标志

1．汽车轮胎主要品牌

汽车轮胎的主要品牌如表 4-8 所示。

表 4-8　　汽车轮胎主要品牌

轮胎品牌	品牌属地	国内产地	生产标志标识
米其林	法国	上海、沈阳	MICHELIN 米其林
邓禄普	英国	江苏常熟、湖南长沙	DUNLOP 邓禄普
倍耐力	意大利	山东兖州、江苏扬州	PIRELLI 倍耐力
普利司通	日本	辽宁沈阳、天津、广东惠州、江苏无锡	BRIDGESTONE
韩泰	韩国	江苏淮安、浙江嘉兴	Hankook 韩泰轮胎
锦湖	韩国	上海、江苏南京、吉林长春、天津	KUMHO
固特异	美国	长春	GOODYEAR
马牌	德国	合肥	Continental 德国马牌
三角轮胎	中国（山东威海）	山东威海	三角 TRIANGLE
朝阳轮胎	中国（山东潍坊）	山东潍坊	朝阳
玛吉斯	中国（台湾）	台湾	MAXXIS

2．轮胎标志

轮胎标志如图 4-1 所示。

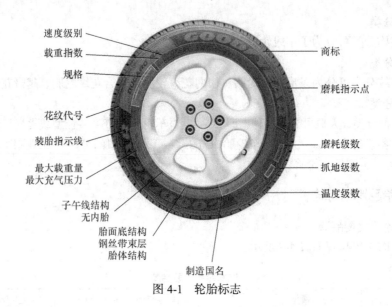

图 4-1　轮胎标志

3．轮胎规格

轮胎的规格有很多种表示方式，常见的有 4 种：英制、德制、公制及美制。

（1）英制规格

英制的规格单位采用英寸，1 英寸=25.4mm。如 4.00 H 18 4PR，即表示宽 4 英寸，适用 210km/h 以下的时速，轮胎钢圈直径为 18 英寸，4 线层强度。

（2）德制规格

德制的规格类似“公制”，以毫米为单位表示断面高度和扁平比的百分数，轮胎的内径仍使用英寸，内径的后面还有荷重指数及速度记号。表示如：140（轮胎宽 140mm）\70（扁平比 70%）-（低胎压）18（内径 18 英寸）66（荷重指数 66）H（速度记号 210km/h 以下）。

（3）公制规格

公制的表示法是对轮胎的特性说明较完整，它与德制的表示法类似，但是取消了“-”低压胎的记号，而以“R”字代替，表示辐射层轮胎。例如，FZR400 的后轮即为 140/60R18 64H，其中 R18 的 R 即表示该轮胎为辐射轮胎。

（4）美制规格

美制的轮胎字首表示该轮胎的适用车种，第二个字母表示轮胎的宽度，第三个字母表示扁平率，第四个字母为速度记号，最后为适合钢圈的直径。

4．识别方式

[胎宽 mm]/[胎厚与胎宽的百分比]R[轮毂直径（英寸）][载重系数][速度标识]或者[胎宽 mm]/[胎厚与胎宽的百分比][速度标识]R[轮毂直径（英寸）][载重系数]。

例如，轮胎 195/65 R15 85H 或 195/65H R15 85 表示胎宽为 195mm；轮胎断面的扁平比为 65%即胎厚=126.75mm，126.75/195 × 100%=65%；轮毂直径为 15 英寸；载重系数为 85；速度系数为 H，如图 4-2 所示。

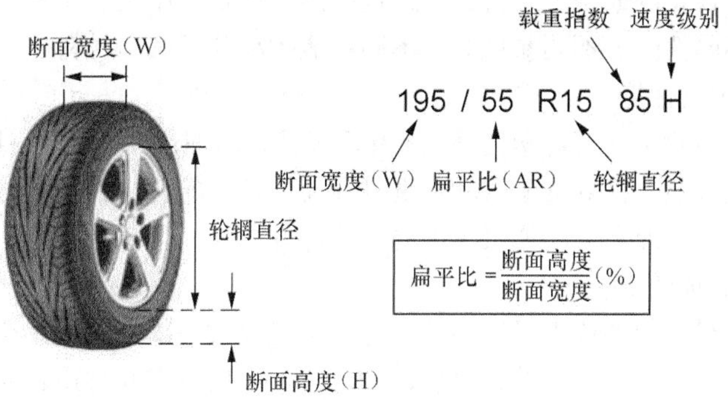

图 4-2 轮胎标识的识别

☞提示：一般来说，了解［胎宽］/［胎厚与胎宽的百分比］R［轮毂直径（英寸）］对选择合适的轮胎有帮助，了解轮胎的［载重系数］［速度系标志］对行车安全有帮助。

N 140km/h 备用胎（Spare Tires）

P 150km/h

Q 160km/h 雪胎，轻型卡车胎（Winter，LT Tires）

R 170km/h 轻型卡车胎（LT Tires）

S 180km/h

T 190km/h

U 200km/h

H 210km/h 运动型轿车（Sport Sedans）

V 240km/h 跑车（Sports Cars）

Z 240km/h（或大于 240km/h） 跑车（Sports Cars）

有些车胎后加有 M 和 S，M 和 S 分别是英文 Mud 和 Snow 的缩写，它表示这种轮胎适合于在冰雪和泥泞的道路上使用。TUBELESS 表示这种轮胎采用了无内胎的设计，也就是俗称的“真空胎”。

任务六 汽车其他材料

1. 汽车塑料件

汽车塑料件占整个汽车自重的 7%～10%，汽车用塑料件分为 3 类：内饰件、外饰件和功能件，我国汽车塑料件按用量排列依次为 PP、PVC、PU、ABS、FRP、PA、PC 等。

（1）汽车材料的优点

汽车材料的优点主要表现在重量轻、有良好的外观装饰效果、有多种实际应用功能、有良好的综合理化性能、容易加工成型、节约能源、可持续利用等方面。

① 重量轻

各种塑料的平均比重只有一般普通钢材的 15%～20%，也比一般木材轻。这一特点对高档大型轿车尤其明显，可以减去大量的自重。

② 良好的加工性能

高分子汽车材料具有可塑性，与其他材料之间有良好的兼容结合性能。可以利用不同的材料组成，借助于各种现代化的成型加工机械，通过挤出、注塑、压延、模塑、吹塑等方法加工成具有各种不同形状、不同性能、不同颜色的、不同功能的高分子汽车材料。

③ 优良的综合理化性能

大多数高分子材料除了具有可塑性外，还有很多优秀的理化性能。塑料具有良好的绝缘性能、防腐蚀性能、耐老化性能、良好的耐磨和耐洗刷性能、良好的防水性能和力学性能、良好的黏结性能，被加工成各种多性能和多功能汽车上的内外饰件。

④ 良好的外观装饰效果

高分子汽车材料最突出的优点是装饰效果好。它可以被一次加工成具有复杂造型和多种色彩的制品，有时还需印刷、贴膜、轧花、复层、着色，加工成具有非常逼真的形象、花纹和图案，可以仿制天然木材、金属、动物皮的纹理，还可以表面烫金、贴膜、镀银、镶嵌等。

⑤ 节能和环保

高分子汽车材料还有一个优点是节约能源和促进环保。高分子汽车材料能替代大量的天然材料，从而节约大量的资源，起到保护森林和石材资源的作用，不破坏更多的生态环境。同时，由于塑料加工成型的方便性，制造高分子汽车需要的能源远远小于加工同等功能的天然材料（如钢铁、动物皮等），可节约大量人工和能源。大多数汽车材料用的塑料是热塑性塑料，其废旧料能方便地回收，直接再制造。

（2）汽车专用塑料

汽车上常用的塑料有聚酰胺（PA）、聚碳酸酯（PC）、三元乙丙橡胶（EPDM）、聚丙烯（PP）、聚甲醛（POM）、PA（聚酰胺）、聚对苯二甲酸丁二醇酯（PBT）等。常用的塑料材料如下所述。

① PC/ABS 合金应用于内饰件、仪表板、仪表板周围部件、防冻板、车门把手、阴流板、托架、转向柱护套、装饰板、空调系统配件、汽车车轮罩、反光镜外壳、尾灯罩、挡泥板等。

② PC/PBT 合金和 PC/PET 合金应用于外装件、汽车车身板、汽车侧面护板、挡泥板、汽车门框等。

③ GFPA6、GFPA66、增强阻燃 PA6 应用于汽车发动机及发动机周边部件、发动机盖、发动机装饰盖、气缸头盖、机油滤清器、雨刮器、散热器格栅等。

④ PBT 应用于保险杠、化油器组件、挡泥板、扰流板、火花塞端子板、供油系统零件、仪表盘、汽车点火器、加速器及离合器踏板等。

⑤ POM 应用于汽油泵、汽化器部件、输油管、动力阀、万向节轴承、电动机齿轮、曲柄、把手、仪表板、汽车窗升降机装置、电开关、安全带扣等。

⑥ PPE/PS 合金应用于汽车轮罩、前灯玻璃嵌槽、尾灯壳等零部件；连接盒、保险丝盒、断路开关外壳等汽车电气元件。

⑦ PPE/PA 合金应用于外部件，如大型挡板、缓冲垫、后阻流板。

2．汽车新型环保材料

（1）镁合金

① 镁合金的特点

镁合金是一种轻合金，熔点为 650℃。金属镁及其合金是工程应用中最轻的金属结构材料，纯镁的密度仅为 1.738g/cm^3，而常规镁合金如 AZ91 密度也只是 1.81g/cm^3，约为铝的 2/3，钢的 1/4，接近工程塑料的密度，因此将镁合金应用在汽车领域中可极大地减轻结构件的质量。高纯镁具有良好的物理性能以及耐腐蚀性能，但是由于其力学性能差，生产纯镁的成本高，所以在纯镁中加入铝、锌、锆、锰及微量元素镍等，它们在镁合金中起到固溶强化、沉淀强化、细晶强化、提高耐热性等作用，可以作为结构材料广泛应用。

② 镁合金在汽车材料的应用优势

a. 密度小。例如，AZ91 镁合金的密度是 1.81g/cm^3，约为铝的 2/3，铁的 1/4，接近工程塑料的密度。

b. 抗拉强度、屈服强度、伸长率与铝合金铸件相当。

c. 具有良好的耐腐蚀性能、电磁屏蔽性能、防辐射性能，可进行高精度机械加工，且热传导性好，用在压铸汽车轮毂上，可有效散发制动摩擦热量，提高制动稳定性。

d. 具有良好的压铸成形性能和尺寸稳定性，压铸件壁厚最小可达 0.15mm，适合制造各类汽车压铸件。

e. 具有良好的阻尼系数，减振性能优于铝合金和铸铁，用于壳体可以降低噪声，用于座椅、轮辋可以减少振动，提高汽车的安全性和舒适性。

f. 易于回收再生。回收的镁合金可直接熔化再进行浇铸，且不降低其力学性能。

③ 镁合金在汽车上的使用部位，如表 4-9 所示。

表 4-9 镁合金在汽车上的使用

构件类型	部　位
车内构件	仪表盘、座椅架、座位升降器、操纵台架、气囊外罩、转向盘、锁合装置罩、转向柱、转向柱支架、收音机壳、小工具箱门、车窗发动机罩、制动器与离合器踏板托架、气动托架踏板等
车体构件	门框、尾板、车顶框、车顶板、IP 横梁等
发动机及传动系统	阀盖、凸轮盖、四轮驱动变速箱体、手动换挡变速器、离合器外壳活塞、进气管、机油盘、交流电机支架、变速器壳体、齿轮箱壳体、油过滤器接头、发动机罩盖、气缸头盖、分配盘支架、油泵壳、油箱、滤油器支架、左侧半曲轴箱、右侧半曲轴箱、空机罩、左抽气管、右抽气管等
底盘	轮毂、引擎托架、前后吊杆、尾盘支架

（2）形状记忆合金

记忆合金是一种原子排列很有规则、体积变为小于 0.5%的马氏体相变合金。这种合金在外力作用下会产生变形，当把外力去掉，在一定的温度条件下，能恢复原来的形状。由于它具有百万次以上的恢复功能，因此叫作“记忆合金”。

① 分类

形状记忆合金可以分为以下 3 种。

a. 单程记忆效应

形状记忆合金在较低的温度下变形，加热后可恢复变形前的形状，这种只在加热过程中存在的形状记忆现象称为单程记忆效应。

b. 双程记忆效应

合金在加热时恢复高温相形状，冷却时又能恢复低温相形状，称为双程记忆效应。

c. 全程记忆效应

合金在加热时恢复高温相形状，冷却时变为形状相同而取向相反的低温相形状，称为全程记忆效应。

② 形状记忆合金在汽车行业的应用

a. 温度自反馈供油器

在汽车供油系统中，当外界气温降低导致燃油的黏度增加时，记忆合金弹簧和一个偏置弹簧组成的装置打开发动机附加油路，增加供油。其原理是记忆合金弹簧在低温下有较低的弹性模量，而另一弹簧弹性模量不变，因此偏置弹簧推动记忆合金弹簧打开附加油路；当温度较高时，记忆合金弹簧弹性模量增大，从而推动偏置弹簧关闭附加油路，以保证供油不会随温度变化而变化。

b. 齿轮箱记忆合金减振垫片

当温度增加时，汽车变速器齿轮箱中的齿轮由于材料的膨胀系数不同导致振动增大。记忆合金垫片的弹性恢复力随温度升高而增大，从而使紧固力增加，达到降低噪声的目的。

c. 发动机风扇和车内空调自控装置

当发动机或车内温度增加时，发动机风扇或空调调节机构会自动打开进行降温，温度降低时发动机风扇或空调自动停止或关闭，其原理与自动供油器相似。

d. 记忆合金储能弹簧

汽车制动过程会浪费能量，利用合金 8%的伪弹性变形量将制动动能转变为储能弹簧的弹性势能。该弹性势能在行驶时释放驱动车轮而起到节能的作用。

（3）复合材料

复合材料是由两种或两种以上不同性质的材料，通过物理或化学的方法，在宏观（微观）上组成具有新性能的材料。它与纤维增强塑料（FRP）、纤维增强金属（FRM）、金属-塑料层叠材料等相当，具有质量轻、强度高、刚度好的特点，这些复合材料在汽车零部件上应用很普遍。各种材料在性能上互相取长补短，产生协同效应，使复合材料的综合性能优于原组成材料以满足各种不同的要求。

① 分类

a. 按其组成分类

复合材料的基体材料分为金属和非金属两大类。金属基体常用的有铝、镁、铜、钛及其合金。非金属基体主要有合成树脂、橡胶、陶瓷、石墨、碳等。增强材料主要有玻璃纤维、碳纤维、硼纤维、芳纶纤维、碳化硅纤维、石棉纤维、晶须、金属丝和硬质细粒等。

b. 按其结构特点分类

复合材料按其结构特点又分为：纤维复合材料、夹层复合材料、细粒复合材料、混杂复合材料。

② 性能特点

a. 高的比强度和比模度

比强度、比模度高，对要求减轻自重和高速运转的结构和零件是非常重要的，碳纤维增强环氧树脂复合材料的比强度是钢的 7 倍、比模度是钢的 4 倍。

b. 抗疲劳性能好

由于纤维复合材料对缺口、应力集中敏感性小，而且纤维和基体界面能够阻止和改变裂纹扩展方向，因此复合材料有较高的疲劳极限。研究表明，碳纤维复合材料的疲劳极限可达抗拉强度的 70%～80%，而一般金属材料的疲劳极限只有抗拉强度的 40%～50%。

c. 良好的破裂安全性能

纤维复合材料中有大量独立的纤维，平均每立方厘米面积上有几千到几万根纤维，当纤维复合材料构件由于超载或其他原因使少数纤维断裂时，载荷就会重新分配到其他未断裂的纤维上，因而构件不致在短期内发生突然破坏，故破裂安全性好。

d. 优良的高温性能

由于增强纤维的熔点均很高，而且在高温条件下仍然可保持较高的高温强度，故用它们增强的复合材料具有较高高温强度和弹性模度。

e. 减振性能好

结构的自振频率与材料的比模量的平方根成正比，而复合材料比模量高，其自振频率也高，高的自振频率就不容易引起工作时的共振，这样就可避免零件因共振而产生的早期破坏。同时复合材料中纤维及基体间的界面具有吸振能力，因此它的振动阻尼很高。

f. 成型工艺简便灵活及可设计性强

对于形状复杂的构件，根据受力情况可以一次整体成型。减少了零件、紧固件和接头数目，材料利用率较高。

③ 玻璃钢/复合材料在汽车上的运用

玻璃钢/复合材料汽车零部件主要分为 3 类：车身部件、结构件及功能件。

a. 车身部件。车身部件包括车身壳体、车篷骨架、天窗、车门、散热器护栅板、大灯反光板、前后保险杠等以及车内饰件。这是玻璃钢/复合材料在汽车中应用的主要方向，主要是满足车身流线型设计和外观高品质要求的需要，目前开发应用潜力依然巨大。车身构件主要以玻璃纤维增强热固性塑料为主，典型成型工艺有：SMC/BMC、RTM 和手糊/喷射等。

b. 结构件。结构件包括前端支架、保险杠骨架、座椅骨架、地板等，其目的在于提高制件的设计自由度、多功能性和完整性。结构件主要使用高强 SMC、GMT、LFT 等材料。

c. 功能件。功能件要求材料耐高温、耐油腐蚀，以发动机及发动机周边部件为主。如：发动机气门罩盖、进气歧管、油底壳、空气滤清器盖、齿轮室盖、导风罩、进气管护板、风扇叶片、风扇导风圈、加热器盖板、水箱部件、出水口外壳、水泵涡轮、发动机隔音板等。功能件的主要工艺材料为：SMC/BMC、RTM、GMT 及玻璃纤维增强尼龙等。

d. 其他相关部件。其他相关部件包括 CNG 气瓶、客车与房车卫生设施部件、摩托车部件、高速公路防炫板和防撞立柱、公路隔离墩、商品检测车顶柜等。

④ 金属基复合材料（MMC）在汽车中的运用

MMC 具有高的比强度和比刚度、耐磨性好、导热性好及热膨胀系数低等特性，已在工业中得到了较为广泛的应用。应用于汽车工业的 MMC 为铝或镁基质加粉末或碎屑纤维增强。汽车制动盘、制动鼓、制动钳、活塞、传动轴以及轮胎螺栓均采用 MMC 制造。

⑤ 聚醚醚酮树脂（PEEK）

在汽车工业方面，利用 PEEK 树脂良好的耐磨性能和力学性能，PEEK 树脂可以作为金属不锈钢和钛的替代品，用于制造发动机内罩、汽车轴承、垫片、密封件、离合器齿环等各种零部件，另外也可用在汽车的传动、制动和空调系统中。

⑥ 复合材料与未来汽车

未来的汽车是属于适应环境保护的绿色汽车，复合材料能提高材料性能，延长使用时间，加强功能性，这些都是对环境有利的特性。但应认真对待并努力克服复合材料的再生问题，使复合材料朝着环境协调化的方向发展。

复合材料零件的再生利用是非常困难的，会对环境产生不利的影响。如目前发展最快、应用最高的聚合物基复合材料中绝大多数属易燃物，燃烧时会放出大量有毒气体，污染环境；在成型时，基体中的挥发成分即溶剂会扩散到空气中，造成污染。复合材料本身就是由多种组分材料构成，属多相材料，难以粉碎、磨细、熔融及降解，所以其再生成本较高，而且要使其恢复原有性能十分困难。因此再生利用的主要条件之一是零件容易拆卸，尽可能是单一品种材料，即便是复合材料也要尽量使用复合性少的材料。基于上述原则，热塑性聚烯烃弹性体、聚丙烯发泡材料及 GMT 增强板材的应用量还会大幅度增加，相反，热固性树脂的用量将受到限制。目前在再生性和降解性方面的研究工作已经取得了很大的进展。

（4）纳米材料

纳米技术是指在 0.1～100nm 内，研究电子、原子和分子内在规律和特征，并用于制造各种物质的一门崭新的综合性科学技术。

① 车用塑料橡胶

汽车用橡胶以轮胎的用量最大。在轮胎橡胶的生产中，橡胶助剂大部分成粉体状，如炭黑、白炭黑等补强填充剂、促进剂、防老剂等。以粉体状物质而言，纳米化是现阶段的主要发展趋势。事实上，纳米材料和橡胶工业原本关系就相当密切，大部分粉状橡胶助剂粒径都在纳米材料范围或接近纳米材料范围，如炭黑粒径为 11～500nm；白炭黑粒径为 11～110nm。

新一代纳米技术已成功运用其他纳米粒子作为助剂，以增强轮胎的耐磨性及抗裂性，改变汽车轮胎传统颜色。加入如 ZnO、$CaCO_3$、Al_2CO_3、TiO_2 等，轮胎的颜色不再仅限于黑色，而且可以有多样化的鲜艳色彩。另外，无论在强度、耐磨性或抗老化等性能上，新的纳米轮胎均较传统轮胎更胜一筹，如轮胎侧面胶的抗裂痕性能将由 10 万次提高到 50 万次。

② 车用涂料

汽车涂料是工业涂料中技术含量高、附加值高的品种，它代表着一个国家涂料工业的技术水平。进一步开发耐刮伤、耐腐蚀、隔热、美观多彩、多功能的汽车涂料为涂料工作者提出了新的任务。

其中有代表性的有：1989 年美国福特公司首次生产出用纳米 TiO_2 配制的金属闪光面漆涂装的“变色”轿车；2004 年德国 CarboTec 公司研制出新纳米材料与汽车烤漆混合成特优的“钻石”烤漆，使用后汽车钣金形成了一坚固的保护层，使车身表面的烤漆更耐刮伤、耐磨损、耐侵蚀、耐气候变化、抗化学剂及酸剂；2004 年南京工业大学材料学院的赵石林、许仲梓教授采用纳米氧化锡锑和氧化铟锡历时 3 年成功研制出“纳米透明隔热涂料”，该涂料不但透光性好，而且能有效隔绝太阳热辐射等。

③ 车用排气触媒材料

随着中国等发展中国家经济持续增长，全球汽车保有量也逐年攀升，而所衍生的汽车排气污染问题也日益严重，已成为各国政府关注的重要问题。加装触媒转换器，是目前解决汽车排气污染的主要方式。用于汽车排气净化的触媒有许多种，而主流是以贵金属铂、钯、铑作为三元触媒，其对汽车排放废气中的 CO、HC、NO_x 具有很高的触媒转化效率。但贵金属具有资源稀少、取得不易、价格昂贵，易发生 Pb、S、P 中毒，而使触媒失效等特性。因此在保持良好转化效果的前提下，寻找其他高性能触媒材料，部分或全部取代贵金属已成为必然的趋势。

项目拓展

认识汽车美容材料

汽车美容（Auto Beauty）指针对汽车各部位不同材质所需的保养条件，采用不同汽车美容护理用品及施工工艺，对汽车进行的保养护理。

一、漆面美容流程

1. 洗车

洗车目前一般会分为精细洗车和普通洗车，看似简单的洗车，粗略也可以分为车身内部检查和清洁，清水淋洗车身外部，车身外部清洗，车身漆面深度清洁，车身干燥，玻璃清洗，脚垫和地毯预处理，车内内饰清洗，轮胎上光，车身表面上光等步骤。

2. 砂纸研磨

通过判断油漆的硬度和漆面缺陷的严重程度，选用水砂纸（P1500/P2000）或金字塔砂纸（P1000/P3000）研磨漆面划痕处，砂纸主要去除桔皮、斑点、垂流、针眼、轻微划痕等缺陷，砂纸研磨时应均匀用力，一般研磨后的漆面呈哑光，同时应注意边角部，带筋的部位和桔皮轻的部位，该类部位由于本身漆面的厚度较薄，容易磨穿清漆，应适当减轻研磨力度。特别需要注意的是，研磨时，不要磨到装饰条、密封条、镀铬条、门把手等部位，以免造成不必要的损伤，必要时可以用遮蔽胶带将以上部位进行保护。

3. 研磨蜡/抛光蜡研磨

选择旋转式抛光机配合白色或者橙色海绵盘，采用 1500～2000r/min 的速度，配合研磨蜡做粗抛处理。初始研磨时，研磨粗蜡的效果最好，应用中等偏上压力施工，后适当放松，再采用中等压力施工。切勿一味追求速度，盲目地增加转速，转速过高极易造成漆面抛穿，对漆面造成不可逆转的损伤。

研磨粗蜡步骤结束后，使用镜面蜡配合黑色海绵盘，采用 1500～2000r/min 的速度打磨，去除砂纸研磨过程中残留的圈纹和细小瑕疵，恢复漆面原有光泽。

近几年，国外也兴起一种新的漆面抛光设备，即双向震抛机，相对于旋转式抛光剂而言，切削力略低，但效果更佳，同时可以有效地避免漆面抛穿情况的发生。这种技术简单易学，适合于高端车及对漆面效果要求较高的门店采用。

抛光时抛光机要保持平衡运行，倾斜度不宜过大，否则易导致局部热量过大，造成漆面的“烧穿”；对于美容施工而言，应选取合适的海绵盘，尽量避免羊毛盘的使用，羊毛盘由于其切削力过大，容易造成漆面的抛穿和新的圈纹的产生；抛光时要及时清理抛光盘上的污垢，以便污垢颗粒的存在对漆面造成不必要的损伤。

4. 漆面保护

从目前市场而言，漆面保护的价格从低到高有如下几种方式：打蜡、封釉、镀膜、镀晶、晶盾等。

二、汽车美容用品分类

1. 汽车美容洗车产品

汽车美容洗车产品主要是车辆清洗外观类产品，用于清洁车体表面污垢、泥沙等，保持车体清洁干净，是一种日常的汽车养护类产品。

常见的有洗车液、水蜡、洗车香波、预洗液、泥土松弛剂、中性洗车液；专业点的有虫尸鸟屎清除剂、柏油沥青清除剂、车漆铁粉去除剂、漆面油脂脱脂剂等。

2. 玻璃清洗与镀膜产品

视窗玻璃类汽车美容产品的主要作用是清除玻璃表面污垢，保持玻璃表面清洁，减少车辆视线遮挡，保持驾驶员视线。

主要的玻璃类汽车美容产品有：玻璃水、视窗玻璃清洁剂、油膜清除剂、玻璃防雾剂、玻璃研磨粉、玻璃研磨剂、玻璃树胶清除剂等车窗清洁养护类产品。

3. 轮胎清洁与护理

汽车轮胎主要分为清洁类产品和护理类产品，作用主要是清除轮胎上的污垢，保持轮胎的清洁、美容，延长轮胎的使用寿命，增强轮胎在日常使用过程中的安全性。

轮胎清洁类产品主要有轮胎清洗剂、轮胎沥青清除剂、轮胎划痕修复剂、轮胎泥沙松弛剂等；轮胎养护类产品有轮胎蜡、轮胎上光剂、轮胎养护剂、轮胎保养剂等。

4. 发动机外部清洁与护理

发动机清洁护理产品主要有发动机机舱清洗剂、发动机机舱油污清除剂、发动机机舱油污乳化剂、发动机机舱养护剂、发动机表面铁粉去除剂、发动机隔音棉护理剂、发动机机舱上光剂等产品。

5. 塑料件清洁与护理

塑料件清洁护理类产品主要是对大型车辆周身的塑料件进行保护，能够有效防止塑料件的老化和无光泽的清洁，主要产品有塑料件清洁剂、塑料件上光剂、塑料件老化层去除剂、塑料件保护镀膜等。

6. 漆面镀膜产品

车漆的养护和修复类产品的主要作用是保护车漆，保持漆面干净透亮等。

主要产品有基础处理类产品、抛光剂（粗、中、细）、还原剂、脱脂剂、油膜清除剂等产品；护理类产品主要有树脂类镀膜产品、玻璃纤维类镀膜产品、玻璃质类镀膜产品。

7. 车内装饰清洁与护理

内饰零件的清洗即对车辆内饰部分进行彻底的清扫。车内装饰清洁与护理主要由高温桑拿（初步除菌和清除异味）、臭氧消毒（详细的除味消毒）和熏香（中和之前步骤产生的一些不好的气味）等几项主要工作构成的。

除味类产品主要有竹炭包、防雾剂、光触媒等。

清洁类护理产品主要汽车内饰清洁剂、内饰养护剂、内饰上光剂、内饰镀膜、真皮养护、真皮镀膜、仪表台清洁剂、仪表台上光剂、桃木养护产品等。

8. 汽车美容工具类

汽车美容工具包括洗车机、抛光剂、气泵、抛光盘、还原盘、内饰清洁海绵、车体保护胶带、轮毂清洁刷、轮胎清洁刷、内饰清洁刷、边缝刷、水电气鼓。

9. 汽车坐垫

用于保护汽车原有座椅或增强车内环境的美观而添置的座椅垫称为汽车坐垫。市面上的汽车坐垫品种有很多，材质分别有亚麻、冰丝、竹片、玉珠、毛绒、皮革等。

项目实训工单

项目名称	汽车常用材料	班　　级		日　　期	
学生姓名		学　　号		项目成绩	
项目载体	营销实训室、汽车营销企业			老师签字	
项目目标	1. 了解汽车常用油料、液体的基本性能； 2. 了解汽车常用金属和非金属材料的性能； 3. 熟悉汽车滚动轴承和油封、汽车油漆、轮胎的知识； 4. 能够按照任务描述完成工作任务。				
一、资讯 1. 填空 （1）发动机润滑油的功能由__________、__________、__________、__________、__________组成。					

续表

(2) 发动机机油的使用性能有__________、__________、__________、__________、__________、__________。

(3) 汽车常见金属材料包括__________、__________、__________、__________。

(4) 汽车新型环保材料包括__________、__________、__________、__________、__________。

2. 论述

(1) 汽车环保材料在汽车上的使用前景。

(2) 汽车金属材料轻量化的作用及意义。

二、计划与决策

人员分工 每组 4~5 人	工具、材料、仪器	实施计划
组长： 组员：		

三、项目实施

在汽车实训室完成下列任务。

完成工作任务一：汽车常用油料、液体的识别。

完成工作任务二：汽车轮胎规格、型号、正常工作气压等技术参数的认知。

四、项目检查

1. 专业能力

在本项目中你学到了哪些汽车配件知识，相关任务完成是否满意?

2. 个人能力

通过本项目的学习，你学会了哪些技能，提高了哪些方面的职业能力和职业素质（团队精神、安全环保、社会责任等方面）？

续表

<table>
<tr><td colspan="3">3. 方法能力
通过本项目的学习与描述，你认为在完成工作任务后，在工作过程中应提高哪些工作方法或学习方法？</td></tr>
<tr><td colspan="3">五、项目评估</td></tr>
<tr><td>个人评估</td><td>等级　A　B　C　D</td><td>说明：</td></tr>
<tr><td>小组评估</td><td>等级　A　B　C　D</td><td>说明：</td></tr>
<tr><td>老师评估</td><td>等级　A　B　C　D</td><td>说明：</td></tr>
</table>

项目五
汽车配件的采购管理

项目目标

知识目标

了解汽车配件采购程序及要求；

了解汽车配件运输方式；

熟悉汽车配件入库管理要求。

能力目标

掌握汽车配件鉴定及采购合同签订原则及要求。

情感目标

能够掌握汽车配件采购法律规范，使用正确的操作程序为客户服务。

项目描述

在利益的驱动下，市场上有个别汽车配件销售企业销售以次充好的配件，使客户经济上、安全上受到一定的影响，这影响了汽车行业健康、有序的发展。请你简单说明汽车配件行业经营者应具备的职业道德规范及配件采购的规范操作。

课时计划

任务	项目内容	参考课时		
		教学课时	实训课时	合计
汽车配件的采购管理	汽车配件采购人员的基本素质塑造	2	—	2
	汽车配件质量的鉴别	2	—	2
	汽车配件采购管理	4	2	6
合计		8	2	10

任务一　汽车配件采购人员的基本素质塑造

汽车配件入库之前必须要对库存配件进行甄选，同时还须通过盘库及采购合同的签订达到规范采购管理的目的。

一、具备相应的职业道德

职业道德是指在一定职业活动中所应遵循的具有自身职业特征的道德准则和规范。汽车配件经营者在从事经营活动时，也必须遵循一定的准则与规范：

（1）遵守国家法律法规，不违法经营；

（2）遵守公平竞争、公平买卖的市场规则，不搞不正当竞争；

（3）讲求商业信誉，抵制假冒伪劣产品；

（4）接待客户真诚守信；

（5）维护企业与客户正当利益，不损人利己，不损公肥私；

（6）热情服务、耐心周到、平等待人、文明经商；

（7）有强烈的市场开拓精神，能吃苦耐劳；

（8）严于律己，工作认真负责，不懈怠，不懒散。

二、有一定的政策、法律知识水平

汽车配件采购人员不仅要熟知国家、本地区的有关政策、法令和法规，而且要了解本企业、本部门的各项规章制度，使进货工作在国家政策允许的范围内进行。采购人员要按规定进货，不进人情货，更不能在进货中为谋取回扣、礼物等私利，而购进质次价高的商品。汽车配件采购相关法律法规如下所述。

（1）反不正当竞争法。

（2）产品质量法。

（3）消费者权益保护法。消费者权益是指消费者依法享有的权利及该权利受到保护时给消费者带来的应得利益。其核心是消费者的权利。

由于消费者所购买和使用的商品或者所接受的服务是由经营者提供的，因此在保护消费者权益方面，经营者首先负有直接的义务。

（4）经济合同法。经济合同是指平等民事主体的法人、其他经济组织、个体工商户、农村承包经营户相互之间，为实现一定经济目的，明确相互权利义务关系而订立的合同。

经济合同，按不同标准，可有各种不同的分类，一般包括以下 9 种经济合同：购销合同、建设工程承包合同、加工承揽合同、货物运输合同、供用电合同、仓储保管合同、财产租赁合同、借款合同和财产保险合同。

三、具备必要的专业知识

汽车配件采购人员不仅要熟知所经营汽车商品的名称、规格、型号、性能、商标和包装等知识，还要懂得配件商品的结构、使用原理、安装部位、使用寿命及通用互换性等知识。采购人员不仅需要精通进货业务的各个环节，还要知道商品进、销、存以及运输、检验、入库保管等各业务环节的过程以及相互间的关系。

1. 善于进行市场调查分析

汽车配件采购人员正确的预见性来源于对市场的调查。调查的内容主要包括：本地区车型和车数，道路情况，各种车辆零部件的消耗情况，主要用户进货渠道和对配件的需求情况，竞争对手的进货及销路情况。另外还要十分了解配件生产厂家的产品质量、价格和销售策略。要定期对上述资料进行分类、整理、分析，为正确进行市场预测、合理进货提供依据。

2．有对市场进行正确预测的能力

汽车配件市场的发展受国民经济诸多因素的影响，如工农业生产发展速度、交通运输发展状况、固定资产投资规模、基本建设投资规模等。这个季度、上半年、今年是畅销的商品，到下个季度、下半年、明年就有可能变成滞销商品。除了偶然因素外，这个变化一般是有规律可循的，是可以预测的。这就要求进货人员根据收集来的各种信息和资料，以及对配件市场调查得到的资料进行分析研究，按照科学的方法预测出一定时期内当地配件市场的发展形势，从而提高进货的准确性，减少盲目性。

3．能编制好进货计划

采购人员要根据自己掌握的资料，编制好进货计划，包括年度、季度和月度进货计划，以及补充进货计划和临时要货计划。在编制进货计划时，要注意考虑如下因素：

（1）对本地区汽车配件市场形势的预测；

（2）用户的购买意向；

（3）商品库存和用途，以及已签订过的合同的货源情况；

（4）本企业的销售计划；

（5）本地区、本企业上年同期的销售业绩。

4．能根据市场情况，及时修订订货合同

尽管采购人员根据已占有的信息资料对市场进行了预测，编制了比较合适的进货计划，但在商品流通中，常常会遇到难以预料的情况，这就要求采购人员能根据变化的情况，及时修订订货合同，争取减少长线商品，增加短线商品。当然，在修订合同时，必须履行《合同法》，取得对方的理解和支持。

5．要有一定的社交能力和择优能力

采购人员的工作要同许多企业、不同的人打交道，这就要求具有一定的社会交际能力。在各种场合、各种不同情况下协调好各方面的关系，成功签订所需商品合同。要尽最大的努力争取供货方的优惠，如价格、付款方式、运费等方面的优惠。

另外，全国汽车配件生产企业众多，产品品种繁杂，假冒伪劣产品防不胜防。要选择好自己进货计划中所需要的产品，就必须依靠自己的择优能力进货，对进货厂家的产品质量和标识要十分了解，选择名牌、优质、价格合理的产品。

6．要善于动脑筋，有吃苦耐劳的精神

采购人员不仅要善于思考，清楚了解生产和销售市场的商情，而且要随时根据市场销售情况组织货源，在竞争中以快取胜。

任务二 汽车配件质量的鉴别

汽车配件涉及的车型多，品种规格复杂，仅一种车型的配件品种就不下数千种。汽车维修企业和配件经营企业一般没有完备的检测手段，但只要我们掌握汽车结构以及制造工艺和材质等方面的知识，正确运用检验标准，凭借积累的经验和一些简单的检测方法，就可以识别配件的优劣。

这些方法归纳为“五看”和“四法”。

一、五看

1．看商标

要认真查看商标中的厂名、厂址、等级和防伪标记是否真实。正规的厂商在零配件表面有硬印和化学印记，会注明零件的编号、型号、出厂日期，一般采用自动打印，字母排列整齐，字迹清楚。这些工艺制作成本较高，一般小工厂、小作坊很难做到。

2. 看包装

汽车零配件互换性很强，精度很高，为了能较长时间存放、不变质、不锈蚀，需在产品出厂前用低度酸性油脂涂抹。正规的生产厂家，对包装盒的要求也十分严格，要求无酸性物质，不产生化学反应，有的采用硬型透明塑料抽真空包装。汽车零配件的包装箱、盒大都采用防伪标记，常用的有镭射、条码、暗印等。

3. 看文件资料

产品说明书是生产厂进一步向用户宣传产品，帮助用户正确使用产品的资料。一般来说，每个配件都应配一份产品说明书（有的厂家配用户须知）。

如果交易量相当大，还必须查看技术鉴定资料。进口配件还要查询海关进口报关资料。国家规定，进口商品应配有中文说明，一些假冒的进口配件说明书上没有中文说明或外文批写错误。

4. 看表面处理

鉴别金属机械配件，可以查看表面处理。所谓表面处理，即电镀工艺、油漆工艺、电焊工艺、高频热处理工艺。汽车配件的表面处理是配件生产的后道工艺，商品的后道工艺尤其是表面处理涉及很多现代科学技术。

表面处理具体有以下几个方面。

（1）镀锌技术和电镀工艺。汽车配件的表面处理，镀锌工艺占的比重较大。一般铸铁件、锻铸件、铸钢件、冷热板材冲压件等大都采用表面镀锌。质量不过关的镀锌，表面一致性很差；镀锌工艺过关的，表面一致性好，而且批量之间一致性也没有变化，有持续稳定性。

电镀的其他方面，如镀黑、镀黄等，大工厂在镀前处理的除锈酸洗工艺比较严格，清酸比较彻底，这些工艺要看其是否有泛底现象。镀铝、镀铬、镀镍可看其镀层、镀量和镀面是否均匀，以此来分辨真伪优劣。

（2）油漆工艺。现在一般都采用电浸漆、静电喷漆，有的还采用真空手段和高等级静电漆房喷漆。采用先进工艺生产的零部件表面，与采用陈旧落后工艺生产出的零部件表面有很大差异。目测时可以看出，前者表面细腻、有光泽、色质鲜明；而后者则色泽暗淡、无光亮，表面有气泡和“拖鼻涕”现象，用手抚摸有砂粒感。

（3）电焊工艺。在汽车配件中，减振器、钢圈、前后桥、大梁、车身等均有电焊焊接工序。汽车厂的专业化程度很高的配套厂，它们的电焊工艺技术大都采用自动化焊接，能定量、定温、定速，有的还使用低温焊接法等先进工艺。产品焊缝整齐、厚度均匀，表面无波纹形、直线性好。

（4）高频热处理工艺。汽车配件产品经过精加工以后才进行高频淬火处理，因此淬火后各种颜色都原封不动地留在产品上。如汽车万向节内、外球笼经淬火后，就有明显的黑色、青色、黄色和白色，其中白色面是受摩擦面，也是硬度最高的面。目测时，若零件是全黑色和无色的，则表示没有经过高频淬火。

工厂要配备高频淬火的成套设备，其中包括硬度、金相分析测试仪器和仪表的配套，它的难度高，投入资金多，还要具备供、输、变电设备条件，供电电源在3万伏以上。小工厂、手工作坊是不具备这些设备条件的。

5. 看非使用面的表面伤痕

从汽车配件非使用面的伤痕，也可以分辨是正规厂生产的产品，还是非正规厂生产的产品。

表面伤痕是在中间工艺环节由于产品相互碰撞留下的。优质的产品是靠先进科学的管理和先进的工艺技术制造出来的。生产一个零件要经过几十道甚至上百道工序，而每道工序都要配备工艺装备，其中包括工序运输设备和工序安放的工位器具。高质量的产品由很高的工艺装备系数作保障，所以高水平工厂的产品是不可能在中间工艺过程中互相碰撞的。

二、四法

1．检视法

（1）表面硬度是否达标。配件表面硬度都有规定的要求，在征得厂家同意后，可用钢锯条的断茬外试划（注意试划时不要划伤工作面）。试划时，出现打滑无划痕现象，说明硬度高；划后稍有浅痕，说明硬度较高；划后有明显划痕，说明硬度低。

（2）结合部位是否平整。零配件在搬运、存放过程中，由于振动、磕碰，常会在结合部位产生毛刺、压痕、破损，影响零件使用，选购和检验时要特别注意。

（3）几何尺寸有无变形。有些零件因制造、运输、存放不当，易产生变形。检查时，可将轴类零件放置在玻璃板上滚动一圈，看零件与玻璃板贴合处有无漏光来判断是否弯曲。选购离合器从动盘钢片或摩擦片时，可将钢片、摩擦片举在眼前，观察其是否翘曲。选购油封时，带骨架的油封端面应呈正圆形，能与平板玻璃贴合无挠曲；无骨架油封，外缘应端正，用手握使其变形，松手后应能恢复原状。选购各类衬垫时，也应注意检查其几何尺寸及形状。

（4）总成部件有无缺件。正规的总成部件必须齐全完好，才能保证顺利装配和正常运行。一些总成件上的个别小零件若漏装，会使总成部件无法工作，甚至报废。

（5）转动部件是否灵活。在检验机油泵等转动部件时，用手转动泵轴，应感到灵活无卡滞。检验滚动轴承时，一手支撑轴承内环，另一手打转外环，外环应能快速自如转动，然后逐渐停转。若转动零件发卡、转动不灵，说明内部锈蚀或产生变形。

（6）装配记号是否清晰。为保证配合件的装配关系符合技术要求，有一些零件，如正时齿轮表面应刻有装配记号。若无记号或记号模糊无法辨认，将给装配带来很大的困难，甚至装错。

（7）接合零件有无松动。由两个或两个以上的零件组合成的配件，零件之间是通过压装、胶接或焊接的，它们之间不允许有松动现象。如油泵柱塞与调节臂是通过压装组合的；离合器摩擦片与钢片是铆接或胶接的；纸质滤清器滤芯骨架与滤纸是胶结而成的；电气设备是焊接而成的。检验时，若发现松动应予以调换。

（8）配合表面有无磨损。若配合零件表面有磨损痕迹，或涂漆配件拨开表面油漆后发现旧漆，则多为旧件翻新。当表面磨损、烧蚀，橡胶材料变质时在目测看不清楚的情况下，可借助放大镜观察。

2．敲击法

判定部分壳体和盘形零件是否有裂纹、用铆钉连接的零件有无松动以及轴承合金与钢片的结合是否良好时，可用小锤轻轻敲击并听其声音。如发出清脆的金属声音，说明零件状况良好；如果发出的声音沙哑，可以判定零件有裂纹、松动或结合不良。

浸油锤击是一种探测零件隐蔽裂纹最简便的方法。检查时，先将零件浸入煤油或柴油中片刻，取出后将表面擦干，撒上一层白粉（滑石粉或石灰），然后用小锤轻轻敲击零件的非工作面，如果零件有裂纹，通过振动会使浸入裂纹的油渍溅出，裂纹处的白粉呈现黄色油迹，便可看出裂纹所在。

3．比较法

用标准零件与被检零件做比较，从中鉴别被检零件的技术状况。例如，气门弹簧、离合器弹簧、制动主缸弹簧和轮缸弹簧等，可以用被检弹簧与同型号的标准弹簧（最好用纯正部品，即正厂件）比较长短，即可判断被检弹簧是否符合要求。

4．测量法

（1）检查结合平面的翘曲。采取平板或钢直尺作基准，将其放置在工作面上，然后用塞尺测量被测件与基准面之间的间隙。检查时应按照纵向、横向、斜向等各方向测量，以确定变形量。检验汽车发动机平面翘曲度如图 5-1 所示。

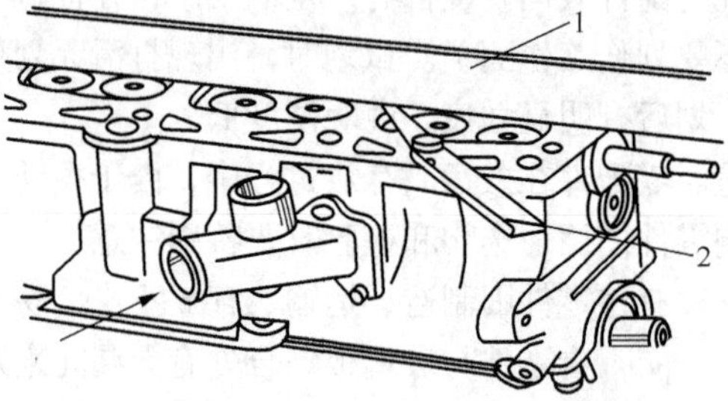

图 5-1　检验汽车发动机平面翘曲度

1—直尺　2—塞尺

（2）检查轴类零件

① 检查弯曲。将轴两端用 V 形架水平支撑，用百分表触针抵在中间轴颈上，转动轴一周，表针摆差的最大值反映了轴弯曲程度（摆差的 1/2 即为实际弯曲度）。检验汽车凸轮轴弯曲度如图 5-2 所示。

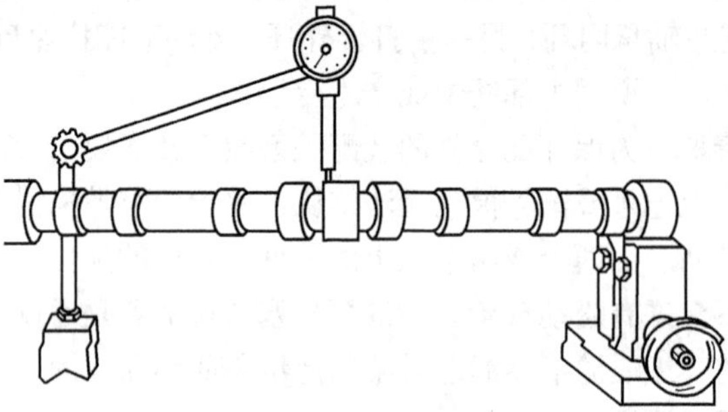

图 5-2　检验汽车凸轮轴弯曲度

② 测量曲轴轴颈尺寸的误差，如图 5-3 所示。一般用外径千分尺测量，除测量外径，还需测量其圆度和圆柱度。测量时，先在轴颈油孔两侧测量，然后转 90° 再测量。轴颈同一横断面上差数最大值的 1/2 为圆度误差。轴颈不同纵断面上差数最大值的 1/2 为圆柱度误差。

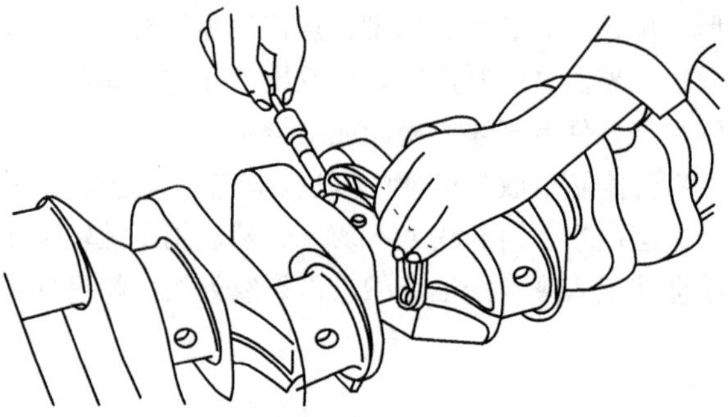

图 5-3　检验曲轴轴颈尺寸的误差

（3）检验滚动轴承

① 检验轴向间隙：如图 5-4（a）所示，将轴承外座圈放置在两垫块上，并使内座圈悬空，再在内座圈上放一块小平板，将百分表触针抵在平板的中间，然后上下推动内座圈，百分表指示的最大值与最小值之差，即是它的轴向间隙。轴向间隙的最大允许值为 0.20～0.25mm。

② 检验径向间隙：如图 5-4（b）所示，将轴承放在一个平面上，使百分表的触针抵住轴承外座圈，然后一手压紧轴承内圈，另一手往复推动轴承外圈，表针所摆动的数字即为轴承径向间隙。径向间隙的最大允许值为 0.10～0.15mm。

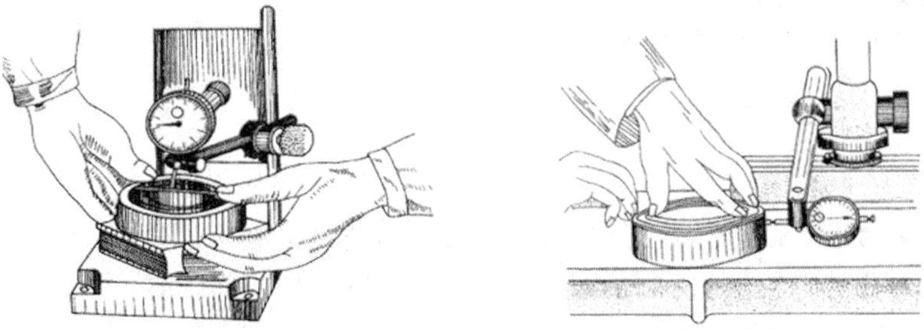

(a) 轴承轴向间隙检查　　(b) 轴承径向间隙检查

图 5-4　轴承间隙检查

汽车上常用弹簧如离合器弹簧、气门弹簧等。弹力大小可用弹簧试验器检测。弹簧的正斜可用直角尺检查，如图 5-5 所示。

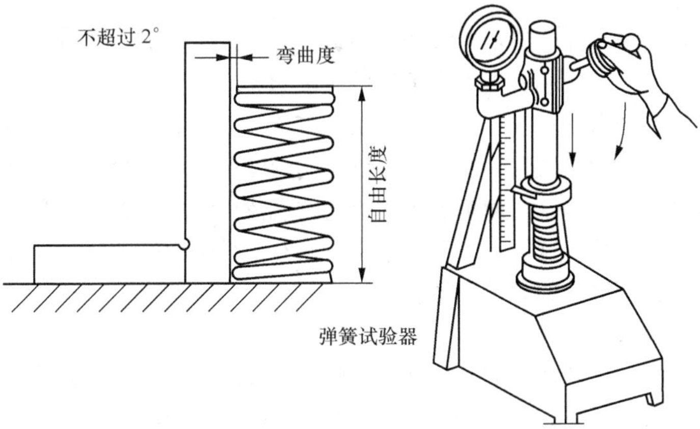

图 5-5 弹簧技术性能检测

任务三 | 汽车配件采购管理

一、汽车配件采购的含义和目的

1. 汽车配件采购的含义

汽车配件采购是实现将资源的物质实体从供应商手中转移到用户手中。

汽车配件采购是企业进行生产、服务活动的基础，采购的及时性、准确性和经济性直接影响到企业的经营业绩。

2．目的

汽车配件采购的主要目的如下：

（1）满足生产需要；

（2）科学的确定采购数量

（3）保证客户的最大满意度；

（4）扩大市场的占有率；

（5）降低汽车配件的库存量及降低采购成本；

（6）提高资金的使用效率；

（7）提高仓储管理的科学管理能力。

二、汽车配件采购管理

1．制订订单计划

汽车配件采购管理是由需求产生的采购目标，在采购之前必须对本地区的汽车消费市场及本品牌汽车市场占有率及本销售企业的生产计划及工作能力进行正确评估，从而为计算订单容量提供参考依据，以便制订出好的订单计划。它主要包括 3 个方面的内容：分析生产需求、分析市场需求、确定订单需求。

（1）分析生产需求

分析生产需求是评估订单需求首先要做的工作。要分析生产需求，首先就需要研究生产需求的产生过程，然后再分析生产需求量和要货时间。

（2）分析市场需求

市场需求和生产需求是评估订单需求的两个重要方面。一方面，订单计划首先要考虑的是企业的生产需求，生产需求的大小直接决定了订单需求的大小；另一方面，制订订单计划还得兼顾企业的市场战略及潜在的市场需求等。此外，制订订单计划还需要分析市场要货计划的可信度。必须仔细分析市场签订合同的数量与还没有签订合同的数量（包括没有及时交货的合同）的一系列数据，同时研究其变化趋势，全面考虑要货计划的规范性和严谨性，还要参照相关的历史要货数据，找出问题的所在。只有这样，才能对市场需求有一个全面的了解，制订出一个满足企业远期发展与近期实际需求相结合的订单计划。

（3）确定订单需求

根据对市场需求和对生产需求的分析结果，就可以确定订单需求。通常来讲，订单需求的内容是通过订单操作手段，在未来指定的时间内，将指定数量的合格物料采购入库。当需求被确认，需求计划就会产生，这时就要制订采购计划表（见表 5-1）。

表 5-1　　采购计划表

序号	物资名称	规格型号	单位	数量	拟交付时间	技术质量要求	其他要求

项目技术负责人：　　年　月　日　　　　项目经理：

2．采购需求的确认

采购需求的确认是采购的第 2 个步骤，即是有关负责人对需求进行核准，一般包括产品的规格、产品的数量、需求的时间、地点等。其主要内容包括 3 个方面：分析开发批量需求、分析余量需求、确定认证需求。

（1）分析开发批量需求

要做好开发批量需求的分析不仅需要分析量上的需求，而且要掌握物料的技术特征等信息。

（2）分析余量需求

分析余量需求要求首先对余量需求进行分类，余量认证的产生来源有两个，一是市场销售需求的扩大，二是采购环境订单容量的萎缩。这两种情况都导致了目前采购环境的订单容量难以满足用户的需求，因此需要增加采购环境容量。对于因市场需求原因造成的，可以通过市场及生产需求计划得到各种物料的需求量及时间；对于因供应商萎缩造成的，可以分析现实采购环境的总体订单容量与原订容量之间的差别，这两种情况的余量相加即可得到总的需求容量。

（3）确定认证需求

认证需求是指通过认证手段，获得具有一定订单容量的采购环境。要确定认证需求可以根据开发批量需求及余量需求的分析结果来确定。

三、汽车配件采购

1．汽车配件采购原则

（1）坚持数量、质量、规格、型号、价格综合考虑的购进原则，合理组织货源，保证配件适合用户的需要。

（2）坚持依质论价，优质优价，不抬价，不压价，合理确定配件采购价格的原则；坚持按需进货，以销定购的原则；坚持“钱出去，货进来，钱货两清”的原则。

（3）购进的配件必须加强质量的监督和检查，防止假冒伪劣配件进入企业，流入市场。在配件采购中，不能只重数量而忽视质量，只强调工厂“三包”而忽视产品质量的检查，对不符合质量标准的配件应拒绝购进。

（4）购进的配件必须有产品合格证及商标。实行生产认证制的产品，购进时必须附有生产许可证、产品技术标准和使用说明。

（5）购进的配件必须有完整的内、外包装，外包装必须有厂名、厂址、产品名称、规格型号、数量、出厂日期等标志。

（6）要求供货单位按合同规定按时发货，以防不能按合同规定时间及时到货，造成配件缺货或积压。

2．汽车配件的进货原则

（1）进货管理原则

① 勤进快销原则。

② 以进促销原则。

③ 储存保销原则。

（2）如何具体贯彻进货原则

① 掌握不同种类汽车配件的供求规律。

② 掌握汽车配件销售的季节性特点。

③ 掌握汽车配件供应地点。

④ 掌握汽车配件的市场寿命周期。

3．汽车配件进货渠道

A 类企业：生产规模大、知名度高，名牌产品。重点渠道。现订全年需要量的意向协议，再具体按每季度、每月签订供需合同。

B 类企业：生产规模和知名度不如 A 类，质量有保证，价格适中。只签订短期供需合同。

C 类企业：一般生产厂，质量尚可，价格较低。以电话、电报要货。

应立足于以优质名牌配件为主的进货渠道，但为了适应不同层次的消费者的需求，也可以进一些非名牌厂家的产品，可按 A/B/C 顺序选择，但 4S 店的进货渠道只能是主机厂。

4．选择供货企业方法

（1）根据供货企业产品特点及销售政策选择供货企业。

（2）根据销售形势及用户使用信息选择供货企业。

5．汽车配件的进货方式

（1）集中进货

① 含义：企业设置专门机构或专门采购人员统一进货，然后分配给各销售部（组、分公司）销售进货。

② 优点：人力、物力集中，降低进货价格。

（2）联购合销

① 含义：由几个配件零售企业联合派出人员，统一向生产企业或批发企业进货然后由这些零售企业分销。

② 适用范围：适合小型零售企业之间或中型零售企业。

③ 优点：节省人力，统一进购，降低进货费用。

（3）分散进货

① 含义：由企业内部的配件销售部（组、分公司）自设进货人员，在核定的资金范围内自行采购。

② 优点：人力、物力集中，提高工作效率。

（4）集中进货与分散进货相结合

① 含义：一般是外埠采购及其他非固定进货关系的一次性采购，办法是由各销售部（组、分公司）提出采购计划，由业务部门汇总审核后集中采购。

② 优点：采购方式灵活，节省人力、物力。

四、汽车配件采购流程

（1）采购申请：结合生产需求、库存能力及预期库存来确定。

（2）选择供应商：以正品配件生产企业为主，多家参考，保障供货方质量、价格、供货速度等因素达到最优。

（3）价格谈判：以价格、货物质量及服务水平为依据。

（4）签发采购订单：明确货物的品名、数量、发货地点、发货时间及服务质量。

（5）跟踪订单：把控物流运输，建立跟踪机制，避免在物流中或因为其他因素造成货物商品的损失。

（6）接收货物：严控质量、数量、包装等。

（7）核对发票以划拨货款。

流程图说明，如图 5-6 所示。

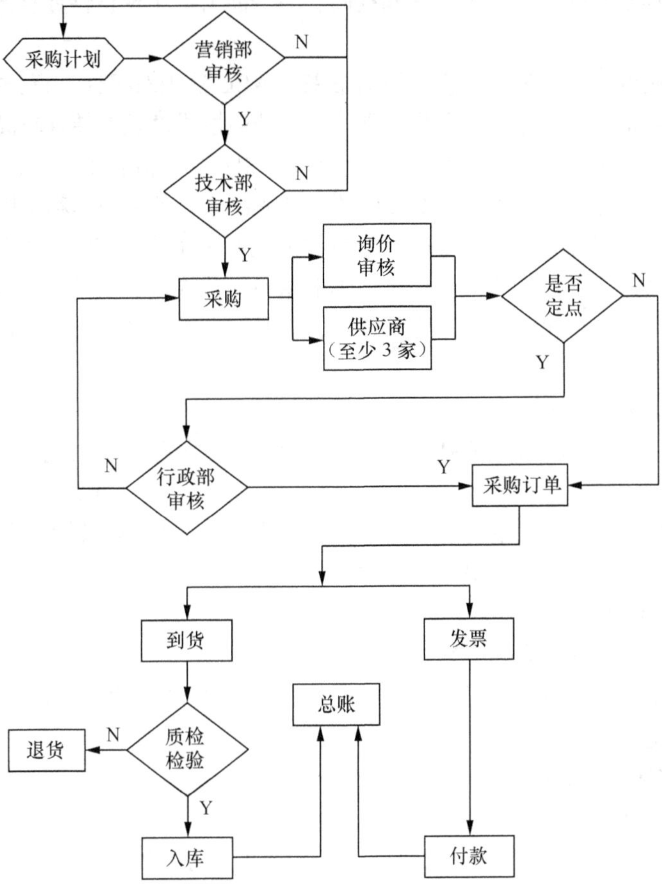

图 5-6 汽车配件采购流程

五、汽车配件采购计划与采购合同

1. 编制订货计划

采购计划是否合适，对资金周转和经济效益起着关键性的作用。采购计划做得好，不仅可加快资金周转，提高经济效益，而且可以减少库存积压。

采购计划的制订，一般可从以下 3 个方面考虑。

（1）根据前期销售的情况进行统计分析，拟出本期应该进货的品种、名称、型号、规格和数量。

（2）参照库存量，库存多的可少进。如果资金充裕，销路好的产品也可适当多进。

（3）根据当前市场行情，做一些适当调整。

2. 配件库存情况的确定

（1）良性库存

在一定时间段内以最经济合理的成本，取得合理的配件库存结构，保证向用户提供最高的备件满足率。

良性库存=备件盈利=对用户的服务质量

（2）如何实现良性库存

良性库存是指具备较好的零件供应率和提高收益的能力。实现良性库存的关键是确定好库存的深度和宽度。

根据备件流转速度，汽车配件销售公司通常采用 ABC 法则对备件进行分类：

A 类（快速流转备件）：连续 3 个月经常使用的消耗性零件及周转性较高的产品。

B 类（中速流转备件）：连续 6 个月内进行周转，相对快速流转配件，又属周转性高的产品。

C 类（慢速流转备件）：一年内属偶发性的产品或由于各种原因不利于周转的产品。

一般情况下，易磨损和易失效的零件及材料作为快速流通件。有些配件经销商也根据销量来划分，对于快速流通件必须作为重点管理，但不能忽略对非快速流通件的管理。配件的级别会随着市场的需求发生一定的变化，所以订货采购时，也需要考虑市场动态，把握商机。

① 库存宽度的确定

库存宽度，即最大库存项目。

目的：库存宽度的设定应该主要基于企业的售前及售后服务部门的配件消耗特点、盘存量及客户需求。

对于零件生命周期不同阶段的特点，应采取不同的管理原则：增长期的零件应“需一买一”，平稳期的零件应“卖一买一”，衰退期的零件应“只卖不买”。

② 库存深度的确定

库存深度，即单个配件最大库存数量。

目的：针对每个零件件号，在考虑订货周期、在途零件和安全库存的前提下，保证及时供应零件的最大库存数量。

3．汽车配件货源质量鉴别

（1）货源鉴别的常用工具

① 必备的技术资料：车型图纸、配件目录、质保书、说明书及其他；

② 通用检测仪表和通用量具：游标卡尺、千分尺、百分表、千分表、量块、平板、粗糙度比较块、硬度计、万用表及其他检测工具等。

（2）汽车配件质量的鉴别方法

① 目视法

a. 汽车配件涂装工艺。

b. 镀锌技术和电镀工艺。

c. 电焊工艺。

d. 油漆工艺、先进工艺。

要求：全部表面一致性好、表面细腻、有光泽、色质鲜明、焊缝均匀焊点规则。

② 用简单技术手段鉴别汽车配件

简单技术手段：比较法，敲击法，经验法。

表面硬度是否达标、结合部位是否平衡、几何尺寸有无变形、总成部件有无缺件、转动部件是否灵活、装配记号是否清晰、胶结零件有无松动、配合表面有无磨损等。

（3）假冒伪劣汽车配件的鉴别

① 看包装、外表；

② 看漆料、颜色；

③ 看工艺、质地；

④ 看标识、证件和规格；

⑤ 看储存、接合、缺漏和防护层。

4．汽车配件采购合同

（1）合同概述

合同是双方当事人之间为实现某特定目的而确定、变更、终止双方债权关系的协议。

合同特征：

① 订立合同的双方当事人法律地位平等；

② 同是当事人之间意思表示一致的结果；

③ 订立合同是一种法律行为，合同的内容必须是合法的，否则合同无效；

④ 合同具有法律效力；

⑤ 配件常见书面合同有购销合同、运输合同、保险合同。

（2）汽车配件采购合同样本

① 购销合同的形式

购销合同，主要是指供方（卖方）同需方（买方）根据协商一致的意见，由供方将产品交付给需方，需方接受产品并按规定支付价款的协议。购销合同是买卖合同的变化形式，它同买卖合同的要求基本上是一致的。购销合同是中国经济活动中用得较多的经济合同，也是经济合同法律关系中最基本的经济合同形式，它属于特殊类型的买卖合同。

② 购销合同的内容

a. 合同开头。

• 合同名称：如《一汽速腾汽车配件购销合同》；

• 合同的编号：如“2××××00031”；

• 买卖双方企业或个人的名称，如果是自然人就应写明其姓名。如供货方：×××省×××汽车配件经销有限公司；

• 签订的地点。如在卖方地点：×××省×××汽车配件经销有限公司××××市××区开运街2号。

• 签订的时间。如2×××年07月06日。

b. 合同正文

• 标的。

• 货物数量条款。

• 货物质量条款。

• 货物价格条款。

• 货物运输方式。

• 交货地点。

• 检验条款。

• 违约责任。

• 解决争议的方法。

• 合同结尾。

c. 合同份数及生效日期

d. 签订人的签名

e. 采供双方的公司公章。

（3）订立采购合同

① 选择供货商

对供货商的选择主要从价格和费用、产品质量、交付情况、服务水平 4 个方面进行评价。

a. 价格和费用。价格和费用的高低是选择供货商的一个重要标准。我国市场中存在固定价格、浮动价格和议价，采购时要做到货比三家、价比三家、择优选购。在选择供货商时不仅要考虑价格因素，同时还要考虑运输费用因素。价格和费用低可以降低成本，增加企业利润，但这不是唯一标准。

b. 产品质量。价格和费用低，但如果由于供应的配件质量较差而影响维修质量，反而会给用户和企业信誉带来损失，所以选购配件时要选购名牌产品或配件质量符合规定要求的产品。

c. 交付的标准。供货商能否按照合同要求的交货期限和交货条件履行合同，一般用合同兑现率来表示。交货及时、信誉好、合同兑现率高的供货商，当然是选择的重点。

d. 服务的标准。要考虑供货商可能提供的服务，如服务态度、方便用户措施和服务项目等。

另外，在选择供货商时，要注意就近选择。这样可以带来许多优点，如能加强同供货单位的联系和协作、能得到更好的服务、交货迅速、临时求援方便、节省运输费用和其他费用、降低库存水平等。同时也要考虑其他供货商的特点，比较各供货商的生产技术能力、管理组织水平等，然后做出全面的评价。

为了做出恰当的评价，可以根据有日常业务往来的单位及市场各种广告资料，编制各类配件供货商一览表。然后按表内所列的项目逐项登记，逐步积累，将发生的每一笔采购业务都填写补充到该表中去，在此基础上进行综合评价。

② 选择供货方式

a. 对于需求量大、产品定型、任务稳定的主要配件，应当选择定点供应直达供货的方式。

b. 对需求量大，但任务不稳定或一次性需要的配件，应当采用与生产厂签订合同中选择直达供货的方式，以减少中转环节，加速配件周转。

c. 对需求量少，如一个月或一个季度需求量在订货限额或发货限额以下的配件，宜采取由配件供销企业的门市部直接供货的方式，以减少库存积压。

d. 对需求量少，但又属于附近厂家生产的配件，也可由产需双方建立供需关系，由生产厂家按协议供货。

③ 选择采购形式

a. 现货与期货。现货购买灵活性大，能适应需要的变化情况，有利于加速资金周转。但是，对需求量较大而且消耗规律明显的配件，宜采用期货形式，签订期货合同。

b. 一家采购与多家采购。一家采购指对某种配件的购买集中于一个供应单位，这种采购方式的优点在于采购配件质量稳定、规格对路、费用低，但无法与他家比较，机动性小。多家采购是将同一订购配件分别从两个以上的供应者订购，通过比较可以有较大的选择余地。

c. 向生产厂购买与向供销企业购买。这是对同一种配件既有生产厂自产自销又有供销企业经营的情况所做的选择。一般情况下，向生产厂购买时价格较为便宜，产需直接关联可满足特殊要求。供销企业因网点分布广，有利于就近及时供应，机动性强，尤其是外地区进货和小量零星用料向配件门市部购买更为合适。

④ 签订采购合同

采购合同是供需双方的法律依据，必须按合同法规定的要求拟定，合同的内容要简明，文字要清晰，字意要确切。品种、型号、规格、单价、数量、交货时间、交货地点、交货方式、质量要求、验收条件、双方责任、权利都要明确规定。签订进口配件合同时，更要注意这方面的问题，特别是配件的型号、规格、生产年代、零件编码等不能有一字差别。近几年生产的进口车，可利用标识码（17 位码）来寻找配件号。此外，在价格上也要标明何种价，如离岸价、到岸价等，否则会产生不必要的损失。

⑤ 案例

实际合同具体内容如下。

上海市××汽配产品购销合同

编号：____________________

购方：____________________

销方：____________________

根据《中华人民共和国合同法》和《中华人民共和国产品质量法》等相关法律法规，买卖双方在自愿平等的基础上，经协商，就汽车配件产品购销达成如下协议：

第一条　产品名称、品种、规格、价格和质量

1. 产品名称、品种、规格、价格__________。

[　] 附产品购销清单（经法定代表人或其委托代理人签字或加盖单位公章后与本合同具同等法律效力）。

2. 产品的技术和质量标准：[　] 按国家标准执行、[　] 按行业标准执行、[　] 按生产企业标准执行。

产品的技术和质量标准如约定不明确，按能够实现合同目的和产品用途的标准执行。

3. 质量保质期为____年，从____年____月____日到____年____月____日。

第二条　产品的数量和计量单位

产品的数量__________。产品的计量单位__________。

第三条　品牌

销方所供产品的商标为：[　] 整车厂配套商标、[　] 生产厂自主商标。其他约定__________。

销方保证所供产品不构成对任何工业产权和知识产权的侵犯；购方保证所购产品不用于任何侵犯工业产权和知识产权的用途。违者应承担由此引起的全部侵权责任。

第四条　产品包装标准及其处置

1. 销方所供产品的包装为 [　] 木箱、[　] 纸箱、[　] 裸件、[　] 按国家规定。包装应安全可靠、标识明确。[　] 内附装箱单。

2. 销方因产品包装不妥或者不符合国家规定或者双方约定，应当承担因包装不妥或者不符合国家规定或双方约定所造成产品的违法、违约、毁损、灭失等责任。

3. 其他__________。

第五条　产品的交付和风险

1. 交货方法：[　] 销方送货、[　] 销方代运、[　] 购方自提自运、[　] 购方指定的第三方代提。

2. 运输方式：__________。

3. 运费负担 [　] 购方承担、[　] 销方承担、[　] 其他__________。运费负担约定不明的由购方负担。

4. 到货地点__________。

5. 产品的风险责任未经特别约定，自交付时转移。产品保险由风险承担方办理并承担费用。

6. 其他__________。

第六条 产品的交（提）货时间、期限

产品交（提）货时间：

[ ] 双方约定____年____月____日为产品的交（提）货时间。

[ ] 销方委托送货或者代运的产品以承运人签发运单的日期为实际交货日期。

[ ] 其他__________。

第七条 产品价格和费用支付方式

1. 产品的价格__________。

2. 其他费用__________。

3. 支付方式：[ ] 款到发货、[ ] 现款现货、[ ] 分期付款、[ ] 付款；以[ ] 现金、[ ] 支票、[ ] 贷记凭证、[ ] 信用卡、[ ] 其他支付。

4. 支付日期：

第一期____年____月____日 金额____元；

第二期____年____月____日 金额____元；

第三期____年____月____日 金额____元；

____金额____元。

第八条 产品验收方法

1. 产品自购方签收之日起____日内为购方对该批产品的验收时间。

2. 在验收时间内购方如发现产品的数量、品种、型号、规格、外观等可以观测的质量状况不符合约定，应该妥善保管产品，并在验收期间内向销方书面提出异议。购方有权拒付不合约定的产品的货款。购方未在验收时间内向销方书面提出异议，视为产品验收符合约定。

3. 由于购方的保管原因造成有异议的产品损失、损失扩大、质量下降的，购方应该承担相应的赔偿责任。

4. 销方在接到购方书面异议之日起____日内未进行处理的，视为默认购方的异议和处理意见。

5. 鉴于产品的特点和交易习惯双方不采用以上产品验收方法。双方约定__________。

第九条 违约责任

1. 购方不按本合同约定支付货款或费用的：

[ ] 每日应按拖欠金额的万分之__________支付违约金。

[ ] 向销方支付违约金____元。

[ ] 其他__________。

2. 因购方原因解除本合同或者退货，购方应按所涉及的产品价款的__________%向销方支付违约金。

3. 因购方原因销方不能按约定交货或者推迟交货的，购方应按合同价款每日支付销方万分之__________违约金并承担销方的实际损失。销方不能按约定交货或者推迟交货的，应按合同价款每日支付购方万分之__________违约金。

4. 销方提供的产品存在质量问题，应当换货或退货，并承担购方的实际损失。购方可以要求销方按“三包”的规定处理。如果双方对产品是否存在质量问题发生争议，可以提请：[ ]上海市汽车配件流通行业协会组织专家鉴定、[ ]生产厂鉴定、[ ]其他________。

任何一方由于法定不可抗力的原因在约定的履行期内不能履行本合同，应及时通知对方并积极采取补救措施。

第十条 纠纷解决方法

因履行本合同发生纠纷，双方应及时协商解决，协商不成，也可请有关单位调解，调解不成按下列第（ ）方式处理：

1. 提交上海仲裁委员会。

2. 依法向人民法院提起诉讼。

第十一条 其他约定

本合同一式________份经双方签字或盖章后生效。未尽事宜，由双方协商解决并订立补充协议。

购　　方：________　　销　　方：________
法定代表人：________　　法定代表人：________
委托代理人：________　　委托代理人：________
电　　话：________　　电　　话：________
联系地址：________　　联系地址：________
邮　　编：________　　邮　　编：________
银行账号：________　　银行账号：________
税　　号：________　　税　　号：________
________年____月____日　　________年____月____日

附　件

产品购销清单

第____页 共____页

名称	型号规格	生产厂家	数量	单位	单价（元）	金额（元）	交货时间	交货方式	保质期	备注

购　　方：________　　销　　方：________
代　　表：________　　代　　表：________
地　　址：________　　地　　址：________
电　　话：________　　电　　话：________
传　　真：________　　传　　真：________
______年____月____日　　______年____月____日

5. 汽车配件的验收

汽车配件采购员在确定了进货渠道及货源，并签订了进货合同之后，必须在约定的时间、地点，对配件的名称、规格、型号、数量、质量检验无误后，方可接收。

（1）对配件品种的检验

按合同规定的要求，对配件的名称、规格、型号等认真查验。如果发现产品品种不符合合同规定的要求，应一方面妥善保管，另一方面在规定的时间内向供方提出异议。

（2）对配件数量的检验

对照进货发票，先点收大件，再检查包装及其标识是否与发票相符。整箱配件，一般先点件数，后抽查细数；零星散装配件需点验细数；贵重配件应逐一点数；对原包装配件有异议的，应开箱开包点验细数。验收时应注意查验配件分批交货数量和配件的总货量。

无论是自提还是供方送货，均应在交货时当面点清。供方代办托运的应按托运单上所列数量点清，超过国家规定合理损耗范围的应向有关单位索赔。如果实际交货数量与合同规定交货的数量之间的差额不超过双方合同规定的，双方互不退补；超过规定范围的要按照国家规定计算多交或少交的数量。双方对验收有争议的，应在规定的期限内提出异议，超过规定期限的，视为履行合同无误。

（3）对配件质量的检验

① 采用国家规定质量标准的，按国家规定的质量标准验收；采用双方协商标准的，按照封存的样品或样品详细记录下来的标准验收。接收方对配件的质量提出异议的应在规定的期限内提出，否则视为验收合格。当双方在检验或试验中对质量发生争议时，按照《中华人民共和国标准化管理条例》规定，由标准化部门的质量监督机构执行仲裁检验。

② 在数量庞大、品种规格极其繁杂的汽车配件的生产、销售中，发现不合格品、数量短少或损坏等，有时是难以避免的。如果在提货时发现上述问题，应当场联系解决。如果货到后发现，验收人员应分析原因，判明责任，做好记录。一般问题填写“物流运输报损单”“汽车配件销售查询单”核对比较查询，问题严重或牵涉数量较多、金额较大时，可要求对方派人来查看处理。

③ 汽车配件从产地到销地，要经过发货单位、收货单位（或中转单位）和承运单位三方共同协作来完成，所以必须划清三方面的责任范围，责任划分的一般原则是：

a. 汽车配件在铁路、公路交通运输部门承运前发生的损失和由于发货单位工作差错、处理不当发生的损失，由发货单位负责；

b. 从接收中转汽车配件起，到交付铁路、公路交通运输部门运转时止，所发生的损失和由于中转单位工作处理不善造成的损失，由中转单位负责；

c. 汽车配件到达收货地，并与铁路公路交通运输部门办好交接手续后，发生的损失和由于收货单位工作的问题发生的损失，由收货单位负责；

d. 自承运汽车配件起（承运前保管的车站、港口从接收汽车配件时起）至汽车配件交付收货单位或依照规定移交其他单位时止发生的损失，由承运单位负责。但由于自然灾害，汽车配件本身性质和发、收、中转单位的责任造成的损失，承运单位不负责任。

项目拓展

汽车配件管理制度

为了加强配件及材料的管理，提高经济效益，特制订如下管理制度，本标准规定了公司采购物资入库、储存、包装、防护及发放等管理规定。

1．仓库管理员职责

（1）认真贯彻执行公司质量体系文件和规章制度，确保生产所需仓储物资的各项管理工作。

（2）树立优质服务意识，端正服务态度，遵守制度，接受配件经理的领导。

（3）经验证合格的配件及附件按区号、仓位号、层号合理摆放，清楚标识，摆放顺序是从后到前、从下到上、从右到左，出库顺序是从前到后、从上到下、从左到右，确保配件先进先出。

（4）严格按规定办理配件的出入库手续，记录准确，做到账和货品一致。

（5）加强储存配件管理，定期检查库存配件质量，包括包装质量、防护质量储存期限等。发现问题应及时记录、及时处理，并报告配件经理。

（6）创造和维护良好的仓储环境，做到库内通风、整洁，安全设施齐全、通道畅通，环境卫生达到“5S”标准；安全措施符合消防要求。

2．配件入库管理

（1）整车配件的入库

① 仓库管理员按照“配件订单”，核查“到货清单”与实物品种、数量、包装及供货单位，按照《配件进货检验标准》进行检验，并做好检验记录。

② 配件计划员对配件实施全检。

③ 超出“配件订单”的配件不予入库。发现不合格品应填写“不合格配件处置记录”，做好标识，及时隔离，并立即向配件经理报告。

（2）其他车型配件的入库

① 仓库管理员按照“零星采购单”，核查“到货清单”与实物品种、数量、包装及供货单位，按照《配件进货检验标准》进行全数检验，并做好检验记录。

② 配件计划员对该类配件进行全检。

③ 超出“零星采购单”的配件不予入库。发现入库清单与实物不符的应做不合格品处理，并马上向配件经理报告。

④ 对入库配件做好标识。

⑤ 关键件和安全件的标识内容必须包括进货批次、进货日期。

3．配件仓库管理

（1）按配件、附件类别建立电脑台账。根据“到货清单”认真核对，防止错、漏、缺、锈蚀配件入库。仓库管理员对入库配件的数量和质量负责。配件、附件的账面数额任何人不得涂改，更不得销毁，保证任何时候账物相符。

（2）配件、附件入库必须经仓管员验证，做好记录，并分别将其放置在合格品区，仓库应设置不合格品区和待检区。

（3）仓库内所有配件应有配件标识，并置于明显位置，易于识别，配件标识应牢固、可靠。

（4）仓管员应依据“入库单”“领料单”等有效凭证记录配件出入库和库存情况，做好日报、月报表上报配件经理和财务室。

（5）配件按总成分列分设货架，原则上分发动机系统、底盘系统、变速箱系统、车身系统、电器系统等若干分列。零散配件按五五堆放原则。

（6）仓库重地禁止无关人员擅自进入，更不允许无关人员私自提取配件附件。

（7）仓管员应对配件进行日常巡检，配件计划员每季抽检配件质量情况，填写“定期库存检查记录”，发现有不合格品应马上隔离并及时向配件经理汇报处理。发现账物不符应查明原因，及时调整，确保账物相符。

（8）仓库内严禁烟火，按消防规定配置消防器材，经常检查消防器材的有效性。

（9）配件实行“先进先出”原则。对将要或已超过储存期的配件应由仓管员及时出具清单并向配件经理汇报，配件经理及时与质量总监进行验证、评审和处理。

（10）做好仓库的储存环境、卫生工作，做好文明、清洁、整齐、标志明显、过道畅通，达到“5S”标准。

（11）每年年底进行一次清仓盘点工作，将盘点报告及时上报财务室和总经理核批。

（12）塑料件、橡胶件、油漆等有质保期的配件应规定储存期限，规定橡胶件保存期为 5 年，塑料件保存期为 3 年，油漆原料保存期为 2 年。

4．配件发放管理

（1）配件发货交付：仓库管理员凭“领料单”，按“先进先出”的原则进行发货。

（2）所有的配件发货都必须与领料员核对名称的规格、型号、包装、数量、质量状况，由领料员签字确认后方可出库。

（3）仓库管理员都必须妥善保管所有“领料单”，不得丢失，“领料单”的保存期限为一年。

5．旧件回收管理

（1）维修、更换旧件由配件部负责回收和报废处理。

（2）配件部对维修、更换旧件（不包括易损件、覆盖件）进行标识，并放置在规定区域，防止非预期使用。

6．仓库盘点制度

（1）部门职责

仓库部：负责组织、实施仓库盘点作业、最终盘点数据的查核，校正，盘点总结。

财务部：负责稽核仓库盘点作业数据，以反馈其正确性。

IT 部：负责盘点差异数据的批量调整。

（2）盘点方式

① 定期盘点

定期盘点是指每隔一定的时间间隔对库存盘点一次。

② 月末盘点

仓库平均两月组织一次盘点，盘点时间一般在第二月的月底。

③ 年终盘点

仓库每年进行一次大盘点，盘点时间一般在年终放假前的销售淡季。

④ 不定期盘点

根据生产需求与工作实际，不定期进行盘点。

项目实训工单

项目名称	汽车配件的采购管理	班　级		日　期	
学生姓名		学　号		项目成绩	
项目载体	配件实训室、汽车营销企业			老师签字	
项目目标	1. 了解汽车配件采购程序及要求 2. 了解汽车配件运输方式 3. 熟悉汽车配件入库管理要求 4. 能够按照任务描述完成工作任务				

续表

一、资讯

1. 填空

(1) 汽车配件质量鉴别“五看”内容是__________、__________、__________、__________、__________。

(2) 配件采购管理内容有包括__________、__________、__________。

(3) 汽车配件的进货方式包括__________、__________、__________、__________。

(4) 汽车配件的验收内容__________、__________、__________。

2. 论述

(1) 职业道德

(2) 汽车配件采购原则

二、计划与决策

人员分工 每组 4~5 人	工具、材料、仪器	实施计划
组长： 组员：		

三、项目实施

在汽车实训室完成下列任务。

完成工作任务一：完成采购计划表。

完成工作任务二：完成汽车配件采购合同。

四、项目检查

1. 专业能力

在本项目中你学到了哪些汽车配件知识，相关任务完成是否满意？

续表

2. 个人能力

通过本项目的学习，你学会了哪些技能，提高了哪些方面的职业能力和职业素质（团队精神、安全环保、社会责任等方面）？

3.方法能力

通过本项目的学习与描述，你认为在工作过程中应提高哪些工作方法或学习方法？

五、项目评估

个人评估	等级 A B C D	说明：
小组评估	等级 A B C D	说明：
老师评估	等级 A B C D	说明：

项目六 汽车配件的物流配送管理

项目目标

知识目标

了解汽车配件运输方式；

了解汽车配件物流管理内容；

熟悉汽车配件供应链设计。

能力目标

掌握汽车配件运输差错处理步骤。

情感目标

能够提高个人的专业素质，使用正确的操作程序为客户服务。

项目描述

客户采购配件完成后，在进行配件运输过程中，运输费用超过预算，请你协助客户重新规划物流成本，并按现代汽车配件运输要点规划汽车配件物流中心。

课时计划

任务	项目内容	参考课时		
		教学课时	实训课时	合计
汽车配件的物流配送管理	汽车配件运输	4	2	6
	汽车运输物流管理	4	2	6
合计		8	4	12

汽车配件的物流运输中要保证配件的完好，学生通过对查验、运输差错处理的技能掌握，提高个人的职业素养。

任务一　汽车配件运输

一、汽车配件运输方式及其选择

1. 汽车配件的运输方式

汽车配件的运输方式主要有铁路运输、汽车运输、水路运输、航空运输等。这些方式各有其特点和适用条件。选择运输方式的主要依据是各种输方式的可运量、发送速度、费用支出、服务质量等指标。

（1）铁路运输

铁路运输（见图 6-1）的特点是载运量大，行驶速度快、费用较为低廉，运行一般不受气候条件限制，所以适用于大宗配件的长距离运输。铁路运输是我国现阶段可完成配件输送任务的主要力量，铁路运输的服务范围要受现有铁路线的限制，而且一般需要汽车等短途运输工具与之配合。铁路运输有一套细致复杂的组织工作，配件的运输要受到列车运行图和列车编组计划的影响，因此可能增加配件的在途时间。铁路运输的经济里程一般在 200 公里以上。

图 6-1　铁路运输

（2）公路运输

公路运输的特点是机动灵活，运输面广，运行迅速。在运量不大、运距不长时，运费比铁路低，是短途运输的主要形式。配件部门在当地提货、发货时，一般采用汽车运输的方式。汽车运输的经济半径一般在 200 公里以内。

（3）水路运输

水路运输包括内河运输、沿海运输、近海运输和远洋运输。水路运输（见图 6-2）具有运量大、运价低的优点。我国海岸线长，有许多天然良港，有适合于运输的许多内河水系。充分利用水运，不仅可以减少运输费用，而且能减轻铁路运输的负担，促进陆运和水运的合理分工，因此，是发挥运输潜力的重要途径。但水路运输受航道限制，速度慢，易受季节和气候变化的影响，运输的连续性差，需要配备相应的陆上运输设备和储存设备，这些缺点在一定程度上影响了水路运输的开发和利用。

（4）航空运输

航空运输（见图 6-3）是速度最快、运费最高的一种运输方式，航空运输具有不受地形限制的特点。由于空运费用高，所以一般只用于运距长、时间要求紧迫的急需配件的运输。航空运输目前只是作为一种辅助运输手段，一般在建有机场的少数地区和城市应急使用。

图 6-2　水路集装箱运输

图 6-3　航空运输

2．汽车配件运输方式的选择

由于各种运输方式都有其自身特点和可供服务的内容及范围，因此，应根据每次运输的具体情况进行多方面的考虑，以选择最适宜的方式，从而达到配件运输迅速、安全、经济、合理的目的。

在选择运输方式时，一般应考虑下列因素。

（1）供需双方的地理位置、交通条件和当时的季节气候条件。

（2）运送配件的特征，如包装、外形尺寸及其物理化学特性（如易碎性等）。

（3）配件的价值，如贵重、量小、件轻的配件一般可空运；价低、笨重或运送数量大时，则适于铁路运输或水路运输。

（4）配件需求上的特点。对急需的配件，应采用运输速度快的运输方式；对批量大、批次多、要求供货连续性强的配件，则应选择不易受季节气候影响，运送时间准确、及时的运输方式。

配件运输方式的选择没有固定的模式。在实际工作中，一般是在考虑安全的前提下，从运输速度和运价两方面衡量，在运输时间能够满足要求的情况下，往往采用费用支出较低的运输方式。在当前，我国各地区、各城市之间的配件运输，大多采用铁路运输的方式，而在同一城市各企业之间则大多采用公路运输的方式。

二、运输单证管理

无论哪种运输方式都有规定的运输单证，不同的运输方式所使用的运输单证也不同。

1．铁路运输

铁路运输中，主要使用货运单和铁路收据。

（1）货运单。货运单（见表 6-1 和表 6-2）是计算运费的依据，也是发货人与铁路承运人之间的合同。

（2）铁路收据。铁路收据是在铁路接收货物、称重、添加标志、装载货物后，交给发货人的凭证。

（3）国际铁路联运运单。在国际铁路联运中，使用联运运单作为发货人与承运人之间的运输合同。

2．公路运输

公路运输主要使用发货单和货物委托书。

（1）发货单。与铁路运输类似，发货单是据以计算运费的依据，同时也是承运人与发货人之间的合同。

（2）货物委托书。货物委托书是发货人与承运人之间的运输合同，是承运货物的依据，表明承运人按统一规定的条款和条件运送发货人提供的货物，如表 6-3 所示。

表 6-1　铁路运输货运单

武汉铁路局

货 物 运 单

托运人→发站→到站→收货人

货物约定于　年　月　日交换

货位

号码

运到期限　日

运单号：

发票号：

承运人/托运人装车 承运人/托运人施封

发站	北京西	专用线名称		专用线代码		车种车号	
到站（局）	南京（上）	专用线名称		专用线代码			
托运人	名称					货车标重	
	地址			邮编			
	经办人姓名		经办人电话	E-mail		货车施封号码	
收货人	名称						
	地址			邮编		货车篷布号码	
	经办人姓名		经办人电话	E-mail			
选择服务	☐门到门运输：	☐上门装车	☐上门卸车	取货地址			
	☐门到站运输：	☐上门装车					
	☑站到门运输：	☐装载加固材料	☐上门卸车	取货联系人		电话	
	☐站到站运输：	☐装载加固材料					
	☑保价运输			送货地址			
	☐仓储			送货联系人		电话	

货物名称	件数	包装	集装箱箱型	集装箱箱号	集装箱施封号	货物价格	托运人填报重量（千克）	承运人确定重量（千克）
合计								

托运人记载事项		承运人记载事项	

托运人盖章或签字	发站承运日期截	承运货运员签章	到站交付日期截	交付货运员签章
年　月　日	年　月　日	年　月　日	年　月　日	年　月　日

注：本单不作为收款凭证，托运人签约须知和收货人领货凭证须知见领货凭证背面，托运人自备运单的认为已确知签约须知内容。

表 6-2 铁路运输货票

计划号码或运输号码　　　货　　票　12　　　甲　联

货物运到期限　日　　　发站存查　A00001

发站		乌鲁木齐	到站（局）	郑州北站		车种车号	P3041493 和 P3041494	货车标重	承运人/托运人装车
托运人	名称	A				施封号码	00977 和 00978		承运人/托运人施封
托运人	住址		电话			铁路货车篷布号码			
收货人	名称	F				集装箱号码			
收货人	住址		电话			经由		运价里程	
货物名称		件数	包装	货物重量（千克）托运人确定	货物重量（千克）承运人确定	计费重量	运价号	运价率	现付
								费别	金额
								运费	
								装费	
								取送车费	
								过秤费	
合计									
记事								合计	

发站承运日期戳

规格：270mm × 185mm　　　经办人盖章

表 6-3　　公路运输货物委托书

起运日期：年 月 日　　　　编号：

承运人：		地址邮编：			传真电话：			车牌号：车型：				
托运人：		地址：			电话：			转货地点：				
收货人：		地址：			电话：			转货地点：				
货物名称及规格	包装形式	体积	件数	实际重量	计费重量	计费里程	货运周转量	货物等级	运价率	运费金额	报价保险	其他费用
瓷砖	箱装	4538kg	10 箱					三级		2348 元		
合计												
货物运单签订地	××物流公司	结算方式	现金	币种	人民币	运杂费合计	万 千 百 拾 元 角 分					
特约事项	1. 承运单位不开拆检验，如运到时包装完好，货物出现短缺，承运方不负全部责任。 2. 承运单位必须按委托单位要求，按时运抵目的地（途中堵车、车出故障等因素外），并交接好手续，如收货人拒收，其责任由委托方负责。 3. 委托方对货物重量（体积）如有隐瞒或夹带易燃易爆等违禁物品所造成的经济损失由委托方负责。 4. 委托方对货物应主动参加运输保险，如货物未投保，客观原因所造成的损耗由委托方自理。 5. 在货物运输过程中，如出现货物破损、受潮、残缺等人为造成的损失均由承运方负责。 6. 托运人办理货物运输，应当向承运人准确表明收货人的名称或姓名或凭指示的收货人，货物的名称、规格、型号、性质、重量、数量、收货地点等有关货物运输的必要情况。 7. 承运人运输货物实行接单交接，对包装内部承担保证之责，在提货时包装完好的货物，视为承运人已经按照承运单的记载完成运输任务。 8. 托运人对贵重物品应参加保险（每件价值在 300 元以上），凡无保险、无保价运输的货物发生灭失最高按 300 元以内赔偿，发生货损每件最高按运费 3 倍理赔，承运人不承担任何间接理赔责任。 9. 货物到站后承运人应及时通知收获，收货人在接到通知之日起三日内凭有效证件提货，超过限定时间每天加收运费的 10%作保管费，超过 30 天按无主论处，代收货款或提货时付运费的，提货人不履行义务，承运人有权将该批货物留置。 10. 本单视为合同，双方签字生效，具有经济合同之效力，望双方共同遵守。											
托运人签章或运输合同编号：							年 月 日					
承运人签章：							年 月 日					
收货人签章：							年 月 日					

3．水路运输

水路货物运单如表 6-4 所示。

表 6-4　　水路货物运单

交接清单号码：　　　　　　　　运单号码：

<table>
<tr><td colspan="2">船名航次</td><td colspan="2">起 运 港</td><td colspan="2"></td><td>到 达 港</td><td></td><td rowspan="4">到达日期
承运人章</td><td rowspan="4">收 货 人
（章）</td></tr>
<tr><td rowspan="3">托运人</td><td colspan="2">全称</td><td colspan="2"></td><td rowspan="3">收货人</td><td>全称</td><td></td></tr>
<tr><td colspan="2">地址、电话</td><td colspan="2"></td><td>地址、电话</td><td></td></tr>
<tr><td colspan="2">银行、账号</td><td colspan="2"></td><td>银行、账号</td><td></td></tr>
</table>

<table>
<tr><td rowspan="3">发货符号</td><td rowspan="3">货号</td><td rowspan="3">件数</td><td rowspan="3">包装</td><td rowspan="3">价值</td><td colspan="2">托运人确定</td><td colspan="2">计费重量</td><td rowspan="3">等级</td><td rowspan="3">费率</td><td rowspan="3">金额</td><td colspan="3">应收费用</td></tr>
<tr><td rowspan="2">重量（吨）</td><td rowspan="2">体积（长、宽、高）（m）</td><td rowspan="2">重量（吨）</td><td rowspan="2">体积（m^3）</td><td>项目</td><td>费率</td><td>金额</td></tr>
<tr><td>运费</td><td></td><td></td></tr>
<tr><td></td><td></td><td></td><td></td><td></td><td></td><td></td><td></td><td></td><td></td><td></td><td></td><td>装船费</td><td></td><td></td></tr>
<tr><td></td><td></td><td></td><td></td><td></td><td></td><td></td><td></td><td></td><td></td><td></td><td></td><td></td><td></td><td></td></tr>
<tr><td></td><td></td><td></td><td></td><td></td><td></td><td></td><td></td><td></td><td></td><td></td><td></td><td></td><td></td><td></td></tr>
<tr><td></td><td></td><td></td><td></td><td></td><td></td><td></td><td></td><td></td><td></td><td></td><td></td><td></td><td></td><td></td></tr>
<tr><td>合计</td><td></td><td></td><td></td><td></td><td></td><td></td><td></td><td></td><td></td><td></td><td></td><td></td><td></td><td></td></tr>
</table>

<table>
<tr><td colspan="2" rowspan="3">运到期限（或约定）</td><td rowspan="3">托运人
（公章）月　日</td><td></td><td colspan="3"></td></tr>
<tr><td colspan="3">总计</td><td></td></tr>
<tr><td colspan="3">核算员</td><td></td></tr>
<tr><td>物约事项</td><td></td><td>承运日期起运港
承运人章</td><td colspan="2">复核员</td><td colspan="2"></td></tr>
</table>

［说明］

1. 此货物运单主要适用于江、海干线和跨省运输的水路货物运输。

2. 水路货物运单、货票一式六份。顺序如下：

第一份：货票（起运港存查联）；

第二份：货票（解缴联）起运港→航运企业；

第三份：货票（货运人收据联）起运港→托运人；

第四份：货票（船舶存查联）起运港→船舶；

第五份：货票（收货人存查联）起运港→船舶→到达港→收货人；

第六份：货物运单（提货凭证）起运港→船舶→到达港→收货人→到达港存。

3. 除另有规定者外，属于港航分管的水路运输企业，由航运企业自行与托运人签订货物运输合同的，均使用航运企业台头的水路货物运单。

4. 货物运单联需用厚纸印刷，货票各联用薄纸印刷，印刷墨色应有区别：解缴联为红色，收据联为绿色，其他各联为黑色。

5. 要印控制号码或固定号码。

6. 到达港收费，另开收据。

7. 规格：长 19cm，宽 27cm。

4．航空运输

航空运输货物委托书如表 6-5 所示。

表 6-5　　空运货物委托书

航空货运单

AIR WAYBILL

始发站 Airport of Departure		目的站 Airport of Dsstination		不得转让 NOT NEGOTIABLE 航空货运单 AIR WAYBILL		
托运人姓名、地址、邮编、电话号码 Shipper's Name, Address, Postcode & Telephone No.				航空货运单一、二、三联为正本，并具有同等法律效力 Copies 1,2and3 of this Air Waybill are originals and Have the same validity		
收货人姓名、地址、邮编、电话号码 Consignee's Name, Address, Postcode & Telephone No.				结算注意事项　Accouning Information 填开货运单的代理人名称 Issuing Carrier's Agent Name		
航线 Routing	到达站 To	第一承运人 By First Carrier	到达站 To	承运人 By	到达站 To	承运人 By
航班/日期 Flight/Date		航班/日期 Flight/Date		运输声明价值 Declared Value for carriage	运输保险价值 Amount of Insurance	
储运注意事项及其他　Handing Information and Others						

件数 No.of Pcs 运价点 RCP	毛重 （千克） GrossWeight （kg）	运价 种类 Rate Class	商品代号 Comm.Item No.	计费重量 （千克） Chargeable （kg）	费率 Rate/kg	航空 运费 Weight Charge	货物品名（包括包装/尺寸或体积） Description of Goods（incl. Packaging.Dimensions.o Volume）

预付 Prepaid		到付 Collect	其他费用　Other Charge
	航空运费 Weight Charge		本人郑重声明：此航空货运单上所填货物品名和货物运输声明价值与实际交运货物品名和货物实际价值完全一致，并对所填航空运单和所提供的与运输有关文件的真实性和准确性负责 Shipper certifies that description of goods and declared value for carriage On the face here of are consistent with actual desciption of goods and actual value of goods and that particulars on the face hereof are correct 托运人或代理人签字、盖章
	声明价值附加费 Valution Charge		
	地面运费 Surface Charge		
	其他费用 Other Charge		
			填开日期　填开地点　填开人或其他代理人签字/盖章 Executed on（Date）At（Place）Signature of Issuing Carrier or Its Agent
	总额（人民币） Yotal（CNY）		
付款方式 Form of Payment			

5．其他单证

除上述各种运输方式专门使用的单证以外，在国际多式联运过程中，为简化手续，国际货运代理协会联合会（FIATA）和国际商会（ICC）等组织推荐使用一种联合单证，用以代替上述各种专门用途的单证。

随着计算机技术和国际互联网络的发展，电子信息交换（EDI）系统的运用日益普遍。运输单据也开始向电子化转变，电子提单等一系列电子化单证逐渐出现，为实现电子商务和无纸化物流运作奠定了基础，从而为国际商务和交流提供更为顺畅的渠道。

三、运输差错处理

1．运输规章

（1）铁路运输规章

①《铁路货物运价规则》由我国铁路管理部门颁布；

②《国际铁路货物运输公约》(Convention Concerning International Carriage of Goods by Rail，CIM)是关于国际铁路货物运输的公约。是在1890年制定的伯尔尼公约基础上发展而来的。1961年由奥地利、法国、比利时、德国等国家在瑞士伯尔尼签订，于1970年2月7日修订，修订后的《国际货约》于1975年1月1日生效。

③《国际铁路货物运送公约》（Convention Concerning International Carriage of Goods by Rail，COTIF）于1980年由《国际铁路货物运送公约》与《国际铁路旅客和行李运送公约》合并而成。

④《国际铁路货物联运统一过境运价规程（统一货价）》为国际联运规章，是统一过境运价规程协约附件。此规章包括了截至2012年1月1日的修改补充事项。

⑤《国境铁路协定》和《国境铁路会议议定书》，它是由相邻国家签订的，它规定了办理联运货物交接的国境站、车站及货物交接条件和办法、交接列车和机车运行办法及服务方法等内容。根据国境协定的规定，两个相邻国家铁路定期召开国境铁路会议，对执行协定中的有关问题进行协商，签订国境铁路会议议定书，其主要内容为双方铁路之间关于行车组织、旅客运送、货物运送、车辆交接以及其他有关问题。我国与前苏联、蒙古、朝鲜、越南各铁路均分别签订有国境铁路协定和议定书。

（2）公路运输规章

①《中华人民共和国公路法》是2004年8月28日第十届全国人民代表大会常务委员会第十一次会议、经过两次修正后实施的。目的是为了加强公路的建设和管理，促进公路事业的发展而制定的。

② 国际公路货物运输合同公约（CMR公约），是关于国际公路货物运输合同的公约，由联合国欧洲经济委员会制定，于1956年通过，仅被欧洲国家认可。欧洲以外的国家大多数由国内法制约。但当欧洲的公路运输构成多式联运的一部分时，多式联运经营人就必须了解该法律。

③《国际货物运输的有关关税协定》（Customs Convention on the International Transport of Goods under Cover of TIR Carnets），也称《国际运输车辆规则担保下国际货物运输的有关关税协定》或《根据TIR手册进行国际货物运输的有关关税协定》，简称《TIR协定》。

（3）水路运输规章

①《中华人民共和国海商法》于1993年7月18正式生效，是我国第一部在海上运输和船舶

方面的专门立法。

②《海牙规则》全称为《关于统一提单的若干法律规定的国际公约》，是第一个关于海上货物运输的国际公约，也是目前为止海上货物运输中影响最大的国际公约。

③《海牙-维斯比规则》。《维斯比规则》全称为《修订关于统一提单的若干法律规定的国际公约的议定书》，是对《海牙规则》进行适当修改的议定书，1968 年被采纳通过，故常与《海牙》规则一起称为《海牙-维斯比》规则。

④《汉堡规则》全称为《1978 年联合国海上货物运输公约》，是规定海上货物运输中承运人和托运人的权利、义务和赔偿责任的国际公约，它生效后取代了国际航运界广泛实行了半个多世纪的《统一提单的若干法律规定的国际公约》（又称《海牙规划》）。

（4）航空运输规章

①《中华人民共和国民用航空法》于 1995 年通过，1996 年 3 月 1 日起正式施行。该法适用于民航企业航空器适航、人员管理、飞行安全、机场建设等。其中第九章是主要针对公共航空运输做出的具体规定。

②《华沙公约》全称为《统一航空运输某些规则的公约》，于 1929 年 10 月 12 日制定。《华沙公约》是最早的国际航空私法公约，也是目前为世界大多数国家接受的航空公约，我国于 1958 年加入该公约。《华沙公约》与其后的一系列修订文件统称为华沙体系。1995 年起，国际民航组织着手对华沙体系的一系列文件进行修订，于 1999 年 5 月，新的华沙公约在蒙特利尔召开的航空法外交大会上通过。

③《海牙议定书》是对《华沙公约》的修订，于 1955 年制定，1963 年 8 月 1 日生效，我国于 1975 年加入该公约。

（5）其他

①《联合国国际货物多式联运公约》在联合国贸发会议主持下起草，1980 年 5 月通过，我国参加了该公约的起草并签字。

② 关于集装箱运输的法规，如《日内瓦集装箱海关公约》《1972 年集装箱关务公约》《国际集装箱安全公约》等国际公约。我国也先后颁布了 20 多个有关法规和条例，对集装箱的检验、管理与操作、海关监管、商品检验、卫生与动植物检疫、船舶和货运代理等方面都有规定。

③ 危险品运输规则，在许多国内法规中都对危险品运输做了规定。一些国际组织还专门制定了调整危险品运输的国际规则，包括：适用于公路危险品运输的 ADR 公约、适用于铁路危险品运输的 RID 公约、国际航空运输协会（IATA）危险品运输规则（DGR）、国际海运危险货物规划（IMDG）等。

④ 海关公约，随着多式联运的发展，在内陆海关办理海关检验和清关手续的情况越来越普遍，因此对简便而标准化的海关手续产生了要求。鉴于此，国际上通过了一些海关公约，包括：

a. TIR 公约，全称为《1975 年关于持有国际公路运输通行证的国际货物运输报关公约》。首先在 1959 年通过，1975 年被完全修改，该公约的目的是确保货物在运输途中受到最少的干扰；

b. CCC 公约，全称为《1972 年集装箱关务公约》，该公约的目的是推进国际运输中集装箱的使用；

c. 东京公约，全称为《1993 年简化和协调海关程序的国际公约》，该公约制订了某些标准，推荐了一些实际做法，以简化海关程序，提高效率。

2．汽车配件接运与发运

（1）汽车配件的接运

汽车配件的接运是仓库根据到货通知，向承运部门或供货单位提取配件入库的工作。配件接运与配件验收入库的紧密衔接是仓库业务工作的首要环节。接运工作的疏忽，往往会将配件在产地或运输途中发生的损坏、差错带入仓库，增加验收、保管的困难，甚至造成久拖不决的悬案，使到货不能及时投入使用，影响对客户的供应保障。因此对待接运工作必须认真负责，严格清点交接，手续齐备，责任分明。

配件接运根据不同情况，可分为专用线整车接运、车站（码头）提货、到供货单位提货等几种形式。

① 专用线整车接运

专用线整车接运是指在建有铁路专用线的仓库内，当整车到货后，在专用线上进行卸车。

a. 卸车前的检查。卸车前的检查工作十分重要，通过检查可以防止缺货错误和划清配件运输事故的责任。检查结果应及时与车站（或铁路派驻人员）取得联系，并做文字记录。检查的主要内容有：

- 校对车号；
- 检查车门、车窗有无异状，施封是否脱落、破损或印纹不清和不符；
- 配件名称、货箱件数与配件运单的填写是否相符；
- 对盖有篷布的敞车，应检查覆盖状况是否严密完好，尤其是应查看有无雨水渗漏的痕迹和包装破损、捆扎散开等情况。

b. 卸车中的注意事项

- 应按车号、品名、规格分别堆码，做到层次分明，便于清点，并标明车号及卸车日期。
- 注意外包装批示标志，正确码放，轻起、轻放，防止包装损坏和配件损坏。
- 妥善苫盖，防止受潮和污损。
- 对品名不符、包装破损、受潮或损坏的配件，应另行堆放，写明标志，并会同承运部门进行检查，编制记录。
- 力求与保管人员共同现场核对卸货，争取做到卸车和配件件数一次点清。
- 卸后货垛之间留有通道，并与电杆、消防栓等保持一定距离；与专用铁轨外部距离 1.5m 以上。
- 正确使用装卸工具和安全防护用具，确保人身和配件安全。

c. 卸车后的清理。卸车后应检查车内配件是否卸净，然后关好车门、车窗，通知车主取车。做好卸车记录，连同有关证件和资料尽快向保管人员办理内部交接手续。及时取回捆绑器材和苫布。

② 车站（码头）提货

到车站、码头提货是配件仓库进货的主要方式。接到车站、码头的到货通知书，仓库提货人应了解所到配件的件数、重量和特性，并做好运输装卸器具和人力的准备。到仓库后一般将配件卸在库房装卸平台上，以便就近入库，或者直接入库卸货。

到车站提货，应向车站出示“领货凭证”（铁路运单副票），如“领货凭证”提货时尚未收到，也可凭单位证明或单位提货专用章在货票存查联上加盖，将货提回。到码头的提货手续与到车站提货稍有不同，即提货人事先在提货单上签名并加盖公章或附单位提货证明，到码头货运室取回货物运单，即可到指定库房提货。

提货时，应认真核对配件运单号、名称、收货单位和件数是否与运单相符，仔细检查包装等外观质量，如发现包装破损、缺少货件、受潮、油污、锈蚀、损坏等情况，应与承运部门一起查清，并开具文字记录，方能将货提回。

货到库后，运输人员应及时将运单连同提回的配件向保管员点交清楚，然后由保管员在仓库到货登记簿上签字，以示负责。

③ 到供货单位提货

仓库与供货单位同在一地时大多采用自提方式进货，订货合同规定自提的配件，应由仓库自备运输工具直接到供货单位提取。自提时付款手续一般与提货同时办理，所以应严格检查外观质量，点清数量。若情况允许，保管员最好随同前往，以便将提货与入库验收（数量和外观质量部分）结合进行。

（2）汽车配件的发运

汽车配件的发运，是配件仓库根据业务部门的配件发货单注明的发运方式或领货单位的委托，将配件通过物流公司承运到使用单位的一项经常性的业务。

仓库委托运输部门承运（简称托运）配件的目前大多采取铁路运输方式。

① 整车发运

凡一批配件按照它的重量或体积需要单独使用 30 吨以上的一辆或一辆以上的货车装运，或者虽然不能装满一车，但由于配件的性质、形状或运送条件等原因，必须单独使用货车装运时，都应以整车方式发运。

仓库有铁路专用线的，整车装载由仓库负责。

整车发运应根据批准的铁路运输计划进行，并填写好货物运单送交车站。货物运单是发货人和铁路部门共同完成配件运输任务而填制的，是具有运输契约性质的凭证。

车皮经由车站到达仓库后，应检查车种和载重量是否符合，车况是否完好，然后组织装车。装车时应注意以下几项。

a. 将重件大件装底层，轻件、小件、易碎品装上层；大箱大件装车边，小箱小件装中间。轻拿轻放，箭头标记向上，码垛稳固。装入车内的配件应当均匀地放置于车辆底板上，不能偏于一端或一侧。对于整装分卸的配件，应根据分卸到站的先后，分批装载，并做好明显标记，防止误卸、漏卸。使用棚车时，车门应不致因装货而影响开闭，为此，所装配件应与车门保持 30cm 以上的距离。

b. 使用敞车装运时，不得利用侧板作支撑跳板来装卸笨重配件。使用起重机作业要做到稳、准、轻，不要砸坏车皮侧板和车底板。箱与箱装配件之间应装载紧密，层层压缝，特别是两端应捆绑牢固，防止在车辆行驶中配件跌落。敞车中不要附装小包装的配件，以防丢失。装车完毕后盖以篷布，以防途中淋雨、雪而受潮。

c. 用平车装运时，应根据配件的性质、重量、形状、大小和重心位置，采用适当的加固材料和加固方法，防止配件发生纵、横向的位移。

d. 遵守车皮载重量、容积的规定，不得超载。服从铁路部门的规定：

• 30 吨车皮，可增载 2%，为 30.6 吨；
• 40 吨车皮，可增载 2 吨，再加 2%，为 42.8 吨；
• 50 吨车皮，可增载 3 吨，再加 2%；为 54 吨；
• 55 吨车皮，可增载 1 吨，为 56 吨；

• 60 吨车皮，可增载到 61.2 吨。如平车装运特殊货物，允许增载 10%；为 66 吨。

如违犯以上规定，发生行车事故，责任在装车单位。因此，装车时切忌超过载重量规定，以防发生事故。但也要注意尽量装足吨位，以提高车辆利用率，减少运费开支。因为整车配件运输以使用车辆标记载重量即最大容许载重量为计费重量（代用车皮除外），所以装足吨位是很重要的。

e. 装车完毕后，棚车应关好门窗，做好铅封，并通知车站挂车。

f. 为使收货单位做好接车准备，应及时用文件告知对方，必要时应派人押运。

g. 运输人员应于整车装运的当日或次日向车站索取货票并办理财务结算手续。

以上是仓库有铁路专用线时，整车发运由仓库负责的工作程序。

配件仓库无铁路专用线时，整车发运工作，由仓库按照铁路整车运输规定，向车站办理整车托运手续，在车站指定进货日期和装车地点后，及时把配件送到车站货场，并确定配件的件数和重量，向车站点交接，然后由车站组织装车和发运。

② 零担发运

一批配件的重量或体积不够整车的，按零担发运，零担发运是配件仓库主要的发货方式。零担发运的配件量小、批数多、流向分散、包装不一，工作较为复杂。仓库零担发运工作的程序是：

a. 接到业务主管部门的配件发货单后，及时按发货工作的要求，备货到指定地点，并拴挂或粘贴铁路运输货签（一般在两端各拴挂或粘贴一张），必要时在包装上还要写明到站和收货单位。

b. 按规定填写配件运单，报送车站，待批发货。

c. 接到车站发货通知后，对送站配件进行认真的核对：收货人、到站、件数、重量与配件运单填写是否一致；包装是否符合铁路运输要求。

d. 配件送到车站指定的地点后，向铁路货运员交货（交货中再次进行核对），然后取回运费收据，返回仓库后交财务部门结算。

e. 按规定格式填写“零担配件发运登记簿”，以备查考。

③ 包裹发运

配件铁路发运，除整车和零担方式外，还有包裹发运。包裹是指按铁路客运业务办理的某些需要急运的配件，这些配件随客车发运。包裹发运速度快，但运费比整车、零担的高，因此除少量紧急用配件外，一般较少采用。

通过邮电部门办理的邮件发运与铁路包裹相似。

3. 运输差错的处理

配件在运输过程中，有时会发生错发、混装、漏装、丢失、损坏、受潮、污损等差错事故。差错事故的发生，一般是由于发货单位或承运单位工作责任心不强所致。除了不可抗拒的自然灾害或配件本身性质引起的损失外，所有差错均应向责任单位提出索赔。

为了正确、及时地处理配件运输差错事故，便于查明原因，分清责任，而建立了差错事故记录和赔偿制度。

（1）货运记录

货运记录是表明承运单位负有责任，收货单位据以索赔的基本文件。配件在运输过程中发生以下情况，均填写货运记录：

① 配件名称、件数与运单记载不符；

② 配件被盗、丢失或损坏；

③ 配件污损、受潮、生锈、霉变或其他货损货差等。

记录必须在收货人卸车或提货前通过认真检查发现问题，经承运单位复查确认后，由承运单位填写交收货单位。

（2）普通记录

普通记录是承运单位开具的一般性证明文件，不具备索赔效力，仅作为收货单位向有关部门交涉处理的依据，遇有下列情况并发生货损货差时，填写普通记录。

① 铁路专用线自装自卸的配件；

② 货箱铅封印纹不清、不符或没按规定施封；

③ 施封的车门窗关闭不严或损坏；

④ 篷布苫盖不严，漏雨或其他异状；

⑤ 责任判明为供货单位的其他差错事故等。

上述情况发生，责任一般在发货单位，收货单位可持普通记录向发货单位交涉处理，必要时向发货单位提出索赔。

（3）索赔办法

收货单位持铁路部门开具的货运记录向车站安全室索取“赔偿要求书”，填好后连同货运记录、运单、货物发票副本（无副本可依样复制加盖财务公章）、货物验收记录或清单一并交至车站安全室，并取得“赔偿要求书收据”。受理车站对索赔单位提出的赔偿要求，应在60天内处理完毕。赔偿金额一般按配件实际损失情况计算，索赔流程如图6-4所示。

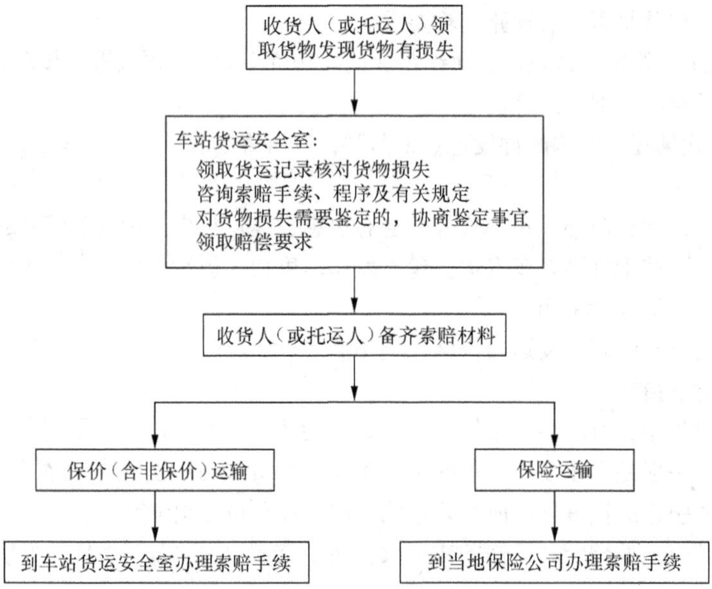

图6-4　配件运输差错索赔流程

收货单位向铁路部门提出赔偿要求的时限，是从货运记录编制之次日起，不超过180天。超过此时限，即视为放弃索赔权利，铁路部门不再受理。

任务二 | 汽车运输物流管理

一、汽车零部件供应物流概述

物流是为了满足消费者的需求，而从起点到终点的原材料、中间过程库存、最后产品和相关信息有效流动和储存计划实施管理和控制过程。

汽车物流是集运输、仓储、装卸搬运、包装、产品流通加工、配送及物流信息于一体的综合性管理，是沟通原材料和零部件供应商、汽车制造商、销售商和消费者的桥梁，是实现汽车从生产到消费环节的有机结合。

汽车物流按其所处不同环节可大体上分为零部件物流和整车物流。零部件物流按照零部件在汽车产业链上的流通顺序，又可将其分为汽车零部件供应物流、生产物流、零部件售后服务物流。

当前汽车行业普遍采用准时制生产方式（Just in Time，JIT）生产，因此汽车生产必须做好及时、准确的零部件供应。而第三方物流是汽车物流的必然选择。国内一些知名的第三方零部件供应物流企业，如安吉天地、长安民生等，已经成功地为国内很多的大型汽车制造企业进行了零部件供应，从供应链上降低了物流成本，为汽车制造企业和汽车零部件供应商带来了可观的经济效益。

汽车零部件供应物流是指为迎合汽车制造企业的需求将零部件及相关信息从供应商运送到汽车生产厂家，为了高效率、低成本流动和储存而进行的规划、实施和控制的过程，是集现代运输、存储、分拣排序、包装、产品流通及相关信息流、资金流于一体的综合管理。由于汽车制造企业所采取的是外协零部件、装配生产的模式，即一个整车或一个总成是由几个或几千个零部件组成，这些零部件大部分来自于国内零部件生产企业供应的国产件和国外进口的散装（CKD）件，因此汽车零部件供应物流体系是一个以汽车生产企业为主导，原材料厂商、零部件生产企业为供应商的供应链系统。

二、汽车零部件供应模式

1. 从物流主导方看

（1）供应商主导物流模式

零部件供应商接受汽车制造企业的采购订单后，与第三方物流公司签订物流服务合同，由第三方物流公司将零部件送到汽车制造企业工厂。汽车制造企业对第三方物流公司的物流改进需求，必须通过供应商再与第三方物流公司沟通，汽车制造企业没有物流控制能力。供应商主导物流模式如图 6-5 所示。

（2）第三方物流模式

第三方物流模式（见图 6-6）是近几年随着我国汽车市场的迅猛发展而逐步得到应用和推广的物流模式，其主要目的在于突出汽车制造企业的核心竞争力，降低零部件入厂物流成本，提升物流服务对制造的柔性配套能力。

（3）汽车制造企业主导物流模式

汽车制造企业主导物流模式主要体现在产业集群方面，从技术方面则体现在 Milk Run（循环取货，是指一辆卡车按照既定的路线和时间依次到不同的供应商处收取货物，同时卸下上一次收走货物的空容器，并最终将所有货物送到汽车整车生产商仓库或生产线的一种公路运输方式。）

上门取货与集并运输控制方面。在这种物流模式下，汽车制造企业与供应商签订的采购合同是离岸价格，即汽车制造工厂上门取货的价格，汽车制造企业大大增强了对零部件入厂物流过程的控制与物流成本的控制，营造了较好的物流环境。

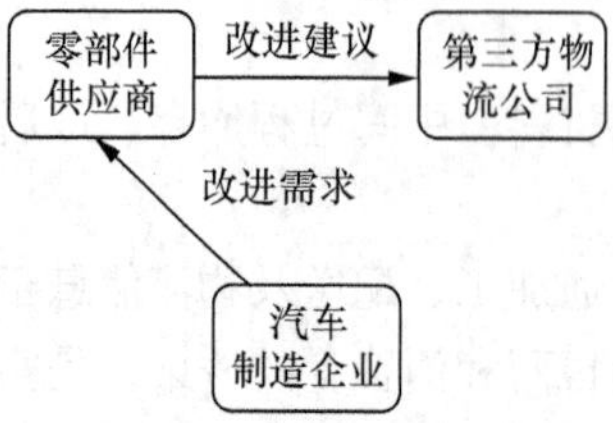

图 6-5　供应商主导物流模式

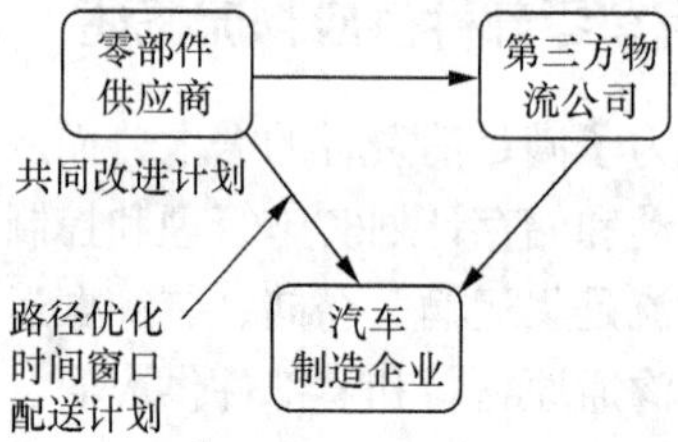

图 6-6　第三方物流模式

2．从物流需求方式的角度看

（1）推式物流模式（Push Logistics）

推式物流模式（生产计划推动）：零部件供应商—汽车制造企业物料计划—汽车制造企业生产计划—分销网络计划—客户需求。

在推式物流模式下，汽车制造企业的生产计划占有十分重要的地位。生产计划的编制更侧重于工厂的生产能力、上级任务指标和以往市场销售情况等。在生产计划编制完毕后，开始编制物料计划，并进行分解和组织供应商零部件。在这种物流模式下，一方面是可能造成成品汽车面临市场滞销后带来的成品库存积压的问题，另一方面也可能是供应商零部件的提前采购带来的库存积压问题，特别是采购周期长的远程供应商零部件和进口 KD 件。因此，这种物流模式带来的库存资金积压风险是很大的。

（2）拉式物流模式（Pull Logistics）

拉式物流模式（客户需求拉动）：客户需求—分销网络需求—汽车制造企业生产计划—汽车制造企业物料需求—零部件供应商。

在拉式物流模式下，生产计划更侧重于分销网络从客户那里获得的购买订单、市场销售预测等信息的处理和分析，然后结合工厂生产能力，编制物料需求计划和采购订单，这样就基本上形成了一个最终客户需求拉动生产、拉动物料、拉动物流的生产及物流模式。在基于拉式的零部件供应物流模式下，供应商的零部件必须按照汽车制造企业的实际消耗按需及时、准确地送达到汽车工厂，实现生产制造与成品车销售的“零库存”，这样就产生 JIT（Just in Time）配送的需求，也就产生了专业的汽车物流供应商。为汽车制造企业及其供应商提供专业的拉式物流解决方案，从而大大降低汽车制造企业的库存资金压力，提高了资金周转率，增强了企业的市场竞争力。这种以市场拉动生产、生产拉动物流的拉动物流模式，也是一种供应物流模式的发展趋势，已经成为越来越多汽车制造企业的物流优化方案。

3．从具体的供应物流运作方式看

（1）JIT（Just in Time）看板模式

这是一种从日本丰田汽车引进和推广而来的物料拉动模式。其基本原理就是用看板跟踪生产物料实际消耗情况，并根据消耗完毕的看板由物流人员进行拉动循环补料，尽量减少生产线边及库房物料积压。

（2）VMI（Vendor Management Inventory）仓储配送模式

这是目前汽车制造企业为了降低自身库存压力和市场风险，同时也是零部件供应商为了提高

JIT 供货能力采用的模式。由供应商在汽车制造企业附近租用库房，或使用统一由第三方物流管理的物流配送中心，通过供应商零部件的 JIT 仓储配送为制造企业生产提供物料上线服务。供应商的零部件在被送达汽车生产车间前的资产所有权仍归供应商。也就是说，在这种模式下，零部件在送达汽车生产车间之前，供应商对其零部件库存拥有管理权利。

三、汽车配件物流模式

汽车物流的核心在于配送，汽车行业物流配送的主要模式有市场配送模式、合作配送模式和自营配送模式，其中市场配送模式是我国汽车行业的主流配送模式。

1. 市场配送模式

所谓市场配送模式就是专业化物流配送中心和社会化配送中心，通过为一定市场范围的企业提供物流配送服务而获取赢利和自我发展的物流配送组织模式。具体又有两种情况：

（1）公用配送，即面向所有企业。保证汽车生产所需零部件按时、按量到达指定区域，形成适合我国国情的汽车物流配送；

（2）合同配送，即通过签订合同，为一家或数家企业提供长期服务。这是中国汽车行业使用最广泛的一种物流配送模式。

2. 合作配送模式

所谓合作配送模式是指若干企业由于共同的物流需求，在充分挖掘利用各企业现有物流资源基础上，联合创建配送组织模式。

3. 自营配送模式

所谓自营配送模式是指生产企业和连锁经营企业创建完全是为本企业的生产经营提供配送服务的组织模式。选择自营配送模式的企业自身物流具有一定的规模，可以满足配送中心建设发展的需要。例如，上汽集团自有的安吉物流，也具有一定的规模。但随着电子商务的发展，这种模式将会向其他模式转化。

四、汽车物流的供应链管理

供应链管理是一种集成的管理思想和方法，是对供应链中的物流、资金流、信息流、业务流等进行的计划、组织、协调、控制的一体化管理过程。

供应链管理主要通过控制和协调供应链节点企业的行为方式，达到降低系统成本、提高产品质量、改善服务水平等目的，从而全面提高整个供应链系统的综合竞争力。

供应链管理要求汽车企业对整个供应链流程进行整合，通过汽车物流的功能整合、过程整合和资源整合来全面整合汽车供应链。汽车物流是以汽车制造商为中心，即以产品的生产制造和市场营销为主线，以相关信息流来协助供应商和客户行为的协作型竞争体系或市场竞争共同体，体现了汽车企业与顾客和供应商相联系的能力。利用物流管理，可以使产品在有效的供应链内迅速移动，使供应链节点企业获益。核心制造企业通过与物流公司、供应商、经销商建立战略伙伴关系，实现了从原材料采购到产品完成整个过程的各种资源计划与控制。企业各种资源的计划与控制通过信息系统集成，形成企业内、外部各业务系统间通畅的信息流，通过采购与上游供应商连接，通过 CRM（客户关系管理）与下游分销商和客户连接，促进整个供应链物流渠道的畅通，提高整个供应链的效率。

我国现行的主体汽车物流模式是供产销一体化的自营物流，即汽车产品原材料、零部件、辅助材料等的购进物流、汽车产品的制造物流与分销物流等物流活动全部由汽车制造企业完成。制造企业既是汽车生产活动的组织者、实施操作者，又是企业物流活动的组织者与实施者。

五、电子商务下的物流配送

1．电子商务概述

电子商务物流配送是指物流配送企业采用网络化的计算机技术和现代化的硬件设备、软件系统及先进的管理手段，针对客户的需求，根据用户的订货要求，进行一系列分类、编码、整理、配货等理货工作，按照约定的时间和地点将确定数量和规格要求的商品传递到用户的活动及过程。

随着科技技术的飞速发展，互联网、物联网等新兴技术极大地推动了电子商务以及电子商务物流的快速发展，传统的经营方式及物流服务已经远不能满足商品交易的需要。物流企业利用信息技术开展电子商务物流，势必会促使“四流”进一步的融合，从而提升企业的竞争优势。电子商务物流不是简单的物流运输加电子商务应用，它集电子商务企业、物流企业、信息技术企业的优势于一体，建立一套科学的电子商务物流服务质量评价体系，以此来更好地引导和促进物流业的发展。电子商务作为一种新的数字化商务方式，代表未来的贸易、消费和服务方式,因此，要完善整体商务环境，就需要打破原有工业的传统体系，发展建立以商品代理和配送为主要特征，物流、商流、信息流有机结合的社会化物流配送体系。

2．电子商务物流特点

（1）信息化

电子商务时代，物流信息化是电子商务的必然要求。物流信息化表现为物流信息的商品化、物流信息收集的数据库化和代码化、物流信息处理的电子化和计算机化、物流信息传递的标准化和实时化、物流信息存储的数字化等。因此，条码技术（BarCode）、数据库技术（Database）、电子定货系统（Electronic Ordering System，EOS）、电子数据交换（Electronic Data Interchange，EDI）、快速反应（Quick Response，QR）及有效的客户反映（Effective Customer Response，ECR）、企业资源计划（Enterprise Resource Planning，ERP）等技术与观念在中国的物流行业将会得到普遍的应用。信息化是一切的基础，没有物流的信息化，任何先进的技术设备都不可能应用于物流领域，信息技术及计算机技术在物流中的应用将会彻底改变世界物流的面貌。

（2）网络化

物流领域网络化的基础也是信息化，是电子商务下物流活动的主要特征之一。这里指的网络化有两层含义：一是物流配送系统的计算机通信网络，包括物流配送中心与供应商或制造商的联系要通过计算机网络，另外与下游顾客之间的联系也要通过计算机网络通信。比如物流配送中心向供应商提出定单这个过程，就可以使用计算机通信方式，借助于增值网（Value-Added Network，VAN）上的电子订货系统（EOS）和电子数据交换技术（EDI）来自动实现，物流配送中心通过计算机网络收集下游客户的订货的过程也可以自动完成；二是组织的网络化，即所谓的企业内部网（Intranet）。比如，我国台湾地区的电脑业在20世纪90年代创造出了“全球运筹式产销模式”，这种模式的基本点是按照客户定单组织生产，生产采取分散形式，即将全世界的电脑资源都利用起来，采取外包的形式将一台电脑的所有零部件、元器件、芯片外包给世界各地的制造商去生产，然后通过全球的物流网络将这些零部件、元器件和芯片发往同一个物流配送中心进行组装，由该物流配送中心将组装的电脑迅速发给订户。这一过程需要有高效的物流网络支持，当然物流网络的基础是信息、电脑网络。

（3）全球化

全球化战略的趋势，使物流企业和生产企业更紧密地联系在一起，形成了社会大分工。在电子商务环境下，由于全球经济的一体化趋势，当前的物流业正向全球化、信息化、一体化发展。

3．电子商务物流配送特征

（1）虚拟性

电子商务物流配送的虚拟性来源于网络的虚拟性。通过借助现代计算机技术，配送活动已由过去的实体空间拓展到了虚拟网络空间，实体作业节点可以虚拟信息节点的形式表现出来；实体配送活动的各项职能和功能可在计算机上进行仿真模拟，通过虚拟配送，找到实体配送中存在的不合理现象，从而进行组合优化，最终实现实体配送过程达到效率最高、费用最少、距离最短、时间最少的目标。

（2）实时性

虚拟性的特性不仅能够有助于辅助决策，让决策者获得高效的决策信息支持，还可以实现对配送过程的实时管理。配送要素数字化、代码化之后，突破了时空制约，配送业务运营商与客户均可通过共享信息平台获取相应配送信息，从而最大限度地减少各方之间的信息不对称，有效地缩小了配送活动过程中的运作不确定性与环节间的衔接不确定性，打破以往配送途中的“失控”状态，做到全程的“监控配送”。

（3）个性化

个性化配送是电子商务物流配送的重要特性之一。作为“末端运输”的配送服务，所面对的市场需求是“多品种、少批量、多批次、短周期”，小规模的频繁配送将导致配送企业的成本增加，这就必须寻求新的利润增长点，而个性化配送正是这样一个开采不尽的“利润源泉”。电子商务物流配送的个性化体现为“配”的个性化和“送”的个性化。“配”的个性化主要指通过配送企业在流通节点（配送中心）根据客户的指令对配送对象进行个性化流通加工，从而增加产品的附加价值；“送”的个性化主要是指依据客户要求的配送习惯、喜好的配送方式等为每一位客户制定量体裁衣式的配送方案。

（4）增值性

除了传统的分拣、备货、配货、加工、包装、送货等作业以外，电子商务物流配送的功能还向上游延伸到市场调研与预测、采购及订单处理，向下延伸到物流咨询、物流方案的选择和规划，库存控制决策，物流教育与培训等附加功能，从而为客户提供具有更多增值性的物流服务。

项目拓展

丰田汽车公司零部件精益供应链管理

一、供应链的基本结构

丰田汽车公司通过多年的努力，以其产品的高品质、低成本、低油耗的优势打进美国等发达国家的市场，而且形成了相当大的竞争优势，它的成功不在于它采用的生产制造技术，而在于在生产组织和管理上采取了一系列先进的生产经营理念、管理模式、组织体系、管理技术和方法以及推行了良好的企业文化，被世人称为“丰田生产方式（TOYOTA Production System，TPS）”又被称作“精益生产（LPS）”，还被称为“准时生产制（JIT）”。从这些名称上就不难看出，车辆生产管理与零件的采购是其中起到最关键作用的一环。它是实体工厂生产的前工程，是降低汽车生产成本的捷径。供应链既包括物资流成分，也包括运营和计划流程。

二、物资流

供应商生产零件，并通过物流站将其运送至装配工厂。在装配工厂，车辆在车身装配区成形，然后运向喷漆区，再经过装配区，最后进行质量检查。生产完成后，成品车就通过出厂运送到经销商处。

1．零库存

“零库存”作为一种物流管理理念，并不是指实际库存为零，而真正含义是没有多余的库存。

丰田汽车的供应链管理模式来源于丰田生产方式（TPS），TPS 是一种精益生产方式，即将必要的产品，在必要的时间，生产出必要的数量。可以说，TPS 成就了今日的丰田。

这种由订单和需求驱动的生产方式，致力于通过消除供应链上下游一切形式的浪费，包括订单处理的浪费、运输的浪费、谈判的浪费、库存的浪费，以及零部件质量不合格或是交货期不准所产生的浪费等，以达到降低成本的最终目的。TPS 一改传统生产方式下大而全、小而全的特点，建立了一条由核心企业主导并统领的精益化供应链，供应链企业之间深入合作、优势互补，互为战略联盟。其优势显而易见：一方面可以确保零部件与整车高度匹配；另一方面也便于丰田汽车控制零部件成本。

丰田精益生产方式所要求的精益供应链体系，能够实现生产数量和交货时间的精准性。

与此同时，准确的数量和交货时间控制，也帮助丰田汽车实现“零库存”。“零库存”是 TPS 中的核心物流理念之一。

2．平整化

TPS 中的另一个核心物流理念是“平整化”。无论是丰田的生产订单，还是物流运输，都要尽量实现平整化。在丰田，订单会转换成平整性的生产计划。例如，对于一个两辆白色、四辆红色、八辆黑色皇冠车的一批订单，在生产计划中并不是按照不同颜色排产，而是按照一辆白色、两辆红色、四辆黑色皇冠车的间隔顺序来安排生产。这样就能够使上下游供应商、物流商的工作实现平整化。

三、供应商

供应商提供数以千计的汽车零部件用来组装汽车。这些零部件由上百家供应商通过工厂外物流运抵工厂。第一阶段包括一级供应商，这些供应商制造零部件，并直接把零部件运输至装配工厂。供应商也有自己的上级供应商，上级供应商还有自己的供应商，于是供应链就出现多个层级，如第一级、第二级、第三级等。因此，汽车装配工厂的输入供应链是非常复杂的。此外，由于供应商所处地理位置不同，每个供应商提供的零部件到达装配工厂的时间会相差很久。当地供应商可能只要 1～2 天就能送货到装配工厂，而海外供应商则要在运输途中耗费好几周时间。

四、输入物流

供应商零件完成生产后，就要把零件运往装配工厂。很多供应商把零件运输向装配工厂的过程称为“输入物流”。在丰田，零件会以两种方式发货。当火车一到达生产工厂的车站，货物就被卸载到货车上，并运往装配码头，从日本来的海外零件通过海运，再通过铁路运输到达当地装配厂。为生产满足顾客需要的高品质汽车，丰田汽车公司的零部件采购遵循如下 3 个原则：

（1）实行开放公平的竞争，采取全球采购战略；

（2）建立长期稳定、相互依赖和互惠互利的合作关系；

（3）成为优秀企业市民，积极推进海外整车的现地化生产，优先选择当地的零部件供应商。

当地零件在北美生产，并通过协议物流公司的货车运输。丰田全权负责供应商提货和运输至工厂的整个过程。丰田公司的“准时到货”理念，对零件库存输入物流的可靠性有非常高的要求。丰田将供应商根据相邻地区分组，零件所在供应商的地理位置决定了货车路线，随后，零件又被运到地区性的交叉转运处。为了提高效率，同一辆货车不仅从多级供应商那里提取零件，而且要根据供应商要求运送至指定的丰田工厂。

一旦货车到达交叉转运处，零件就会被卸载，并准备运往各个装配工厂。随后，零件又被装上货车，直接运送到每个工厂。货车根据生产进程在工厂卸载。如果工厂按时间表运行，货车最多只能在工厂等待几小时。零件被卸载后，货车会再装上可重复利用的空集装箱。这些可回收集装箱通过交叉转运处储备，再回收到供应商那里，以备未来装箱再利用。

五、生产

经过数百家供应商提供零件后，整车在最后一个装配厂完成生产。典型的装配工厂至少有一个独立生产线，用来安装整车。工厂再被细分到生产区域。汽车就是在车身生产区完成生产的，这也是车身和框架的生产区域。车身部分在冲压区完成冲压。车身组装完成后，汽车被送到喷漆区域，进行车身外部喷漆。

汽车喷漆完成后，就下生产线进行最后组装。此时，大部分供应商提供的零件都已经装配完毕。每个零件被分配到指定生产线，这样，每个零件都可以从不同的中转站直接运送到生产线，供应商会在各零件上贴上生产线所在地的编码标识。整车装配完成后，会被装满汽油，就此正式下线。但直到此时，整个流程尚未完全结束，因为汽车还需要经过质检步骤，保证最后检测合格。当车辆完成最后检测，就真正开始了从工厂向经销商运输的过程。

六、输出物流

装配厂生产的成车必须被运送至各经销商处。整个过程被称为“输出物流”。在美国，汽车都用两种方式运输：火车和货车。由于运输距离较长，因此车辆运输的过程中有75%的路程是通过火车来运送的，然后再由货车转运至经销商处。直接由货车运至经销商处的运输只占25%，而这类经销商往往位于离工厂两三天车程的地方。在欧洲，大部分汽车是由货车运输的；当运输路线横跨大块水域时还需要依赖船运。

一般的装配厂在丰田，这些厂地被称为“编组场”。有两种铁路车用于轨道运输：Bi级与Tri级。Bi级表示用双层汽车物流用车，Tri级表示三层汽车物流用车。Bi级的铁路车的装载能力相当于9~10辆车的装载能力；Tri级的铁路车的装载能力相当于14~15辆车的装载能力。因此，根据目的地和铁路车的装载能力，汽车会进行相应排列。

七、经销商

由于经销商们直接面对丰田公司和客户，他们在供应链中占据了重要地位，负责把生产商的汽车销售给客户。

一旦汽车售出，经销商必须“准备”汽车发货。这通常意味着，经销商需要组装轮胎表层，清洗汽车，为油箱加满油，进行测试，保证汽车没有任何瑕疵。此外，经销商必须准备相应文件。发货时，经销商必须指导客户如何操作不同形态的汽车，完成文件工作，接收车款，走财务流程，有时还要安排换购汽车的事务。

丰田供应链的措施主要集中在3个关键领域：协作规划、协作设计、透明度，丰田的供应商在新产品规划的时候就参与进来，这样就能确保尽早解决工程问题，缩短更新和引入设备的时间。供应商也可以了解丰田的生产调度计划，从而使他们调整生产计划，减少整个供应链的过多库存，也给双方带来回报。

项目实训工单

项目名称	汽车配件的物流配送管理	班　级		日　期	
学生姓名		学　号		项目成绩	
项目载体	配件实训室，汽车营销企业			老师签字	
项目目标	1. 了解汽车配件运输方式 2. 了解汽车配件物流管理内容 3. 熟悉汽车配件供应链设计 4. 能够按照任务描述完成工作任务				

一、资讯

1. 填空

（1）汽车配件的运输方式主要有________、________、________、________、________。

（2）配件接运有________、________、________几种方式。

（3）电子商务物流特点________、________、________。

（4）汽车配件的验收内容________、________、________。

2. 论述

（1）汽车配件运输方式的选择因素

（2）汽车零部件供应模式

二、计划与决策

人员分工 每组 4～5 人	工具、材料、仪器	实施计划
组长： 组员：		

三、项目实施

在汽车实训室完成下列任务。

完成工作任务一：运输单证的规范填写。

完成工作任务二：调研所在城市汽车配件营销状况，规划适合汽车与配件运行的物流中心。

续表

四、项目检查 1. 专业能力 在本项目中，你学到了哪些汽车配件知识，相关任务完成是否满意？ 2. 个人能力 通过本项目的学习，你学会了哪些技能，提高了哪些方面的职业能力和职业素质（团队精神、安全环保、社会责任等方面）？ 3. 方法能力 通过本项目的学习与描述，你认为在工作过程中应提高哪些工作方法或学习方法？
五、项目评估

个人评估	等级 A B C D	说明：
小组评估	等级 A B C D	说明：
老师评估	等级 A B C D	说明：

项目七
汽车配件的仓储管理

项目目标

知识目标

了解仓储管理的概念、作用与任务；

熟悉汽车配件入库程序及要求；

了解汽车配件仓储管理要求。

能力目标

掌握汽车配件的货位编号方法及特殊汽车配件安全管理技术要求。

情感目标

按规范进行汽车配件仓储管理，提高个人的专业素养，防止意外事故的发生。

项目描述

作为配件管理员，在汽车配件仓储管理中，按规范要求进行仓库盘存是减少配件损耗的基础。请你结合“三包法规”的实施，按要求对汽车配件仓库进行规范盘存及仓储安全管理。

课时计划

任务	项目内容	参考课时		
		教学课时	实训课时	合计
汽车配件的仓储管理	仓储管理基础知识	1	—	1
	汽车配件入库管理	1	—	1
	汽车配件仓库布置	1	—	1
	汽车配件的储存、养护及管理	0.5	2	2.5
	汽车配件出库管理	0.5	—	0.5
	汽车配件计算机管理系统	2	4	6
合计		6	6	12

任务一 仓储管理基础知识

为了顺利地进行配件仓库作业活动，使人、设备和物资三要素协调配合，减少失误、保证配件安全储存，保持企业资金的正常流动及日常工作的正常运行而进行的一系列管理活动，称作仓储管理。

仓储管理的目标是要以最少的劳动力、最快的速度、最低的费用取得最佳的经济效益。它是汽车配件销售企业和汽车维修企业管理的重要组成部分，是提高客户满意度与市场占有率，达到保质、保量、安全、低耗地完成仓储管理的各项工作和任务，提高汽车配件销售和汽车维修质量的基础。

1．汽车配件仓储管理的作用

（1）保证汽车配件使用价值的重要手段

汽车配件经营企业的仓储管理是服务于用户，为企业创造经济效益的基础。仓库管理的好坏，是汽车配件能否保持使用价值的关键因素之一。严格按照规定加强对配件的科学管理，就能保持其原有的使用价值，否则，就会造成配件的锈蚀、霉变或残损，使其部分甚至是全部失去使用价值。所以加强仓库的科学管理，提高保管质量，是保证所储存的汽车配件价值的重要手段。

（2）汽车配件销售企业为用户服务的重要内容

用户需要各种类型的汽车配件，汽车配件经营企业在为用户服务的过程中，要做大量的工作，最后一道工序就是要通过仓库管理员，将用户所需的配件交给用户，满足用户的需求，以实现企业服务用户的宗旨。

（3）保证汽车配件的使用价值与经济价值

通过科学化、专业化的仓储管理，使汽车配件达到保质、保量、环保、安全、低耗的要求。

2．仓储管理的任务

仓库管理的基本任务，就是做好汽车配件的进库、保管和出库，在具体工作中，要求做到保质、保量、及时、低耗、安全地完成仓库工作的各项任务，并节省保管费用。

（1）保质

保质就是要保持库存配件原有的使用价值，为此，必须加强仓库的科学管理。在配件入库和出库的过程中，要严格把关，凡是质量问题或其包装不合规定的，一律不准入库和出库；对库存配件，要进行定期检查和抽查，凡是需要进行保养的配件，一定要及时进行保养，以保证库存配件的质量随时处于良好状态。

（2）保量

保量指仓库保管按照科学的储存原则，实现最大的库存量。在汽车配件保管过程中，变动因素较多，如配件的型号、规格、品种繁多，批次不同，数量不一，长短不齐，包装有好有坏，进出频繁且不均衡，性能不同的配件的保管要求不一致等。库存配件要按不同的方法分类存放，既要保证配件方便进出库，又要保证仓库的存储量，这就要求仓库管理员进行科学合理的规划，充分利用有限的空间，提高仓库容量的利用率。

同时要加强对配件的动态管理。配件在入库和出库过程中，要严格执行交接点验制度，不但要保证其质量好，而且要保证数量准确无误。对库存配件，一定要坚持“有动核对，日清月结”，定期盘存，认真查实，随时做到库存配件账、卡、物三相符。

（3）及时

在保证工作质量的前提下，汽车配件在入库和出库的各个环节中，都要体现一个“快”字。

入库验收过程中，要加快接货、验收、入库的速度；保管过程中，要安排好便于配件进出库的场地和空间，规划好货位和垛型，为快进快出提供便利条件；出库过程中，组织足够的备货力量，安排好转运装卸设备，为出库创造有利条件。对一切烦琐的，可要可不要的手续要尽量简化，要千方百计压缩配件和单据在库的停留时间，以加快资金周转，提高经济效益。

（4）低耗

低耗指将配件在保管期间的损耗降到最低限度。配件在入库前，由于制造或运输、中转单位的原因，可能会发生损耗或短缺，所以应严格进行入库验收把关，剔除残次品，发现数量短缺，要做好验收记录，明确损耗或短缺责任，以便为降低保管期间的配件损耗或短缺创造条件。配件入库后，要采取有效措施，如装卸搬运作业时，要防止野蛮装卸，爱护包装，包装损坏了要尽量维修或者更换；正确堆码苫垫，合理选择垛型及堆码高度，防止压力不均倒垛或挤压坏产品及包装。对上架产品，要正确选择货架及货位。散失产品应尽量回收，以减少损失，千方百计降低库存损耗。同时要制定各种产品保管损耗定额，限制超定额损耗，把保管期间的损耗减到最低限度。

（5）安全

安全指做好防火、防盗、防霉变残损以及防工伤事故，防自然灾害等工作，确保配件、设备和人身安全。

（6）节省费用

节省费用指节省配件的进库费、保管费、出库费等成本。为达到这些目的，必须加强仓库的科学管理，挖掘现有仓库和设备的潜力，提高劳动生产率，把仓库的一切费用成本降到最低水平。

任务二 | 汽车配件入库管理

汽车配件入库是物资存储活动的开始，是仓库业务管理的重要阶段。

一、接运

接运是指配件仓库向承运部门或供货地点提取配件的工作。配件接运根据到货地点不同分为专线接运、供货单位提货和车站、码头提货等。

（1）专线接运：建有铁路专用线的仓库，具备足够的装卸车能力。

（2）供货单位提货：仓库与供货单位同在一地点时，采用的自提货方式进货，若订货合同规定自提的配件，应有仓库自备运输用具直接到单位提取。

（3）车站、码头提货：采用的自提货方式进货，仓库自备运输用具提取。

二、验收

配件入库前，必须进行严格的验收工作。准确、及时地验收，要求仓库管理人员熟悉验收资料，准备验收所需要的工具和人力。验收程序如图 7-1 所示。

1. 验收资料及手续的准备

根据入库凭证（产品入库单、收料单、调拨单、退货通知单）规定的型号、品名、规格、产地、数量等各项内容进行验收；参照技术检验开箱的比例，结合实际情况，确定开箱验收的数量。

根据国家对产品质量要求的标准进行验收。

2. 验收的要求及核对资料

核对将要入库的零配件资料要求如下所述。

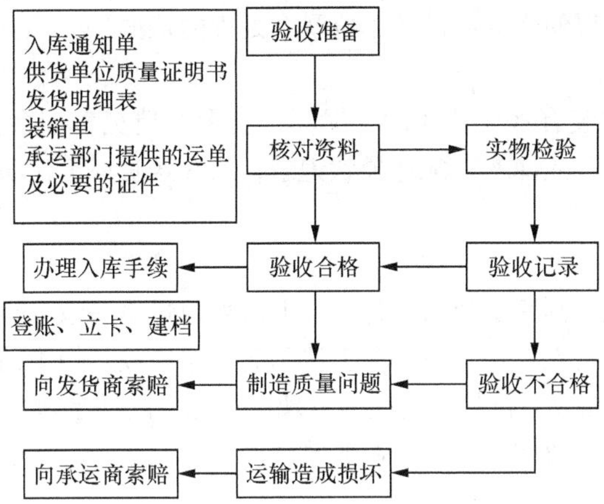

图 7-1 汽车配件验收流程

（1）及时：验收要及时，以便尽快建卡、立账、销售，这样就可以减少配件在库停留时间，缩短流转周期，加速资金周转，提高企业经济效益。

（2）准确：配件入库应根据入库单所列内容与实物逐项核对，同时对配件外观和包装认真检查，以保证入库配件数量准确，防止以少报多或张冠李戴的配件混进仓库。

（3）查验：如发现有霉变、腐蚀、渗漏、虫蛀 、鼠咬、变色、油污和包装潮湿等异状的汽车配件，要查清原因，做好记录，及时处理，以免扩大损失。

要严格实行“一货一单”制，按“入库单收货，单货同行，防止无单”进仓。

3．数量及质量检验

数量验收是基础的入库要求，保证单、物数量的一致。质量验收是保证配件质量的关键步骤之一，需要验收人员掌握一定的技术并注意总结经验。

4．关于验收工作中发现问题的处理

在汽车配件入库验收中发现的数量、质量或包装的问题都应按规定如实做好记录，交接双方或有关人员签字后根据情况分别处理。

（1）单货不符或单证不全

① 汽车配件串库。汽车配件串库是指送往其他仓库的汽车配件混进本库而形成的单货不符。对此，应如实签收，将错送的汽车配件清出，当即退回；如是在签收后，堆码、验收中发现串库的汽车配件，应及时通知送货人办理退货手续，同时更正单据。

② 有货无单。有货无单指货物到库而随货同行凭证未到。对这种情况，应安排场所暂时存放，及时联系，待单证到齐再点验入库。

③ 有单无货。存货单位预先将入库单送来仓库，但经过一定时期，仍未来货，形成有单无货，应及时查明原因，将单退回注销。

④ 货未到齐。由于运输途中甩货或批次转运混乱，造成同一批汽车配件不能同时到齐。对此，则应分单签收。

⑤ 细数、规格不符。入库汽车配件在开箱、拆包验收中发现品名、规格、牌号、产地等与入库单所列不符，仓库应与存货单位联系或提出查询处理。

（2）质量问题

质量问题包括汽车配件异状、残损、变质等。在接货时发现的质量问题，应会同交通运输部门清查点验，并由运输部门编制商务记录或出具证明书，以便按章索赔。如确认责任不在运输部门，也应做出普通记录，以便作为向供货单位联系处理的依据。

（3）包装问题

在清点大数时发现包装有水渍、油污、损坏、变形等情况，应会同送货人开包检查内部细数和质量，并由送货人出具入库汽车配件异状记录，或在送货单上注明，并同时通知保管员另行堆放。

（4）数量不符

数量不符是指汽车配件到库实数与随行单证上所列数量不一致，有件数不符和细数不符两种情况。件数不符，应由收货人在送货单各联上注明后按实签收，短少的品名、规格、数量，应通知运输人员及供货单位；细数不符是开包检验发现汽车配件的溢余短少或者规格不符，对此情况，应如实签收，注明情况，并通知发货方和业务单位。

三、入库程序

入库验收包括数量和质量两个方面的验收。

数量验收是整个入库验收工作中的重要组成部分，是搞好保管工作的前提。库存配件的数量是否准确，在一定程度上是与入库验收的准确程度分不开的。配件在流转的各个环节都存在质量验收问题。

入库的质量验收，就是保管员利用自己掌握的技术和在实践中总结出来的经验，对入库配件的质量进行检查验收。

1. 清点验收大件

仓库保管员接到进货员、技术检验人员或工厂送货人员送来的配件后，要根据入库单所列的收货单位、品名、规格、型号、等级、产地、单价、数量等各项内容，逐项进行认真查对、验收，并根据入库配件的数量、性能、特点、形状、体积，安排适当的货位，确定堆码方式。

2. 核对包装

在点清大件后，对包装物上的商品标志和运输标志，要与入库单进行核对。只有在实物、商品和运输标志、入库凭证相符时，方能入库。

同时，对包装物是否合乎保管、运输的要求要进行检查验收，经过核对检查，如果发现发票与实物不符或包装有破损异状时，应将其单独存放，并协调有关人员查明情况，妥善处理。

3. 开箱点验

凡是出厂原包装的产品，一般开箱点验的数量为5%～10%。

如果发现包装含量不符或外观质量有明显问题时，可以不受上述比例的限制，适当增加开箱检验的比例，直至全部开箱；新产品入库，也不受比例限制。

对数量不多且价值很高的汽车配件，非生产厂原包装的或拼箱的汽车配件，国外进口汽车配件，包装损坏、异状的汽车配件等，必须全部开箱点验，并按入库单所列内容进行核对验收，同时还要查验合格证。

经全部查验无误后，才能入库。

4. 过磅称重

凡是需要称重的物资，一律过磅称重，并要记好重量，以便计算、核对。

5. 归堆建卡

配件归堆，要根据性能特点，安排适当货位。归堆时一般按五五堆码原则，即五五成行、五五成垛、五五成层、五五成串、五五成捆的要求，排好垛底，并与前、后、左、右的垛堆保持适当的距离，批量大的，可以另设垛堆，但必须整数存放，标明数量，以便查对。建卡时，注明分堆寄存位置和数量，同时在分堆处建立分卡。

6．上账退单

仓库账务管理人员，根据进货单和仓库保管员安排的库、架、排、号，以及签收的实收数量，逐笔逐项与财务部门核对，作为业务部门登录商品账和财务部门冲账的依据。

任务三 汽车配件仓库布置

一、汽车配件仓库布置的要求

1．要适应仓储企业生产流程，有利于仓储企业生产正常进行

（1）单一的物流方向。仓库内商品的卸车、验收、存放地点之间的安排，必须适应仓储生产流程，按一个方向流动。

（2）最短的运距。应尽量减少迂回运输，专运线的布置应在库区中部，并根据作业方式、仓储商品品种、地理条件等，合理安排库房、专运线与主干道的相对位置。

（3）最少的装卸环节。减少在库商品的装卸搬运次数和环节，商品的卸车、验收、堆码作业最好一次完成。

（4）最大地利用空间。仓库总平面布置是立体设计，应有利于商品的合理储存和充分利用库容。

2．有利于提高仓储经济效益

（1）要因地制宜。充分考虑地形、地质条件，满足商品运输和存放上的要求，并能保证仓容充分利用。

（2）平面布置应与竖向布置相适应。所谓竖向布置是指建设场地平面布局中每个因素，如库房、货场、专运线、道路、排水、供电、站台等，在地面标高线上的相互位置。

（3）总平面布置应能充分、合理地利用我国目前普遍使用的门式、桥式起重机一类的固定设备，合理配置这类设备的数量和位置，并注意与其他设备的配套，便于开展机械化作业。

3．有利于保证安全生产和文明生产

（1）库内各区域间、各建筑物间，应根据“建筑物设计防火规范”的有关规定，留有一定的防护间距，并有防火、防盗等安全设施，经过消防部门和其他管理部门验收。

（2）总平面布置应符合卫生和环境要求，既满足库房的通风、日照等，又要考虑环境绿化、文明生产，有利于增进职工的身体健康。

二、汽车配件仓库的构成

1．仓库结构分类

（1）平房仓库。平房仓库一般构造简单、建筑费用低，适于人工操作，如图 7-2 所示。

（2）楼房仓库。楼房仓库是指二层楼以上的仓库，它可以减少占用面积，出入库作业则多采用机械化或半机械化作业。

（3）货架仓库

采用钢结构货架储存货物，通过各种输送机、水平搬运车辆、叉车、堆垛机进行机械化作业，如图 7-3 所示。按货架的层数又可分为低层货架仓库（货物堆放层数不大于 10 层）和高层货架仓

库（货物堆放层数为 10 层以上）。

图 7-2　汽车配件平房仓库

图 7-3　汽车配件货架仓库

2．仓库的空间布局

仓库的布局是指一个仓库的各个组成部分，如库房、货棚、货场、辅助建筑物、库内道路、附属固定设备等，在规定的范围进行平面和立体的全面合理安排。

3．汽车配件仓库的构成

一个配件仓库通常由货架区（配件存储区）、配件卸货区和行政管理区三大部分组成，如图 7-4 所示。

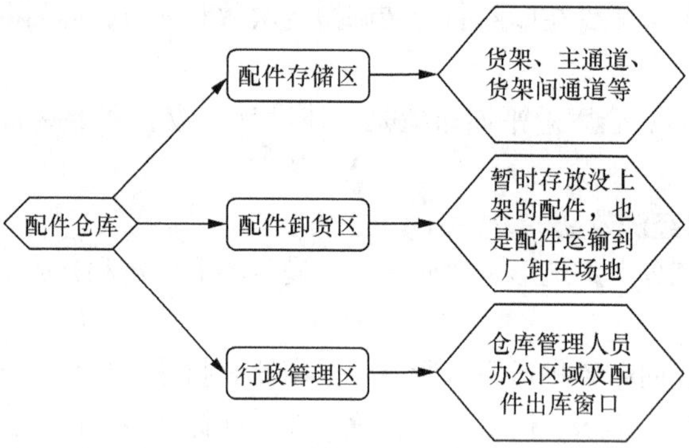

图 7-4　汽车配件仓库结构

（1）配件存储区。配件存储区是储存保管配件的场所，具体分为货架、主通道、货架间通道。

货架是汽车配件放置的基础设施，可存放配件，同时还起着配件的周转和调剂、出入库作业等作用，如图 7-5 所示。

仓库内至少设一个主通道（专运线）。主通道能清楚地从一端看到另一端，如图 7-6 所示，正对着仓库的大门，保证 2m 的宽度。因为零部件的数量很多，进货与出货的时候，有可能需要利用叉车进行运送，库房常用设备如图 7-7 所示。过道标牌如图 7-8 所示。

图 7-5　货架

图 7-6　仓库主通道

(a) 手动叉车　(b) 平板推车　(c) 可移动梯子

图 7-7　库房常用设备

在货架之间要设有货架间通道，也称辅助通道。货架间通道要保证 1.2m 的宽度。因为在配件的入库与出库的时候，要用到手推车，其宽度要能够保证手推车可以在两货架之间掉头，如图 7-9 所示。

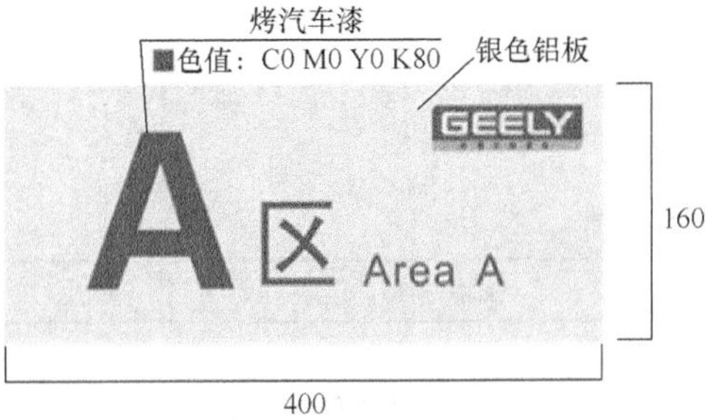

图 7–8　库房过道标牌

图 7–9　库房货架间通道

（2）配件卸货区。配件卸货区（见图 7-10）是供配件运输车辆装卸配件的场地，为利于仓储配件的入库，卸货区一般设在仓库大门的一侧，便于运送配件的车辆停靠。卸货区要求有一定大小的空间，用于配件卸货而未入库上架前暂时的堆放，高度和宽度应根据运输工具和作业方式而定。

图 7-10　配件卸货区

（3）行政管理区。行政管理区是仓库行政管理机构区域。对于汽车配件存储仓库而言，行政区一般设在仓库与维修车间衔接的地方，是业务接洽和管理的办公区域及仓库对维修车间发货的窗口，主要设有仓库前台和配件管理主管办公室。

货架区（配件存储区）、配件卸货区和行政管理区在仓库中的合理设计，能有效地利用空间位置，图 7-11 为常见的仓库平面设计图。

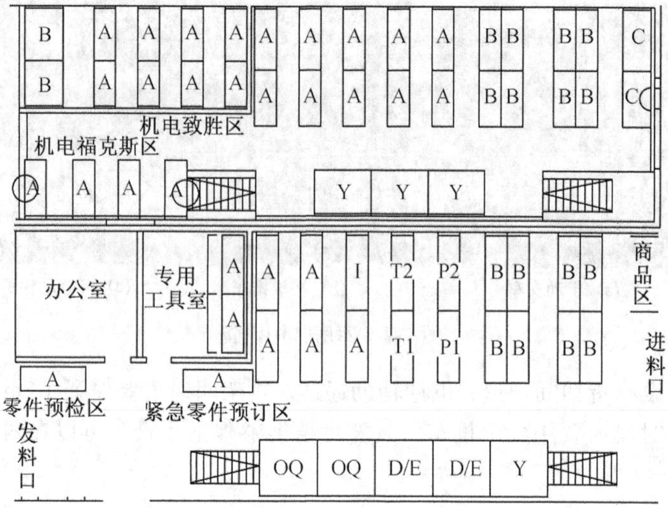

图 7-11　仓库平面设计图

4．汽车配件存储区的布局

其图形示列及优缺点见表 7-1。

表 7-1　　汽车配件存储区的布局

名称	图形示例	优点	缺点
横列式布局	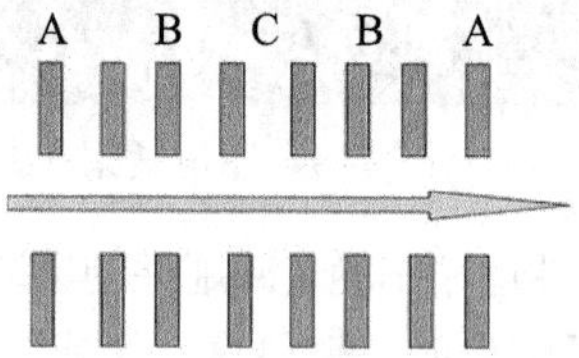	整齐美观，查点、存取方便；通风和自然采光良好；便于机械化作业	主通道占地多，利用率低
纵列式布局	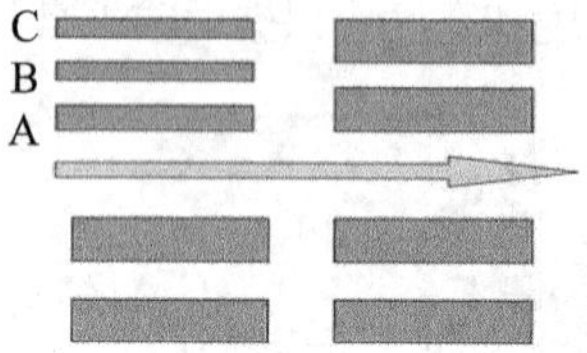	仓库面积利用率高	存取不便；通风和自然采光不良
纵横式布局	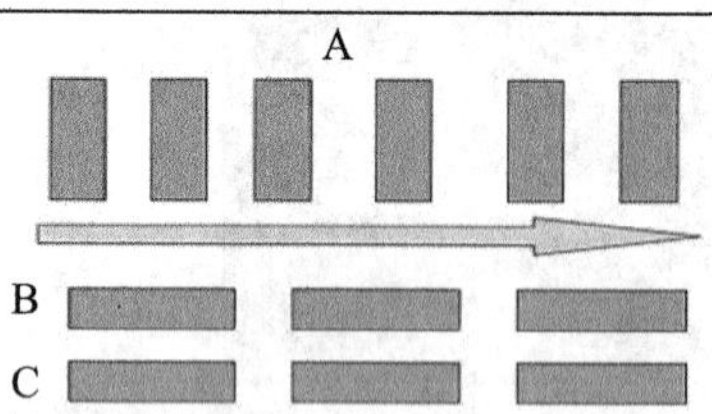	综合利用以上两种布局的优点	—
料垛倾斜式布局	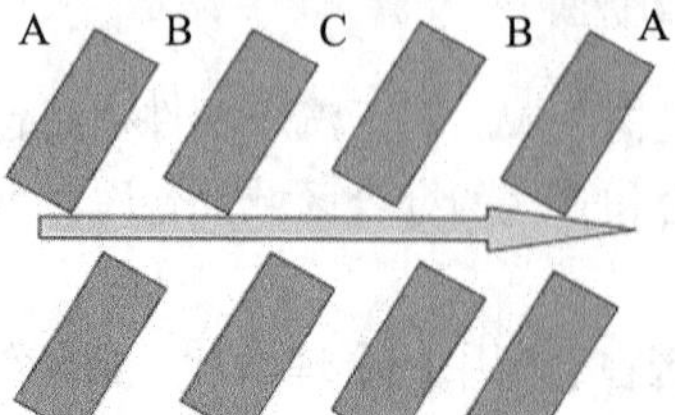	叉车配合托盘作业，提高装卸搬运效率	造成死角，仓库面积不能充分利用

续表

名称	图形示例	优点	缺点
通道倾斜式布局	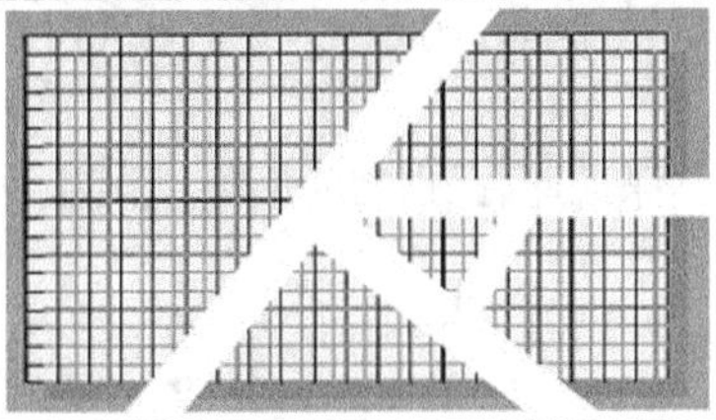	可以通过通道进行仓库分区，便于物品分类管理	仓库内布局较为复杂

5. 汽车配件的货位编号

汽车配件的货位编号常为 4 位，主要根据“区、列、架、层”的原则进行编排，如图 7-12 所示。

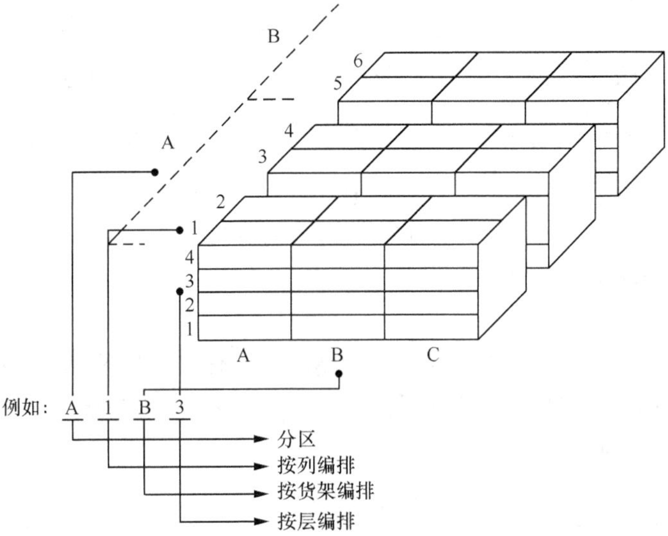

图 7-12　汽车配件存放货位编号

（1）编排方式

按区分类：位置码的第一位是在仓库中的分区，用 A，B，C…表示，如表 7-2 所示。

表 7-2　汽车配件仓储分区

分区	说明	分区	说明
A	小件	G	玻璃
B	中型件	H	存放箱
C	大型件	I	预备配件位
D	车身部件	J ~ W	清理件
E	镶条、电缆	X ~ Z	轮毂
F	导管		

按列编排：位置码第二位表示第几列货架，用 1，2，3…表示。

按货架号编排：位置码的第 3 位表示每列货架的第几个货架，用 A，B，C…表示，也可用 1，2，3…表示。

按层编排：位置码的第 4 位表示是每个货架的第几层，用 1，2，3…表示。

（2）摆放方式

根据配件的性质、形状，以五为计量基数做到“五五成行，五五成方，五五成串，五五成包，五五成层”。使其摆放整齐，便于过目成数，便于盘点与发放。

（3）标注编号

最后把所有配件的位置码在指定位置标注出来。保证库存配件的准确，节约存储仓位，便于操作。配件的保管应科学、合理、安全。

例：A03-C-24 的位置，如图 7-13 所示。

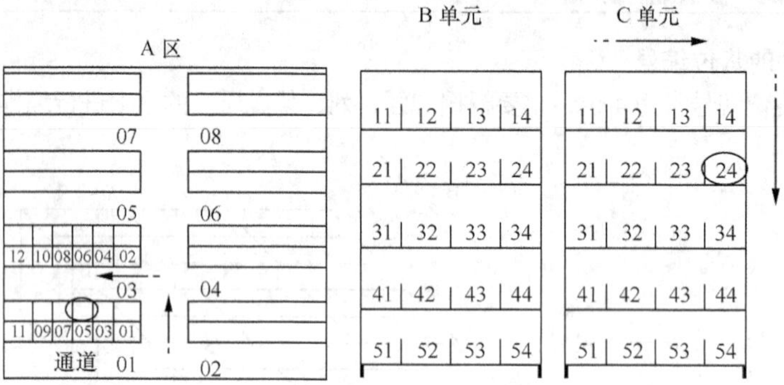

图 7-13　A03-C-24 的位置

6．汽车配件的安全合理堆码

（1）合理堆码的要求

仓库里的配件堆码必须贯彻“安全第一”的原则，在任何情况下，都要保证仓库、配件和人身的安全，同时还要做到文明生产，配件的陈列堆码一定要讲究美观整齐，具体要做到以下 6 点。

① 安全“五距”，如表 7-3 所示。

表 7-3　合理堆码安全“五距”

名称	图例	含义
墙距		库内货垛与隔断墙之间的距离不得小于 0.3m；外墙距不得小于 0.5m
柱距	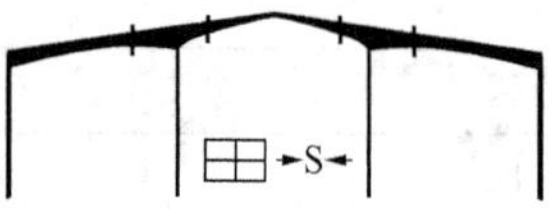	货垛或货架与库房内支撑柱子之间应留有不小于 0.2～0.3m 的距离
顶距	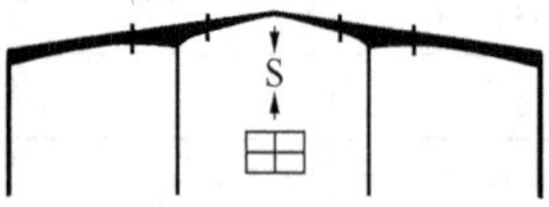	平房仓库顶距应不小于 0.3m；多层库房顶距不得小于 0.5m
灯距	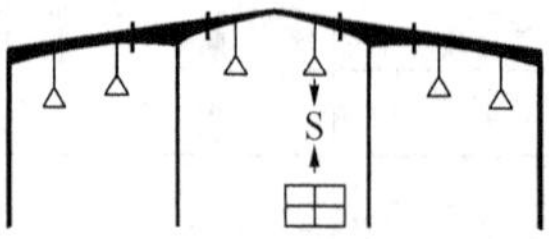	货垛与照明灯之间的必要距离称为灯距。灯距必须严格规定不得小于 0.5m
垛距	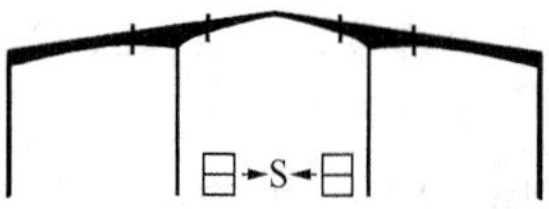	垛距指货垛与货垛或货架与货架之间的必要距离。库房的垛距应不小于 0.5m；货架与货场货垛间距均应不小于 0.7m

② 实行定额管理。对于库房的储存量指标应有明确规定，实行定额管理，重量不得超过设计标准的 90%，以保证库房建筑安全达到设计使用年限，每立方米空间的存放也要同时保证，确保了库存物资和人员的安全。

③ 堆码美观整齐。堆垛要稳，不偏不斜，不歪不侧，货垛货架排列有序，上下左右中摆放整齐，做到横看成行、竖看成线。有些零件，如车门、排气管等扁平或细长件宜竖直存放，平放容易导致下面的零件损坏、浪费空间。包装上有产品标志的，堆码时标志应一律朝外，不得倒置。发现包装破损，应及时调换。

④ 重量轻、体积较大的配件应单独存放。堆码时要注意两点：第一，要适当控制堆码高度；第二，不要以重压轻，以防倾倒。对易碎变形的配件，更不可重压，以保证其安全。

⑤ 对某些配件，需露天存放时，也要美观整齐，并且要上盖下垫，顶不漏雨，下不浸水，四周要通风，排水要良好。

⑥ 清理现场。每次发货后要及时清理现场，该拼堆的拼堆，该上架的上架，最后清扫干净，这样一方面腾出了货位，以便再次进货，同时又保持了仓库的整洁美观。

（2）堆码的方法

① 重叠法。按入库汽车配件批量，视地坪负荷能力与可利用高度，确定堆高层数，摆定底层汽车配件的件数，然后逐层重叠加高。上一层每件汽车配件直接置于下一层汽车配件之上并对齐。硬质整齐的汽车配件包装、长方形的包装和占用面积较大的钢板等采用此法，垛体整齐，稳固，操作比较容易。但不能堆太高，尤其是孤立货垛以单件为底，如直叠过高易倒垛，如图 7-14（a）所示。

② 牵制法。汽车配件包装不够平整，高低不一，堆码不整齐，可在上下层汽车配件间加垫，并加放木板条，使层层持平有牵引，防止倒垛。此法可与重叠法、压缝法（见图 7-14（b））配合使用。

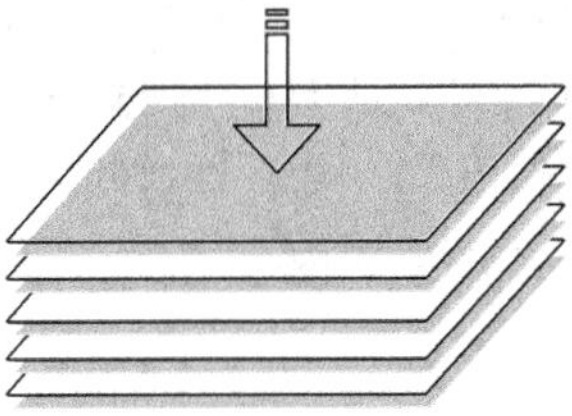

（a）重叠法

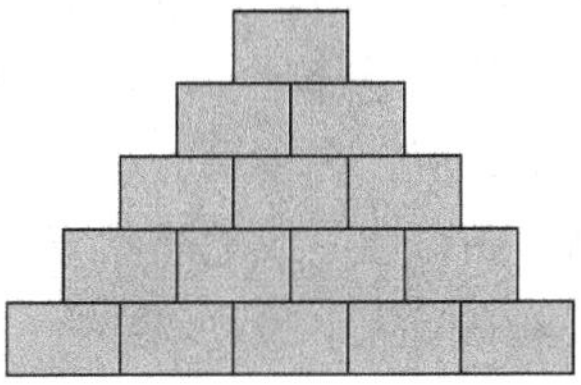

（b）压缝法

图 7-14 堆码的方法

③ 通风法。为便于汽车配件通风散潮，有的汽车配件的件与件不能紧靠，要前后左右都留一点空隙，宜采用堆通风垛的方法。其堆码方法多种多样，常见的有“井”字形、“非”字形、“示”字形、旋涡形等。桶装、听装的液体汽车零件，排列成前后两行，行与行、桶与桶之间都留空隙；堆高上层对下层可压缝，即上一件跨压在下两件“肩”部，以便于检查有无渗漏。

④ 行列法。零散小批量汽车配件，不能混进堆垛，就按行排列，不同汽车配件相向成两行，前后都面对走道，形成行列式堆码，可以避免堆死垛（堆放垛中无通道，存取不便）。

任务四 | 汽车配件的储存、养护及管理

一、配件仓储存放术语

（1）仓库：专供储存和保管物资的建筑物。

（2）仓位：储存场所内供摆放货物的小单元。
（3）码垛：产品的整齐排列、堆叠。
（4）垛型：产品码垛的类型。
（5）垛底：产品码垛的底部面积。
（6）苫垫：放于垛底的防水材料、垫木等。
（7）苫盖：以防水材料对产品的遮盖。
（8）倒码：对库存量大、底部积压已久的码垛搬移一个位置。
（9）相对湿度：指空气中含有实际水蒸气的量与空气中达到饱和的水蒸气量的百分比。

二、配件存放条件

1. 总体要求

（1）汽车零部件应储存在仓库或露天货场内，避免有害气体、尘土及烟雾的侵蚀和影响；不得与化学药品及酸、碱物质一同存放。

（2）要根据零部件的材质、重量、结构、形体、性能、外包装等特点，选择露天货场或仓库的仓间、仓位，采取不同形式的垛型，确定合理的货垛数量，分类存放，以保证存储的安全。

（3）储存场所应干燥、通风良好，具备消防设施。

2. 仓库储存

（1）配件应存放在干燥通风的仓库内，库房温度一般应在20℃～30℃，相对湿度一般在75%以下，对易吸潮锈蚀的配件，须将货垛设在离开地面的空心垫板上，便于空气流通。

（2）储存轴承、工具、精密仪表的仓库相对湿度应不超过60%，储存软木质产品的仓库相对湿度应为40%～70%；橡胶、塑料制品，特别是火补胶应在湿度不超过25℃的专用仓库内储存。

（3）储存易吸潮生锈的零部件，应在零部件垛底铺设离地面至少 15cm 的架空垫板；必要时还应在地面铺置少量生石灰，在堆垛的适当位置放置氯化钙、氯化锂等吸潮剂。

（4）化学易燃品、易自燃品或危险品应在符合要求的专库内存放。

（5）易碎品或玻璃制品应单独存放。

3. 露天货场储存

（1）露天存放的零部件应有高出地面 20cm 的苫垫、苫盖、密封棚架等保护措施，材料要符合防火安全要求。

（2）露天货场的地面应平坦坚实，承载压力为 30～50kN 并设排水沟，有铲车、吊车等装卸设备进出的通道。

三、汽车配件的安全储存管理

1. 储存期内的检查

（1）商品入库应对其进行验收。

（2）有严格保管期限的商品应在入库账单上和库存商品卡片上注明，并在存放位置上做特殊标志。注意到期时间，及时通知有关部门加以处理。

做好仓库内外温湿度日常的变化记录，保持和调节好仓库的温湿度，对易吸潮配件要注意更换防潮剂，对防虫蛀配件，夏季要放樟脑丸。

（3）配件在入库时必须严格按照进货单据核对品名、规格、计量单位、数量，根据配件的性质、类别、数量安排合理的仓位并留出墙距、柱距、顶距、灯距、垛距，对无特殊性能要求的配件可用高垛位，一般采用重叠式或压缝式垛位，对于易变形和怕压配件的堆垛高度要灵活掌握，严禁重压。另外，堆垛时要排脚紧密、货垛稳固、垛形整齐、分层标量，并将填写好的标签（标签内容为品名、规格、计量单位、产地、单价）挂于垛位或货架上。

（4）配件出库必须与销货单相符，对每天出入库的配件要做到当日计核，做到货卡（保管卡）相符。

（5）要定期和不定期地对配件进行储存质量的检查，发现问题应及时报告，以便采取措施挽回损失。

（6）要经常对仓库的安全及消防器材进行检查。检查内容包括消防器材是否配置齐全、有效，垛位有无倾斜，门窗、水道等有无损坏、渗漏、堵塞等现象。当出现异常情况时，要立即采取防范措施。

（7）坚持日清月结季盘点，按规定抽查账、货相符率。

（8）坚持仓库安全制度，遵守安全操作规程，完善安全设施，确保人身、商品安全，严防火灾发生。

2．典型配件的储存与管理

（1）橡胶制品要储存在温度不超过25℃的仓库内，同时不能受压，以防老化和变形。

（2）各种灯具、玻璃制品，仪表等易损配件，要严防碰撞和重压，以避免配件的失准和破碎及真空灯芯的慢性漏气。

（3）蓄电池要存放在干燥通风的库房内，严防倒置、卧置和重压及剧烈振动，并应注意通气塞盖的密封，以防潮气侵入。

3．汽车配件的养护

（1）防锈蚀与磕碰伤

此种事例常见于汽车齿轮件及轴类件，如活塞销、气门；轻微的可以用机械抛光或用“00”号砂纸轻轻打磨后重新涂油防护，否则予以报废。对于锈蚀件的防护，目前主要采取定期对易锈蚀配件进行涂防锈油、防锈脂、可剥性塑料胶囊的方法进行处理。

有些配件在出厂前就已锈蚀，原因是生产厂不经除锈便涂漆或涂防锈脂；还有些配件的铸锻毛坯面，往往因清砂或清洗不净残留氧化皮或热处理残渣，虽经蜡封或涂漆，但在油漆下面已发生锈蚀，使油漆脱落，所以必须彻底将锈层、油漆层清除干净后，重新涂漆或蜡封。

（2）电器、仪表配件的防护

由于振动或受潮而使绝缘介质强度遭到破坏，氧化、变质，技术性能发生变化，必须进行电器校准、烘干、擦拭。

（3）蓄电池及传感器的防护

蓄电池未注意防潮，短期内便造成极板的氧化，使其化学性能下降，许多传感器要求防潮、防振、防污染，如爆燃传感器。

（4）玻璃制品、橡胶配件、石棉制品的防护

玻璃制品的破损、橡胶件的老化、石棉制品的损伤，应注意以上制品的经济寿命与技术寿命。

4．汽车配件盘存

为及时了解配件的库存情况，避免配件的短缺、丢失或积压而影响生产，必须定期对配件进行盘存。汽车配件盘存就是对仓库实际配件库存进行盘点后与账面数量核实的一个过程，如图7-15所示。

（1）盘存内容：查明实际库存量与入库账单、卡上的数字是否相符，查明配件的积压、损坏、

变质、丢失等情况的发生。

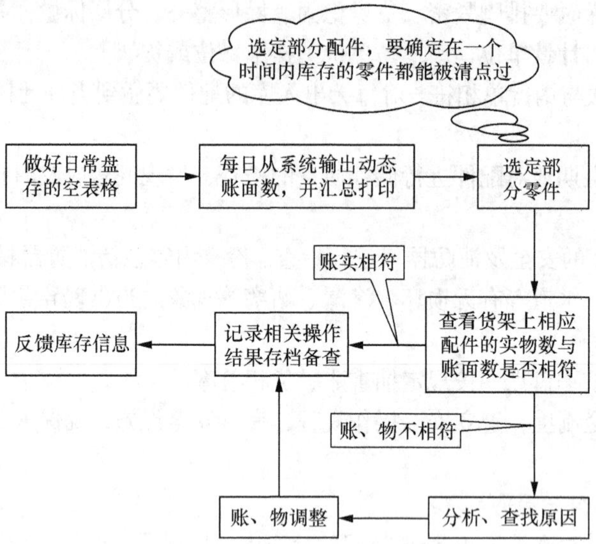

图 7-15　汽车配件存储盘存

（2）盘存形式：盘存按频率分日常盘存、月盘存、年终盘存 3 种类型。

四、汽车配件报损管理办法及申报流程

1. 报损配件定义

报损配件是指已经损坏或有质量问题或由于车型淘汰不能继续销售的在账配件，且不能进行三包索赔、退货和修复处理的。

2. 报损配件的确认

在日常经营中产生、月度和季度盘点中清理出的已经损坏或有质量问题或由于车型淘汰不能继续销售的配件，必须经由服务经理、三包索赔主管、配件主管三方鉴定，确认不能进行三包索赔、退货和修复处理的配件方可做报损处理。

人为因素所造成的质量配件不予报损批示，损失由责任人和连带责任人承担。例如，可做三包、退回制造企业或修复处理的配件，未能及时做相应处理而导致过期无法处理，或由于维修工操作不当，保管员保管不善，所造成的配件损坏。

3. 报损配件的申报

配件管理员在每月的配件库存全面清点工作中，将需报损的配件整理、确认后，填制“报损配件明细表”及“配件报损申请单”，上报服务部配件主管；服务部配件主管鉴定审核后进入配件报损申报流程，如图 7-16 所示。

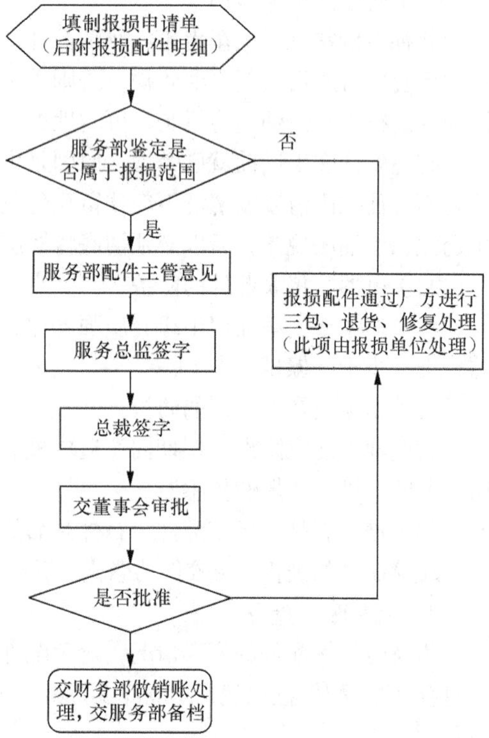

图 7-16　配件报损申报流程

4．报损配件的处理方法

配件报损批准后，配件由申报单位暂作保管，以便服务部做进一步处理，申报单位不允许私自将报损配件丢弃、变卖。

5．激励机制

为控制配件的报损量，减少公司的经营损失，各公司的总经理、服务经理、配件主管必须严格控制配件的进货计划、及时进行异常处理（包括运输损坏配件、短缺配件、质量件、错发配件向供应商的索赔）。

对于所发生的配件损失，损失的 70%由该公司承担，总经理承担损失的 10%，服务经理承担损失的 10%，配件经理（主管）承担损失的 10%。

任务五 汽车配件出库管理

零配件出库是根据维修部门开出的零配件出库凭证，按其所列的汽车零配件编号、名称、规格和型号、数量等信息组织零配件出库，向维修部发货等一系列工作。

1．汽车零配件出库的要求

零配件出库要求做到“三不”“三核”“五检查”。

三不：未接单据不翻账，未经审单不备货，未经复核不出门。

三核：在发货时要“核对凭证，核对账卡，核对实物”。

五检查：对单据和实物要进行“品名检查、规格检查、包装检查、件数检查、质量检查”。

2．出库流程

（1）业务部开具出库单或调拨单，或者采购部开具退货单。单据上应该注明产地、规格、数量等。

（2）仓库收到以上单据后，在对出库配件进行实物明细点验时，必须认真清点核对准确、无误，方可签字认可出库，否则造成的经济损失，由当事人承担。

（3）出库要分清实物负责人和承运者的责任，在配件出库时双方应认真清点核对出库配件的品名、数量、规格等以及外包装完好情况，办清交接手续。若出库后发生货损等情况责任由承运者承担。

（4）配件出库后仓库管理员在当日根据正式出库凭证销账并清点货品结余数，做到账货相符，如图 7-17 所示。

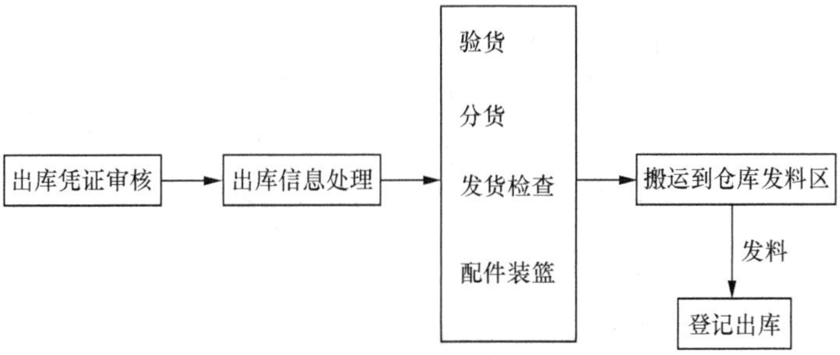

图 7-17 汽车配件出库流程

任务六 汽车配件计算机管理系统

汽车配件计算机管理系统能提供给汽车配件零售企业进行汽车配件的销售与仓储管理。市面上有许多版本，各企业可以根据需要装配。主要功能如下：

（1）日常业务：包括入库登记、出库登记、入库退货、出库退货；

（2）库存管理：包括库存查询、库存盘点；

（3）查询统计：包括入库查询、出库查询、入库退货查询、出库退货查询；

（4）报表管理：包括出库报表、入库报表、库存报表；

（5）基本信息管理：包括员工信息、商品信息、客户信息、供应商信息；

（6）系统管理：包括操作员管理、权限设置、数据备份、数据恢复。

一、系统结构

本系统分为六大部分，21 个完整的功能模块。汽车配件计算机管理系统结构如图 7-18 所示。

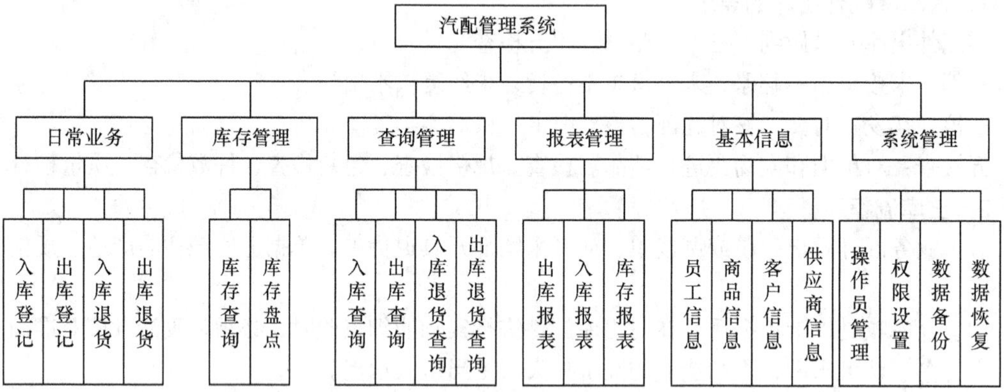

图 7-18 汽车配件计算机管理系统结构

二、业务流程

根据汽配行业特点，汽车配件计算机管理系统流程设计如图 7-19 所示。

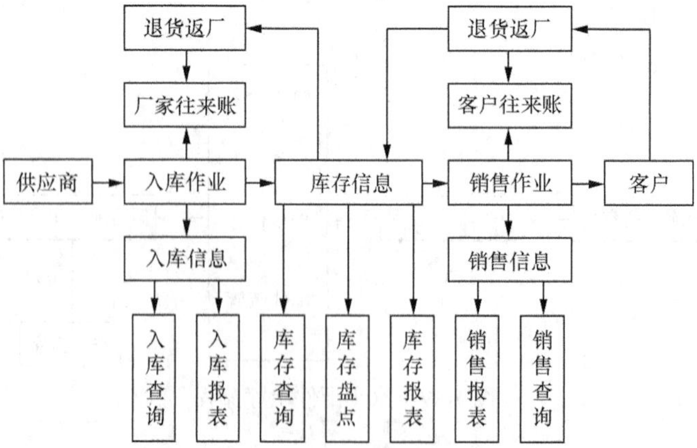

图 7-19 汽车配件管理系统流程设计

三、系统登录表单

用户进入系统前，必须通过系统登录进入主程序界面。系统登录界面实现了以下功能：

（1）确认用户的身份及使用权限；

（2）对系统信息起到保密作用。

系统登录表单运行结果如图 7-20 所示。

图 7-20　汽车配件管理系统登录表单

四、汽车配件出库登记

单击主菜单“日常业务”下的“出库登记”子菜单，进入出库登记界面。出库登记界面实现了以下功能：

（1）使用出库登记菜单做日常开票；

（2）与客户之间以出库票号作为凭证；

（3）单独核算赊账；

（4）出库登记的信息保存在临时表中。

出库登记表如图 7-21 所示。

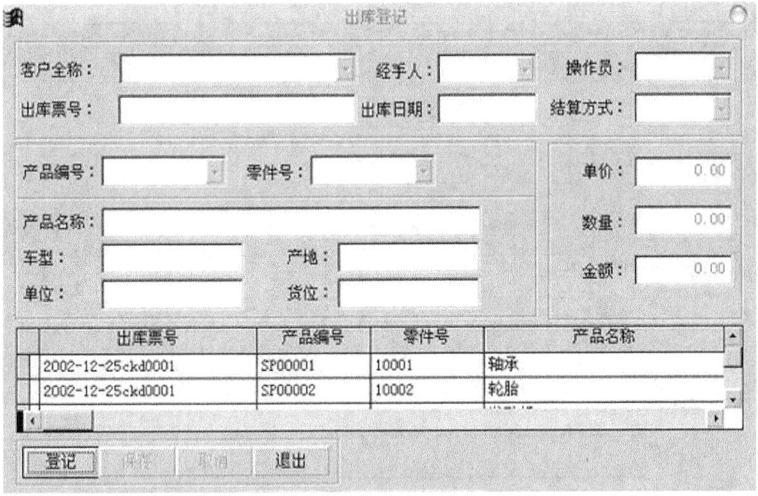

图 7-21　出库登记表单

五、配件入库登记

用户单击主菜单“日常业务”下的“入库登记”子菜单，进入入库登记界面。入库登记界面主要实现如下功能：

（1）与供应商之间以入库票号作为凭证；

（2）结账时单独核算；

（3）入库登记的信息保存在临时表中。

入库登记表如图 7-22 所示。

六、配件库存查询

用户单击主菜单“库存管理”下的“库存查询”子菜单选项，进入库存查询界面。库存查询界面主要实现以下功能：

（1）按条件查询库存信息；

（2）以页框和列表两种方式显示库存信息；

（3）通过 4 个按钮快速浏览库存信息。

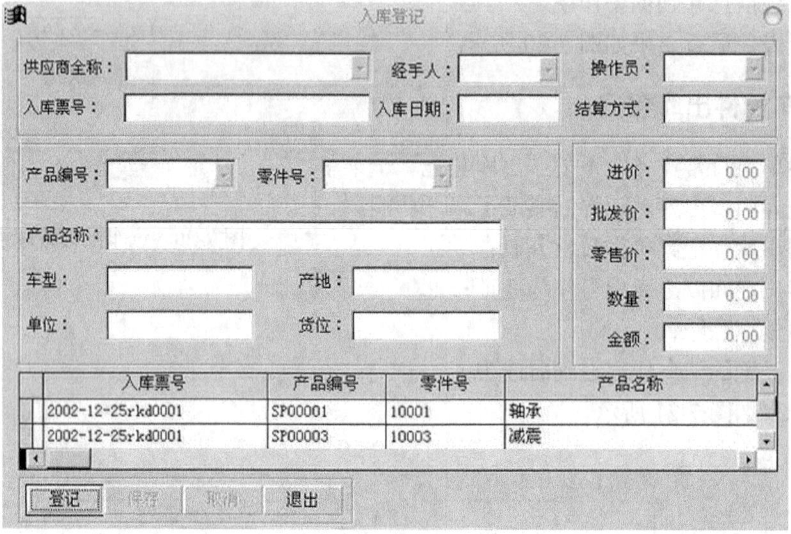

图 7-22　入库登记表单

库存查询表单如图 7-23 所示。

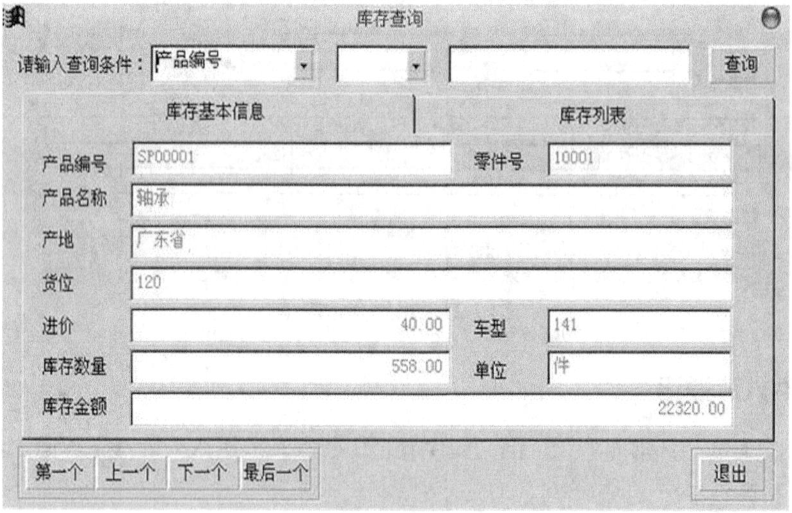

图 7-23　库存查询表单

七、配件库存盘点

单击主菜单“库存管理”下的“库存盘点”子菜单选项，进入库存盘点界面。库存盘点界面实现了以表单形式显示库存数量不为零的全部商品信息。

库存盘点表单如图 7-24 所示。

图 7-24　库存盘点表单

八、出库查询

单击主菜单“查询统计”下的“出库查询”子菜单选项，进入出库查询界面，出库查询界面实现了以下功能：

（1）按用户输入的条件查询出库商品信息；

（2）提供以页框和列表两种方式浏览出库商品信息；

（3）通过 4 个按钮快速浏览出库信息。

出库查询表单如图 7-25 所示。

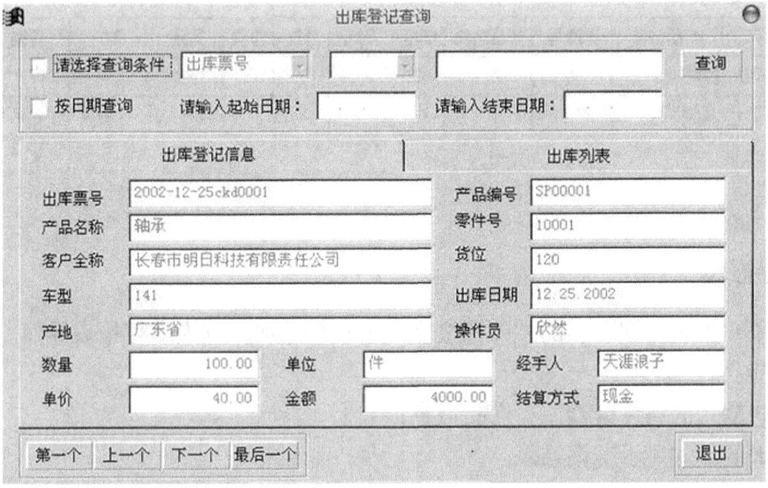

图 7-25　出库查询表单

九、出库报表

单击主菜单“报表管理”下的“出库报表”子菜单选项，进入出库报表界面，出库报表界面实现了以下功能：

（1）按用户输入的条件查询出库的商品信息；

（2）以列表的形式显示查询结果。

出库报表如图 7-26 所示，报表查询如图 7-27 所示。

图 7-26　出库报表

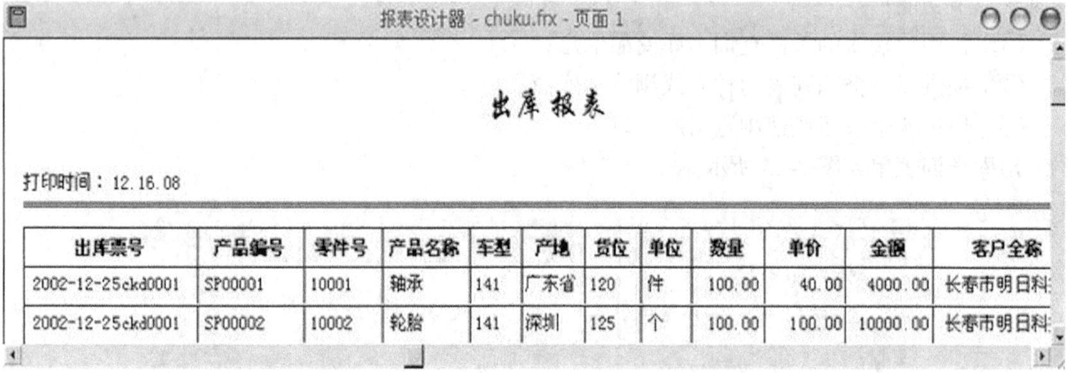

图 7-27　报表查询

十、库存报表

单击主菜单“报表管理”下的“库存报表”子菜单选项，进入库存报表界面。库存报表界面实现了以下功能：

（1）按用户输入的条件查询库存商品信息；

（2）以列表的形式显示查询结果。

库存报表表单如图 7-28 所示。

十一、商品信息

单击主菜单“基础信息管理”下的“商品信息”子菜单选项，进入商品信息界面（见图 7-29）。商品信息界面实现了下功能：

（1）根据查询条件查询商品基本信息；

（2）以页框和列表两种方式浏览商品基本信息；

（3）通过 4 个按钮快速浏览商品基本信息；

（4）添加、修改、删除商品基本信息。

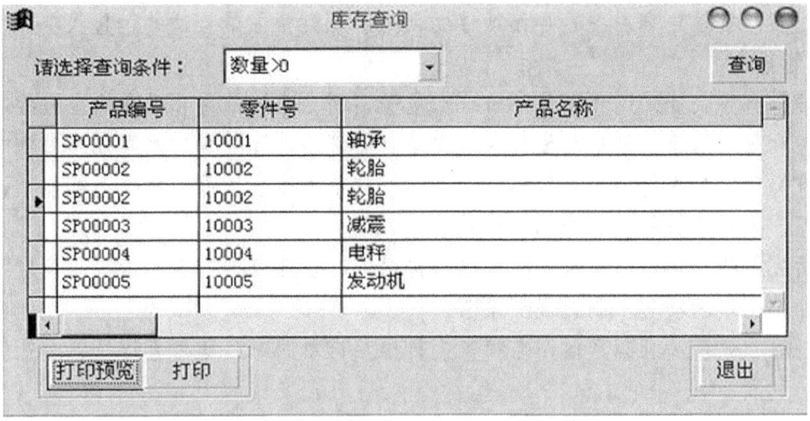

图 7-28　库存报表表单

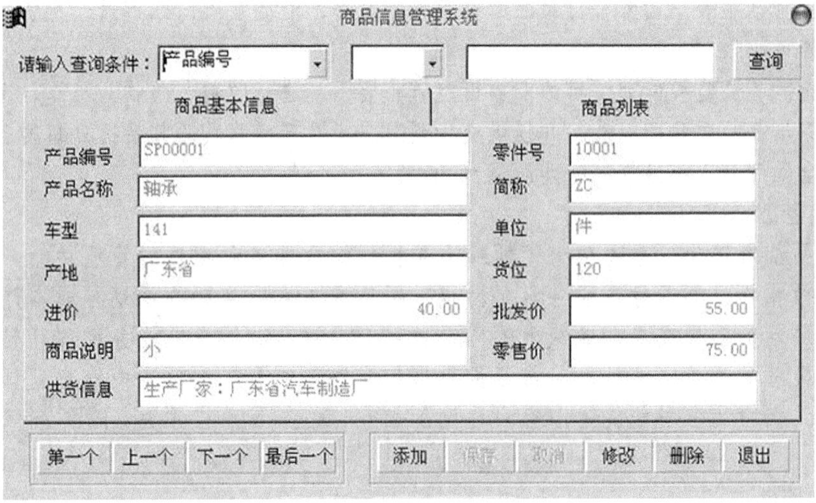

图 7-29　商品信息表单

项目拓展

ERP 管理系统的认知

企业资源计划（Enterprise Resource Planning，ERP）是指建立在信息技术基础上，以系统化的管理思想，为企业决策层及员工提供决策运行手段的管理平台。

ERP 是将企业所有资源进行整合集成管理，即将企业的三大流：物流、资金流、信息流进行全面一体化管理的管理信息系统。

1．销售管理

（1）统一进行智能化的商机分析和维护，用户可掌握每项业务各个阶段的成功概率、预计成交额、拜访记录等信息，并提供各项分析报表，为企业强化或调整销售策略提供依据。

（2）依据企业的实际管理制度，由业务员制订相应的工作计划，并可针对某一工作计划形成相应的工作报告，便于管理者了解下属的实际工作内容和业务进展，掌握企业销售的全局。

（3）提供群发邮件的功能，提高业务人员的工作效率和质量。

（4）通过实时记录竞争对手、合作伙伴的动态，找到企业最合适的销售策略。

2．订单管理

订单管理整合了企业采购和销售环节，适应于不同企业的销售和采购的全程控制和跟踪，生成完善的销售和采购信息，创造全面的采购订单计划环境，降低整体采购成本和销售成本。

（1）系统提供实时报价、历史价格查询，生产订单进度查询等销售管理功能，询价管理、智能化采购管理、全程验收管理等采购管理功能。

（2）全面完善的价格管理体系。除标准售价之外，企业可根据实际情况，设定不同的产品售价和折扣。并根据市场动态，制订促销策略。

（3）即时库存分析和利润预估，在销售人员接获订单同时，即可直接了解企业库存动态，并即刻产生预估利润。

（4）销售主管或领导可实时了解每个阶段企业的销售状况分析，加强销售策略，提高企业业绩，系统对其中的风险因素自动提示，帮助企业规避销售风险。

（5）存量预估报表全面整合订单、库存及生管系统，使企业随时掌握最新存货流量状况，轻松达成存货管理。

（6）强大的物流监控能力，可依产品设定验收要求，进行收料、验收、验退、退货管理的全程监控，确保产品品质和即时性。并提供交货延迟分析及产品采购验收状况分析的各式报表，对供应商进行全面评估，有效提高采购质量和效率。

3．项目管理

每个交易都可作为一个项目来管理。系统提供综合业务和项目的管理功能，业务经理可查看关键绩效指标，如盈亏、服务水平协议、项目完工率、实时的计划与成本开销，也可以查看从最底层活动到最高层业务绩效的因果关系。通过这些信息，业务经理可轻松地做出指示，以取得最佳的收益。此外，系统还提供框架允许客户参与到项目中检查设计和原型，以及给出反馈。客户的参与能促进与客户之间的相互信任，加深合作关系，并确保合作期间不会产生变故。

4．生产管理

从生产指令生成到指令完工入库进行全程严密控制，实时掌握当前的生产状况，有效解决企业现场管理、绩效评估困难，生产进度不明，在制品多等生产问题。

（1）即时的产品结构查询。用户通过结构窗口按钮，直接查询该生产产品的结构树以及各子件的批量需求与成本。

（2）清晰的生产流程可视管理。用户可在单据中查询相关单据来源，关联单据的当前信息。

（3）实时的生产信息穿透式查询。系统可直接查询入库状况、材料领用状况等当前生产信息，并通过单据的穿透式追溯功能，调用关联单据的具体信息。

（4）强大的产品 BOM（物料清单）管理功能用户可对建立的 BOM 指定为样品、试制品和正式品，以便进行分开管理。同时用户也可指定 BOM 的生产方式为厂内生产、委托厂外生产或多次加工生产，明确了产品的生产流程。用户也可进行产品 BOM 的复制。

（5）丰富的产品 BOM 查询报表。用户可根据母件进行单阶、多阶和尾阶查询相关子件信息。也可根据子件进行单阶、多阶和尾阶查询相关母件信息，满足用户在产品开发和成本分析方面的需求。以多角度的成本分析查询，满足不同人员的管理需求。

（6）高度集成 MRP（物料需求计划）计算、生产过程管理和生产成本计算功能。

5．库存管理

库存管理帮助企业降低库存，减少资金占用，避免物料积压或短缺，有效支持生产进行，并与采购、销售、生产、财务等系统实现数据双向传输，保证数据统一。

（1）自定义物料预警规则。根据预警自定义进行有效期、超储、失效存货预警，最高、最低预警和盘点预警，并自动提示，将企业库存数量保持在合理水平。

（2）生产管理作业模式，实现领料、入库、批次入库、退料、入库对账、产品生产线期初设定等功能，帮助企业实现简易的生产管理，并提供相关生产成本分析。

（3）入库、销货、领用、转拨、调整、盘点等强大的存货出入库管理，并可处理非采购单到货、多张采购单、分批来料等复杂情况。

（4）根据物料需求计划自定义补货方式，并依据订单和工单需求自动计算补货数量。

（5）对库存批号进行自动生成、原辅料与产成品批号追溯等多层次处理。

（6）涵盖所有交易明细、排行、月统计、图表、地区分析及责任绩效比较的客户、厂商、产品、业务、部门及交叉分析，并提供强大的渗透查询，让企业的管理者对库存的各项信息了如指掌。

6．财务管理

彻底摆脱手工做账，实现自动化、严格财务控制，防范企业资金风险。针对经营目标，为管理层提供各种财务报表，随时掌握企业资金流向和流量，诊断企业财务状况和经营成果，为经营决策提供数据支持，提高资金利用效率。

（1）现金流向和流量的预估功能和预算实时查询，使财务人员提前做好防备措施，掌控资金安全，提高资金利用效率。

（2）系统具有将原始凭证直接传输成财务记账凭证功能，实现财务业务一体化，在此基础上，还可实现批次冲销，极大地降低了财务人员的工作强度。并自动生成损益分析、资产负债分析、现金流量分析、收入费用比较分析及银行对账、银行资金预估、应收/应付票据分析等报表，作为各级管理层决策依据，提高决策的实时性和精确性。

（3）根据企业需求，自定义营运分析指标公式，方便快捷地核算每个阶段的经营成果。

7．人薪管理

人薪管理大大缩短人事人员事务性工作时间，提高工作准确性，保持团队稳定性。

（1）提供各种灵活的薪资计算方式，涵盖各种类型企业全面的薪资和福利管理方式，并自动生成薪资汇款清册及薪资明细查询。

（2）强大的人力资源管理。使企业掌握员工各项状况和异动记录，并据此做出合适的人力资源安排。

（3）支持分期或按月计算薪资，传输凭证，简化财务人员的工作负担。

（4）自动考勤管理功能，实现刷卡资料汇入系统，产生考勤资料。

8．客服管理

系统提供丰富多样的服务支持供客户选择和搭配，以便获得快速、优质与高效的服务。标准化服务性价比高，而个性化服务可以为VIP提供额外的、个人关注的服务。对于客服人员，系统也是一个好工具，它提供全面、最新且容易获取的信息，如客户基本信息、交易历史、产品目录以及服务知识库，这些都对客服人员的工作有很大帮助。

汽车配件仓储管理的ERP软件系统，是现代汽车配件管理系统的信息化运行模式。覆盖了客户、项目、库存和采购供应等管理工作，通过优化企业资源达到资源效益最大化。

项目实训工单

项目名称	汽车配件的仓储管理	班　　级		日　　期	
学生姓名		学　　号		项目成绩	
项目载体	配件实训室、汽车营销企业			老师签字	
项目目标	1. 熟悉汽车配件入库程序及要求 2. 了解汽车配件仓储管理要求 3. 能够按照任务描述完成工作任务				

一、资讯

1. 填空

（1）入库的质量验收包括__________、__________、__________、__________、__________、__________。

（2）汽车配件仓库的构成有__________、__________、__________几种方式。

（3）电子商务物流特点__________、__________、__________。

（4）汽车配件的验收内容__________、__________、__________。

2. 论述

（1）汽车配件的仓储管理的作用。

（2）汽车配件计算机管理系统的优点。

二、计划与决策

人员分工 每组 4～5 人	工具、材料、仪器	实施计划
组长： 组员：		

三、项目实施

在汽车实训室完成下列任务。

完成工作任务一：汽车配件的货位编号。

完成工作任务二：汽车配件计算机管理系统操作。

续表

四、项目检查
1. 专业能力 在本项目中你学到了哪些汽车配件知识，相关任务完成是否满意？ 2. 个人能力 通过本项目的学习，你学会了哪些技能，提高了哪些方面职业能力和职业素质（团队精神、安全环保、社会责任等方面）？ 3. 方法能力 通过本项目的学习与描述，你认为在工作过程中应提高哪些工作方法或学习方法？

五、项目评估

个人评估	等级　A　B　C　D	说明：
小组评估	等级　A　B　C　D	说明：
老师评估	等级　A　B　C　D	说明：

项目八

汽车配件的财务管理及法律常识

项目目标

知识目标

了解汽车配件财务管理一般常识；

熟悉汽车配件管理相关法律知识。

能力目标

掌握财务票据的正确使用；

能够履行相关法律赋予的权利及义务。

情感目标

遵守国家法律、法规及相关财务管理条例，提高企业竞争力及个人运用法律的能力。

项目描述

某汽车配件企业在财务结算上出现了差错，造成企业产生重大损失，提升企业员工财务及相关法律常识是财务管理人员维护企业形象、权益的基础。

课时计划

任务	项目内容	参考课时		
		教学课时	实训课时	合计
汽车配件的财务管理及法律知识	汽车配件财务管理	2	2	4
	法律常识	2	—	2
合计		4	2	6

任务一　汽车配件财务管理

一、财务结算

1. 财务管理概述

（1）定义

财务管理（Financial Management）是在一定的整体目标下，关于资产的购置（投资）、资本的融通（筹资）和经营中现金流量（营运资金），以及利润分配的管理。

财务管理是企业管理的一个组成部分，它是根据财经法规制度，按照财务管理的原则，组织企业财务活动，处理财务关系的一项经济管理工作。简单地说，财务管理是组织企业财务活动，处理财务关系的一项经济管理工作。

（2）财务关系

财务关系是指企业在生产经营过程中所体现的经济利益关系。

2．结算方法及货款管理

（1）财务结算的方式

结算也称“清算”，是指一定经济行为所引起的货币关系的计算和结清，即社会经济生活中的交易各方因商品买卖、劳务供应等产生的债权债务通过某种方式进行清偿。

结算现金结算和转账结算两种。

现金结算是指直接用现金进行支付结算，结清彼此之间的债权债务关系，这种结算方式成本耗费大而且不安全。

转账结算是指通过或转账进行清偿，这种通过银行中转记账的货币收付行为，又称为银行结算，这种方式有利于商品流通和资金周转，能够避免现金结算中大量现金运送的风险，而且成本耗费低。同时，银行可以通过办理转账结算及时从各项货币收付行为中，了解到资金的运动和市场动态情况，有利于调节货币供应量和加强对货币流通的管理，因此在现代经济活动中，现金结算已退居次要地位，约有 90%的货币收付行为是通过银行转账结算来完成的。

（2）结算工具与方法

① 票据。票据是出票人依票据法签发的，由自己无条件支付或委托他人无条件支付一定金额给收款人或持票人的一种有价证券，根据票据法的规定，票据包括汇票、本票和支票。

② 银行卡。银行卡是指商业银行向社会发行的具有消费信用、转账结算、存取现金等全部或部分功能的信用支付工具，银行卡又分为信用卡和借记卡，信用卡按是否向发卡银行交存备用金分为贷记卡和准贷记卡两类。贷记卡是指发卡银行给予持卡人一定的信用额度，持卡人可在信用额度内先消费、后还款的信用卡；准贷记卡是指持卡人须先按发卡银行的要求交存一定金额的备用金，当备用金账户余额不足支付时，可在发卡银行规定的信用额度内透支的信用卡。借记卡按功能不同分为转账卡（含储蓄卡）、专用卡、储值卡。借记卡不具备透支功能。目前我国发行的银行卡具有减少现金使用，扩大转账结算范围并推动结算改革朝着国际化方向发展的作用。

③ 汇兑。汇兑是汇款人委托银行将款项汇给异地收款人的结算方式，按凭证传递方式不同，汇兑可分为信汇和电汇两种，由汇款人选择使用。单位和个人的各种款项结算，都可使用汇兑结算方式。

④ 委托收款。委托收款是收款人向银行提供收款依据，委托银行向付款人收取款项的结算方式，凡在银行开立账户的单位和个人的款项结算，均可运用委托收款结算方式，这种结算方式在同城、异地均可办理。

⑤ 托收承付。托收承付是根据购销合同由收款人发货后委托银行向异地付款人收取款项，由付款人向银行承认付款的结算方式，托收承付结算方式在适用主体、适用范围以及适用条件上均有较多的限制。

⑥ 信用证。信用证是指开证银行依照申请人（买方）的申请签发的，在满足信用证规定的单据向受益人（卖方）付款的一种书面凭证，我国信用证为不可撤销、不可转让的跟单

信用证。不可撤销信用证是指信用证开具后在有效期内，未经信用证各有关当事人同意，开证行不得修改或者撤销的信用证，不可转让信用证是受益人不能将信用证的权利转让给他人的信用证。

二、汽车营销企业（4S 店）会计核算内容

在企业财务会计中有六大类科目，即资产类、负债类、所有者权益类、收入类、费用类及利润类。这六大类科目分为两组，并且可以用两个等式连接其间的关系，即：资产=负债+所有者权益，收入–费用=利润。

这几大类科目记在借方以及记在贷方分别表示的意义如下：

（1）在会计记账过程中，资产类科目记在借方表示增加，记在贷方表示减少；

（2）负债类科目记在借方表示减少，记在贷方表示增加；

（3）所有者权益记在借方表示减少，记在贷方表示增加；

（4）收入记在借方表示减少，记在贷方表示增加；

（5）费用记在借方表示增加，记在贷方表示减少；

（6）利润记在借方表示减少，记在贷方表示增加。

1. 整车销售

（1）预付车款

借：预付账款。

贷：银行存款。

（2）收到采购发票

借：库存商品。

借：应交税费——应交增值税（进项税）。

贷：预付账款。

有些企业会将折扣、银承贴息等开到发票上，但是有些企业会单独设立虚拟账户，所以还要针对企业的情况做账务处理。

（3）销售

① 收到预收款

借：银行存款。

贷：预收账款——预收车款。

贷：其他应付款——代收款项（代收客户验车费和购置税及保险费）。

② 开具机动车发票

借：预收账款——预收车款。

贷：主营业务收入——汽车销售收入。

贷：应交税费——应交增值税（销项税）。

③ 代客户缴纳保险费和购置税

借：其他应付款——代收款项。

贷：现金。

④ 代客户付保险费(一般保险费都是和保险公司联网,如果客户自己有银行卡可以直接刷卡，如果没有就需要用公司的卡支付，公司可以在开户行办理商务卡)

借：其他应付款——代收款项。

贷：银行存款。

（4）结转销售成本

借：主营业务成本——汽车销售成本。

贷：库存商品。

2．精品销售

（1）开具增值税发票

借：预收账款——预收车款。

贷：主营业务收入——精品装饰收入。

贷：应交税费——应交增值税（销项税）。

（2）结转装饰成本

借：主营业务成本——精品装饰成本。

贷：库存商品。

3．配件销售

（1）配件购入

借：库存商品——配件。

借：应交税费——应交增值税（进项税）。

贷：银行存款。

（2）配件销售

借：应收账款。

贷：主营业务收入——配件销售收入。

贷：应交税费——应交增值税（销项税）。

（3）结转配件销售成本

借：主营业务成本。

贷：库存商品。

4．保险理赔

（1）一般关于保险公司理赔维修先挂账

借：应收账款——××保险公司。

贷：主营业务收入——维修收入。

贷：应交税费——应交增值税（销项税）。

（2）保险公司回款（保险公司回款其中有部分款是退还其他修理公司的修理费）

借：银行存款。

贷：应收账款——××保险公司。

贷：其他应付款——退还其他修理公司修理费。

（3）退三者修理费

借：其他应付款——退还其他修理公司修理费。

贷：库存现金。

（4）结转维修成本

借：主营业务成本——维修。

贷：库存商品——配件。

贷：应付工资（职工薪酬）。

5．售后维修

（1）收到预收维修款

借：银行存款。

贷：预收账款——预收维修款。

（2）开具维修发票

借：预收账款——预收维修款。

贷：主营业务收入——维修收入。

贷：应交税费——应交增值税（销项税）。

（3）结转维修成本

借：主营业务成本——维修成本。

贷：库存商品。

贷：应付工资。

6．保修保养费用

（1）发生保修保养费用

借；应收账款——厂家。

贷：主营业务收入——配件销售收入。

贷：主营业务收入——工时收入。

贷：应交税费——应交增值税（销项税）。

（2）收到厂家确认电传文件

借：预付账款。

贷：应收账款——厂家。

三、纳税常识

纳税，即税收中的纳税人的执行过程，就是根据国家各种税法的规定，按照一定的比率，把集体或个人收入的一部分缴纳给国家。

1．商业企业一般纳税人涉及缴纳的税种

（1）国税

① 增值税（应纳税额=当期销项税-当期进项税，汽车配件的税率为17%）。

② 企业所得税（按季预缴，年终汇算清缴）。

（2）地税

① 城建税：地区不同，增值税的税率（7%、5%、1%等）不同。

② 教育费附加：增值税的3%。

另外还可能涉及的税种有印花税、车船使用税、房产税等。

2．汽车销售企业（4S店）缴纳税种

（1）增值税，增值税税率为17%。

（2）城市维护建设税：

① 纳税人所在地在市区的，税率为7%；

② 纳税人所在地在县城、镇的，税率为5%；

③ 纳税人所在地不在市区、县城或镇的，税率为1%。

（3）教育费附加：税率为3%。

（4）所得税：税率为25%。

3．税务登记

（1）税务登记概述

税务登记又称纳税登记，是指税务机关根据税法规定，对纳税人的生产、经营活动进行登记管理的一项法定制度；它是税务机关对纳税人实施税收管理的首要环节和基础工作，是征纳双方法律关系成立的依据和证明，也是纳税人必须依法履行的义务。

税务登记的种类分为设立税务登记、变更税务登记和注销税务登记3种。

（2）税务登记范围：纳税人、扣缴义务人

① 从事生产、经营的纳税人：企业在外地设立的分支机构和从事生产、经营的场所，个体工商户和从事生产、经营的事业单位；

② 非从事生产经营但依照规定负有纳税义务的单位和个人：前款规定以外的纳税人，除国家机关、个人和无固定生产经营场所的流动性农村小商贩外；

③ 扣缴义务人：负有扣缴税款义务的扣缴义务人（国家机关除外），应当办理扣缴税款登记。享受减免税待遇的纳税人需要办理税务登记。

（3）税务登记证件及使用

① 纳税人办理下列事项时，必须提供税务登记证件：

a．开立银行账户；

b．领购发票。

② 纳税人办理其他税务事项时，应当出示税务登记证件：

a．申请减税、免税、退税；

b．申请办理延期申报、延期缴纳税款；

c．申请开具外出经营活动税收管理证明；

d．办理停业、歇业；

e．办理其他有关税务事项。

（4）登记流程

设立税务登记是指，企业、包括企业在外地设立分支机构或从事生产、经营场所；个体工商户，从事生产、经营的事业单位（以下统称从事生产、经营的纳税人），向生产、经营所在地税务机关申报办理税务登记的活动。

① 从事生产、经营的纳税人领取工商营业执照（含临时工商营业执照）的。应当自领取工商营业执照之日起30日内申报办理设立税务登记，税务机关核发税务登记证及副本（纳税人领取临时工商营业执照的，税务机关核发临时税务登记证及副本）。

② 从事生产、经营的纳税人未办理工商营业执照但经有关部门批准设立的。应当自有关部门批准设立之日起30日内申报办理税务登记，税务机关核发税务登记证及副本。

③ 从事生产、经营的纳税人未办理工商营业执照也未经有关部门批准设立的。应当自纳税义务发生之日起30日内申报办理设立税务登记，税务机关核发临时税务登记证及副本。

④ 有独立生产经营权、在财务上独立核算并定期向发包人或者出租人上交承包费或租金的承包承租人，应当自承包承租合同签订之日起30日内，向其承包承租业务发生地税务机关申报办理设立税务登记，税务机关核发临时税务登记证及副本。

⑤ 从事生产、经营的纳税人外出经营，自其在同一县（市）实际经营或提供劳务之日起，在连续的12个月内累计超过180天的，应当自期满之日起30日内，向生产、经营所在地税务机关

申报办理设立税务登记，税务机关核发临时税务登记证及副本。

⑥ 境外企业在中国境内承包建筑、安装、装配、勘探工程和提供劳务的，应当自项目合同或协议签订之日起 30 日内，向项目所在地税务机关申报办理设立税务登记，税务机关核发临时税务登记证及副本。

上述以外的其他纳税人，除国家机关、个人和无固定生产、经营场所的流动性农村小商贩外，均应当自纳税义务发生之日起 30 日内，向纳税义务发生地税务机关申报办理税务登记，税务机关核发税务登记证及副本。

个人所得税的纳税人办理税务登记的办法由国务院另行规定。

（5）变更税务登记

变更税务登记是指，从事生产、经营的纳税人，在税务登记内容发生变化时，自工商行政管理机关办理变更登记之日起 30 日内，持相关证件向原税务登记机关申报办理变更税务登记的活动。

纳税人税务登记内容发生变化的，按照规定不需要到工商行政管理机关及其他机关办理变更登记的，应当自发生变化之日起 30 日内，持相关证件向原税务登记机关申报办理变更税务登记。

（6）注销税务登记

注销税务登记是指，纳税人发生解散、破产、撤销以及其他情形，依法终止纳税义务的，在向工商行政管理机关或者其他机关办理注销登记前，持有关证件向原税务登记机关申报办理注销税务登记的活动。

四、汽车消费信贷

1. 信贷

信贷是体现一定经济关系的不同所有者之间的货币借贷行为。广义的信贷是指金融机构存款、贷款、结算的总称，狭义的信贷一般指银行或信用社的贷款。

信贷不是指信用贷款。

2. 消费信贷

消费信贷是金融创新的产物，是商业银行陆续开办的用于自然人（非法人或组织）个人消费目的（非经营目的）的贷款。

3. 汽车消费信贷

（1）定义

汽车消费信贷即对申请购买轿车的借款人发放的人民币担保贷款，是银行与汽车销售商向购车者一次性支付车款所需的资金提供担保贷款，并联合保险公司、公证机构为购车者提供保险和公证服务。

（2）信贷方式

汽车消费信贷一般有 3 种方式。

① 以车供车贷款。申请者如不愿或不能采取房屋抵押、有价证券质押的形式申请汽车消费贷款，并向保险公司购买履约保险，收到保险公司出具的履约保证保险承保确认书，便可到银行申请的消费贷款。

② 住房抵押汽车消费贷款。住房抵押汽车消费贷款指以已出契证的自有产权住房作抵押，提交有关申请材料，交齐首期款并办妥房产抵押登记手续，便可获得的汽车消费贷款。

③ 有价证券质押汽车消费贷款。有价证券质押汽车消费贷款以银行开具的定期本、外币存单，银行承销的国库券或其他有价证券等作质押，可以申请的汽车消费贷款。

（3）信贷要求

汽车消费信贷的具体要求如下所述。

① 对个人：年满 18 周岁具有完全民事行为能力；具有稳定的职业和经济收入，能保证按期偿还贷款本息；在贷款银行开立储蓄存款户，并存入不少于规定数额的购车首期款；能为购车贷款提供贷款银行认可的担保措施；愿意接受贷款银行规定的其他条件。

② 对法人：具有偿还贷款能力；能为购车贷款提供贷款银行认可的担保措施；在贷款银行开立结算账户，并存入不低于规定数额的购车首期款；愿意接受贷款银行规定的其他条件。

③ 贷款额度：借款人以国库券、金融债券、国家重点建设债券或银行、保险公司提供连带责任保证的，首期付款额不得少于购车款的 20%，借款额不得超过购车款的 80%。以借款人或第三方不动产抵押申请贷款的，首期付款不得少于购车款的 30%，借款额不得超过购车款的 70%。以第三方保证方式申请贷款的（银行、保险公司除外），首期付款不得少于购车款的 40%，借款额不得超过购车款的 60%。

④ 贷款期限：最长不超过 5 年（含 5 年）。

⑤ 贷款利率：贷款利率执行中国人民银行规定的同期贷款利率，并随利率调整一年一定。如遇国家在年度中调整利率，新签订的《汽车消费借款合同》按中国人民银行公布的利率水平执行。

⑥ 贷款程序：客户咨询与资格初审；资格复审与银行初审；签定购车合同书；经销商与客户办理抵押登记手续及各类保险、公证；银行综审；车辆申领牌照与交付使用；档案管理。

五、汽车保险

1. 定义

机动车辆保险是财产保险的一种，又称汽车保险。它是以机动车辆本身及机动车辆的第三者责任为保险标的一种运输工具保险。

2. 机动车保险

机动车辆保险是以汽车、电车、电瓶车、摩托车、拖拉机等机动车辆作为保险标的一种保险。

（1）机动险种

机动车辆保险一般包括交强险和商业险，商业险包括基本险和附加险两部分。

基本险分为车辆损失险和第三者责任保险、全车盗抢险（盗抢险）、车上人员责任险（司机责任险和乘客责任险），附加险包括玻璃单独破碎险、划痕险、自燃损失险、涉水行驶险、无过失责任险、车载货物掉落责任险、车辆停驶损失险、新增设备损失险、不计免赔特约险等。

① 交强险

交强险的全称为机动车交通事故责任强制保险，是中国首个由国家法律规定实行的强制保险制度。

《机动车交通事故责任强制保险条例》（以下简称《条例》）规定：交强险是由保险公司对被保险机动车发生道路交通事故造成受害人（不包括本车人员和被保险人）的人身伤亡、财产损失，在责任限额内予以赔偿的强制性责任保险。

② 商业险

a. 车辆损失险

在机动车辆保险中，车辆损失保险与第三者责任保险构成了其主干险种，并在若干附加险的配合下，共同为保险客户提供多方面的危险保障服务。

车辆损失险的保险标的，是各种机动车辆的车身及其零部件、设备等。当保险车辆遭受保险责任范围内的自然灾害或意外事故，造成保险车辆本身损失时，保险人应当依照保险合同的规定给予赔偿。

b. 第三者责任保险

机动车辆第三者责任险，是承保被保险人或其允许的合格驾驶人员在使用被保险车辆时、因发生意外事故而导致的第三者的损害索赔危险的一种保险。由于第三者责任保险的主要目的在于维护公众的安全与利益，因此，在实践中通常作为法定保险并强制实施。

c. 附加保险

机动车辆的附加险是机动车辆保险的重要组成部分。从中国现行的机动车辆保险条款看，主要有附加盗窃险、附加自燃损失险、附加涉水行驶损失险、附加新增加设备损失险、附加不计免赔特约险、附加驾驶员意外伤害险、附加指定专修险等，保险客户可根据自己的需要选择加保。

d. 盗抢险

盗抢险负责赔偿保险车辆因被盗窃、被抢劫、被抢夺造成车辆的全部损失，以及期间由于车辆损坏或车上零部件、附属设备丢失所造成的损失，但不能故意损坏。

e. 划痕险

划痕险即车辆划痕险，它属于附加险中的一项，主要是作为车损险的补充，能够为意外原因造成的车身划痕提供有效的保障。划痕险针对的是车身漆面的划痕，若碰撞痕迹明显，如划了个口子，还有个大凹坑，这个就不属于划痕，属于车损险的理赔范围。

f. 玻璃单独破碎险

玻璃单独破碎险，即保险公司负责赔偿被保险的车险在使用过程中，车辆本身发生玻璃单独破碎的损失的一种商业保险。

g. 自燃险

自燃险即“车辆自燃损失保险”，是车损险的一个附加险，只有在投保了车损险之后才可以投保自燃险。在保险期间内，保险车辆在使用过程中，由于本车电路、线路、油路、供油系统、货物自身发生问题、机动车运转摩擦起火引起火灾，造成保险车辆的损失，以及被保险人在发生该保险事故时，为减少保险车辆损失而必须支出的合理施救费用，保险公司会相应地进行赔偿。

（2）机动车保险投保流程如图 8-1 所示。

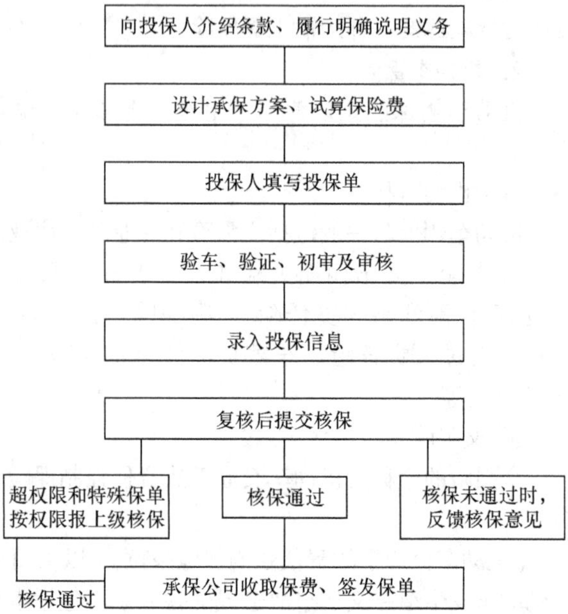

图 8-1 机动车保险投保流程

任务二 法律常识

一、税法基础知识

1. 概述

（1）税法

税法即税收法律制度，是调整税收关系的法律规范的总称，是国家法律的重要组成部分。它是以宪法为依据，调整国家与社会成员在征纳税上的权利与义务关系，维护社会经济秩序和税收秩序，保障国家利益和纳税人合法权益的一种法律规范，是国家税务机关及一切纳税单位和个人依法征税的行为规则。

广义的税法是指国家制定的用以调节国家与纳税人之间在征纳税方面的权利及义务关系的法律规范的总称。

狭义的税法特指由全国人民代表大会及其常务委员会制定和颁布的税收法律。

（2）税收

税收是指国家为满足财政需要，凭借政治权力，按照法律规定的程序和标准，参与国民收入分配，强制地、无偿地取得财政收入的一种方式。

2. 分类

按各税法的立法目的、征税对象、权益划分、适用范围、职能作用的不同，可做不同的分类。一般按照税法的功能作用的不同，将税法分为税收实体法和税收程序法两大类。

（1）税收实体法

税收实体法主要是指确定税种立法，具体规定各税种的征收对象、征收范围、税目、税率、纳税地点等内容。税收实体法包括增值税、消费税、营业税、企业所得税、个人所得税、资源税、房产税、城镇土地使用税、印花税、车船税、土地增值税、城市维护建设税、车辆购置税、契税和耕地占用税等。例如，《中华人民共和国增值税暂行条例》《中华人民共和国营业税暂行条例》《中华人民共和国企业所得税法》《中华人民共和国个人所得税法》都属于税收实体法。

（2）税收程序法

税收程序法是指税务管理方面的法律，主要包括税收管理法、发票管理法、税务机关法、税务机关组织法、税务争议处理法等。例如，《中华人民共和国税收征收管理法》。

3. 税法的构成要素

（1）纳税人

课税主体是课税课体的对称，是税法规定的直接负有纳税义务的单位和个人，也称纳税人、纳税义务人，包括自然人和法人。国家无论课征什么税，要由一定的纳税义务人来承担，因此，纳税人是税收制度构成的基本要素之一。

（2）征税对象

征税对象又称征税客体，是指税法规定对什么征税。征税对象是各个税种之间相互区别的根本标志。

（3）税目

税目是税法中规定的应当征税的具体物品、行业或项目，是征税对象的具体化，它规定了一个税种的课税范围，反映了课税的广度。规定税目首先是为了明确具体的征税范围、规定征税的广度。设置税目的目的是为了体现公平原则，根据不同项目的利润水平和国家经济政策，通过设置不同的税率进行税收调控。

（4）税率

税率是据以计算应纳税额的比率。在与实际税率相比时，又称名义税率。税率是税收要素之一，体现征税的深度，是衡量税收负担轻重的重要标志。在一定限度内，征税对象和税目不变的情况下，税率与税额的增减成正比。国家在运用税收取得财政收入时，经常通过变动税率来调整收入规模；在运用税收调节经济时，也经常通过变动税率来鼓励或限制某种经济的发展。

（5）纳税环节

纳税环节是课税客体在运动过程的诸多环节中依税法规定应该纳税的环节。

广义的纳税环节指全部征税对象在再生产中的分布。如资源税分布在生产环节，所得税分布在分配环节等。它制约着税制结构，对取得财政收入和调节经济有重大影响。

狭义的纳税环节指应税商品在流转过程中应纳税的环节，是商品流转课税中的特殊概念。

（6）纳税期限

纳税期限是指纳税人按照税法规定缴纳税款的期限。纳税期限是负有纳税义务的纳税人向国家缴纳税款的最后时间限制。它是税收强制性、固定性在时间上的体现。任何纳税人都必须如期纳税，否则就是违反税法，将受到法律制裁。

（7）纳税地点

纳税地点主要是指根据各个税种纳税对象的纳税环节和有利于对税款的源泉控制而规定的纳税人（包括代征、代扣、代缴义务人）的具体纳税地点。

（8）加成征税、减免税

国家为了实现某种限制政策或调节措施，对特定的纳税人实行加成征税，加一成等于加征税税额的 10%。

减税、免税是对某些纳税人或课税对象的鼓励或照顾措施。减税是减征部分应纳税款；免税是免征全部应纳税款。减税、免税规定是为了解决按税制规定的税率征税时所不能解决的具体问题而采取的一种措施，是在一定时期内给予纳税人的一种税收优惠，同时也是税收的统一性和灵活性相结合的具体体现。

（9）罚则（违法处理）

税务违法处罚或称税务违法责任，是指税务法律关系中的主体由于其行为违法，按照法律规定必须承担的消极法律后果。根据税收征收管理的性质和特点，税收违法行为承担的法律责任形式包括行政法律责任和刑事法律责任两大类，刑事违法承担刑事法律责任，行政违法承担行政法律责任。

① 承担违法责任的主体既包括公民、法人，也包括机关和其他社会组织；既包括中国人也包括外国人以及无国籍人。

② 违法行为的实施是承担违法责任的核心要件。

③ 违法责任是一种消极的法律后果，即一种法律上的惩戒性负担。

④ 税务违法责任只能由有权的税务机关依法予以追究。

4．税收法律关系

税收法律关系是由税收法律规范确认和调整的，国家和纳税人之间发生的具有权利和义务内容的社会关系，体现为国家征税与纳税人的利益分配关系。在总体上税收法律关系与其他法律关系一样也是由主体、客体和内容 3 方面构成。

（1）主体

主体是指税收法律关系中享有权利和承担义务的当事人。在我国税收法律关系中，主体一方是代表国家行使征税职责的国家税务机关，包括国家各级税务机关、海关和财务机关；另一方是履行纳税义务的人，包括法人、自然人和其他组织。对这种主体的确定，我国采取属地兼属人原则，即在华的外国企业、组织、外籍人、无国籍人等凡在中国境内有所得来源的，都是我国税收法律关系的主体。

（2）客体

客体是指主体的权利、义务所共同指向的对象，也就是课税对象。

（3）内容

内容是指主体所享受的权利和所应承担的义务，这是税收法律关系中最实质的东西，也就是税收的灵魂。它具体规定了主体可以有什么行为，不可以有什么行为，如果违反了税法的规定，应该如何处罚等。

二、反不正当竞争法

1. 概述

《中华人民共和国反不正当竞争法》是为保障社会主义市场经济健康发展，鼓励和保护公平竞争，制止不正当竞争行为，保护经营者和消费者的合法权益，制定了反不正当竞争法。

反不正当竞争法是市场经济的基本法之一，是市场规制法的重要组成部分。反不正当竞争法所规制的不正当竞争行为与人们的生产、经营、生活息息相关，是人们从事生产、经营，维护正当竞争的交易秩序所不可或缺的法律手段。

2. 立法目的

（1）保障交易市场经济健康发展

竞争是市场经济最活跃、最核心的因素；竞争机制是市场经济最基本的运行机制。因此，通过制定《中华人民共和国反不正当竞争法》（以下简称《反不正当竞争法》），对维护和促进竞争，保障市场经济的健康发展具有十分重要的意义。

（2）鼓励和保护公平竞争，制止不正当竞争行为

《反不正当竞争法》的制定和实施，对市场竞争行为进行了法律规范，对一切公平竞争进行鼓励和保护，对各种不正当竞争行为进行制止和惩罚。法律保障经营者在市场活动中公开、公平地进行竞争，鼓励诚实的经营者通过自己的努力，取得市场优势，获得良好的经济效益，使市场活动始终保持竞争的公平性和有效性，使竞争始终成为企业发展的动力，带动整个社会生产力的不断提高。

（3）保护经营者和消费者的合法权益

我国现实经济生活中有大量不正当竞争行为，不但扰乱、破坏了社会经济秩序，而且使其他经营者和广大消费者的利益受到了严重的损害。《反不正当竞争法》的制定和实施，在保护经营者合法权益的同时，也起到了保护消费者权益的重要作用。

三、产品质量法

为了加强对产品质量的监督管理，提高产品质量水平，明确产品质量责任，保护消费者的合法权益，维护社会经济秩序，制定了《中华人民共和国产品质量法》。

1. 生产者的产品质量责任和义务

产品或者其包装上的标识必须真实，并符合下列要求。

（1）有产品质量检验合格证明，有中文标明的产品名称、生产厂名和厂址。

（2）根据产品的特点和使用要求，需要标明产品规格、等级、所含主要成分的名称和含量的，用中文相应予以标明，向消费者提供有关资料。

（3）限期使用的产品，应当在显著位置清晰地标明生产日期和安全使用期或失效日期。

（4）使用不当，容易造成产品本身损坏或者可能危及人身、财产安全的产品，应当有警示标志或中文警示说明。

（5）易碎、易燃、易爆、有毒、有腐蚀性、有放射性等危险物品以及储运中不能倒置和其他有特殊要求的产品，其包装质量必须符合相应要求，依照国家有关规定做出警示标志或中文警示说明，标明储运注意事项；裸装的食品和其他根据产品的特点难以附加标识的裸装产品，可以不附加产品标识。

（6）生产者不得生产国家明令淘汰的产品，伪造产地、厂名、厂址、冒用认证标志等质量标志；生产者生产产品，不得掺杂、掺假，不得以假充真、以次充好，不得以不合格产品冒充合格产品。

2. 销售者的产品质量责任和义务

（1）销售者应当建立并执行进货检查验收制度，验明产品合格证明和其他标志。

（2）销售者不得销售国家明令淘汰并停止销售的产品和失效、变质的产品。

（3）销售者不得伪造产地，不得伪造或者冒用他人的厂名、厂址，伪造或者冒用认证标志等质量标志。

（4）销售者销售产品，不得掺杂、掺假，不得以假充真、以次充好，不得以不合格产品冒充合格产品。

四、消费者权益保护法

1. 概述

《中华人民共和国消费者权益保护法》是维护全体公民消费权益的法律规范的总称，是为了保护消费者的合法权益，维护社会经济秩序稳定，促进社会主义市场经济健康发展而制定的一部法律。

2. 法规特点

（1）以专章规定消费者的权利，表明该法以保护消费者权益为宗旨。

（2）特别强调经营者的义务。首先，规定经营者与消费者进行交易时应当遵循自愿、平等、公平、诚实信用的原则。其次，以专章规定了经营者对特定消费者以及社会公众的义务。

（3）鼓励与动员全社会为保护消费者合法权益共同承担责任，对损害消费者权益的不法行为进行全方位监督。

（4）重视对消费者的群体性保护，以专章规定了消费者组织的法律地位。

3. 实行种类

广义的消费者权益保护法：泛指调整在保护消费者权益的过程中，各种法律规范的总称。主要包括：

关于产品质量方面的立法：《产品质量法》《进出口检验法》《国家标准管理办法》《行业标准管理办法》《企业标准管理办法》《产品质量管理条例》等。

关于安全保障方面的立法：《食品管理法》《食品安全法》《药品管理法》《化妆标识品管理规定》；

有关公平交易的法律：《计量法》《价格法》等。

五、合同法

1．概述

《中华人民共和国合同法》（以下简称《合同法》）是为了保护合同当事人的合法权益，维护社会经济秩序，促进社会主义现代化建设而制定的。

《合同法》是平等主体的自然人、法人、其他组织之间设立、变更、终止民事权利。

2．合同分类

（1）学理上分类方法

① 以法律是否设有规范并赋予一个特定名称为标准，合同分为有名合同与无名合同。

② 以给付义务是否由双方当事人互负为标准，合同分为双务合同与单务合同。

③ 以当事人取得权益是否须付相应代价为标准，合同分为有偿合同与无偿合同。

④ 以合同的成立是否须付标的物或完成其他给付为标准，合同分为诺成性合同与实践性合同。

⑤ 以法律对合同的形式是否有特定要求，可将合同分为要式合同与不要式合同。

⑥ 以合同相互间的主从关系，可以将合同分为主合同与从合同。

（2）按照合同法规定的有名合同，分为以下 15 类。

① 买卖合同。买卖合同指出卖人转移标的物的所有权于买受人，买受人支付价款的合同。

② 供用电、水、气、热力合同。供用电合同是供电人向用电人供电，用电人支付电费的合同。供用水、供用气、供用热力合同，则参照供用电合同的有关规定。

③ 赠与合同。指赠与人将自己的财产无偿给予受赠人，受赠人表示接受与赠与的合同。

④ 借款合同。借款合同指借款人向贷款人借款，到期返还借款并支付利息的合同。

⑤ 租赁合同。租赁合同指出租人将租赁物交付承租人使用、收益，承租人支付租金的合同。

⑥ 融资租赁合同。融资租赁合同指出租人根据承租人对出卖人、租赁物的选择，向出卖人购买租赁物，提供给承租人使用，承租人支付租金的合同。

⑦ 承揽合同。承揽合同指承揽人按照定作人的要求完成工作，交付工作成果，定作人给付报酬的合同。

⑧ 建筑施工合同。建筑施工合同指承包人进行工程建设，发包人支付价款的合同。

⑨ 运输合同。运输合同指承运人将旅客或者货物从起运地点运输到约定地点，旅客、托运人或者收货人支付票款或者运输费的合同。

⑩ 技术合同。技术合同指当事人就技术开发、转让、咨询或者服务订立的确立相互之间权利和义务的合同。

⑪ 保管合同。保管合同指保管人保管寄存人交付的保管物，并返还该物的合同。

⑫ 仓储合同。仓储合同指保管人储存存货人交付的仓储物，存货人支付仓储费的合同。

⑬ 委托合同。委托合同指委托人和受托人约定，由受托人处理委托人事务的合同。

⑭ 行纪合同。行纪合同指行纪人以自己的名义为委托人从事贸易活动，委托人支付报酬的合同。

⑮ 居间合同。居间合同指居间人向委托人报告订立合同的机会或者提供订立合同的媒介服务，委托人支付报酬的合同。

3．合同的法律特征

（1）合同是双方的法律行为，即需要两个或两个以上的当事人互为意思表示（意思表示就是将能够发生民事法律效果的意思表现于外部的行为）。

（2）双方当事人意思表示须达成协议，即意思表示要一致。

（3）合同系以发生、变更、终止民事法律关系为目的。

（4）合同是当事人在符合法律规范要求条件下而达成的协议，故应为合法行为。

合同一经成立即具有法律效力，在双方当事人之间就发生了权利、义务关系；或者使原有的民事法律关系发生变更或消灭。当事人一方或双方未按合同履行义务，就要依照合同或法律承担违约责任。

4．合同条款

合同条款可分为基本条款和普通条款，又称必要条款和一般条款。确定合同必要条款的根据有以下 3 种。

（1）根据法律规定。凡是法律对合同的必要条款有明文规定的，应根据法律规定。

（2）根据合同的性质确定。法律对合同的必要条款没有明文规定的，可以根据合同的性质确定。例如，买卖合同的标的物、价款是买卖合同的必要条款。

（3）根据当事人的意愿确定。除法律规定和根据合同的性质确定的必要条款以外，当事人一方要求必须规定的条款，也是必要条款。例如，当事人一方对标的物的包装有特别要求而必须达成协议的条款，就是必要条款。合同条款除必要条款之外，还有其他条款，即一般条款。一般条款在合同中是否加以规定，不会影响合同的成立。将合同条款规定得具体详明，有利于明确合同双方的权利、义务和合同的履行。

5．合同签订

一般要经过要约和承诺两个步骤。

（1）要约

要约为当事人一方向他方提出订立合同的要求或建议。提出要约的一方称要约人。在要约里，要约人除表示欲签订合同的愿望外，还必须明确提出足以决定合同内容的基本条款。要约可以向特定的人提出，亦可向不特定的人提出。要约人可以规定要约承诺期限，即要约的有效期限。在要约的有效期限内，要约人受其要约的约束，即有与接受要约者订立合同的义务；出卖特定物的要约人，不得再向第三人提出同样的要约或订立同样的合同。要约没有规定承诺期限的，可按通常合理的时间确定。对于超过承诺期限或已被撤销的要约，要约人则不受其拘束。

（2）承诺

承诺为当事人一方对他方提出的要约表示完全同意。同意要约的一方称要约受领人，或受要约人。受要约人对要约表示承诺，其合同即告成立，受要约人就要承担履行合同的义务。对要约内容的扩张、限制或变更的承诺，一般可视为拒绝要约而为新的要约，对方承诺新要约，合同即成立。

6．合同形式

合同形式即合同双方当事人关于建立合同关系的意思表示的方式。我国的合同形式有口头合同、书面合同和经公证、鉴证或审核批准的书面合同等。

（1）口头合同

是以口头的（包括电话等）意思表示方式而建立的合同。但发生纠纷时，难以举证和分清责任。不少国家对于责任重大的或一定金额以上的合同，限制使用口头形式。

（2）书面合同

书面合同是指以文字为表现形式的合同形式。多以合同书、信件和数据电文（包括传真、电子数据交换和电子邮件）等有形地表现。

（3）经公证、鉴证或审核批准的合同

① 合同公证是国家公证机关根据合同当事人的申请，对合同的真实性及合法性所做的证明。

经公证的合同，具有较强的证据效力，可作为法院判决或强制执行的根据。对于依法或依约定须经公证的合同，不经公证则合同无效。

② 合同鉴证是中国工商行政管理机关和国家经济主管部门，应合同当事人的申请，依照法定程序，对当事人之间的合同进行的鉴证。鉴证机关认为合同内容有修改的必要时，有权要求当事人予以改正。鉴证机关还有监督合同履行的权力，故鉴证具有行政监督的特点。目前我国合同鉴证除部门或地方性法规有明确规定的以外，一般由当事人自愿决定是否鉴证。

③ 合同的审核批准，指按照国家法律或主管机关的规定，某类合同或一定金额以上的合同，必须经主管机关或上级机关的审核批准时，这类合同非经上述单位审核批准不能生效。例如，对外贸易合同即应依法进行审批程序。

7．合同的变更或解除

合同的变更是指依法成立的合同尚未履行或未完全履行之前，当事人就其内容进行修改或补充而达成的协议。合同变更必须以有效成立的合同为对象，凡未成立或无效的合同，不存在变更的问题。合同的变更，可能表现为履行的期限、地点和方式的变更，还可能表现为价款或酬金的变更。

合同的解除是指依法提前终止合同关系，包括约定解除和法定解除两种。前者是指根据当事人双方的约定，给一方或双方保留解除权的解除。后者也称法律上的解除，是指法定的原因出现时，合同当事人可依法行使解除权。合同解除，同样以成立生效的合同为对象，未成立或无效合同不存在解除的问题。

六、价格法

1．概述

《中华人民共和国价格法》(以下简称《价格法》)是为了规范价格行为，发挥价格合理配置资源的作用，稳定市场价格总水平，保护消费者和经营者的合法权益，促进社会主义市场经济健康发展而制定的法规。

2．适用对象

《价格法》适用于中华人民共和国境内发生的价格行为。政府、经营者和消费者等各类市场主体的价格行为均适用《价格法》。这里的价格行为既包括经营者的定价、调价、标价以及价格评估、价格鉴证等价格行为，又包括政府的价格管理、价格调控、价格监督检查等价格行为，还包括消费者参与定价和监督价格等行为。

3．保护消费者的内容

《价格法》从以下方面体现了对消费者权益的保护。

(1) 消费者有参与定价的权利。政府价格主管部门和其他有关部门制定政府指导价、政府定价，应当听取消费者的意见，征求消费者的意见。

(2) 消费者可以对政府指导价、政府定价提出调整建议。

(3) 消费者有权对政府和经营者的价格行为进行社会监督。

(4) 消费者有权举报价格违法行为。

(5) 经营者有义务向消费者提供价格合理的商品和服务，经营者销售、收购商品和提供服务应当明码标价，不得在标价之外加价出售商品，不得收取任何未予标明的费用。

(6) 经营者因价格违法行为致使消费者多付价款的，应当退还多付部分，造成损害的，应当依法承担赔偿责任。

七、票据法

1. 概述

广义的票据法是指涉及票据关系调整的各种法律规范，既包括专门的票据法律、法规，也包括其他法律、法规中有关票据的规范。一般意义上所说的票据法是指狭义的票据法，即专门的票据法规范，它是规定票据的种类、形式和内容，明确票据当事人之间的权利义务，调整因票据而发生的各种社会关系的法律规范。 票据法是调整票据关系的法律规范的总称。

2. 票据名词

（1）汇票：是出票人签发的，委托付款人在见票时或者在指定日期无条件支付确定的金额给收款人或者持票人的票据。

（2）本票：是出票人签发的，承诺自己在见票时无条件支付确定的金额给收款人或者持票人的票据。

（3）支票：是出票人签发的，委托办理支票存款业务的银行或者其他金融机构在见票时无条件支付确定的金额给收款人或者持票人的票据。

（4）境内票据：一张票据上所有的票据行为，全部发生在我国境内。

（5）涉外票据：一张票据上的行为既有发生在我国境内，又有发生在我国境外。

（6）银行票据：以银行为出票人的票据。

（7）商业票据：以银行以外的其他人为出票人的票据。

八、商标法

1. 概述

商标法是确认商标专用权，规定商标注册、使用、转让、保护和管理的法律规范的总称。它的作用主要是加强商标管理，保护商标专用权，促进商品的生产者和经营者保证商品和服务的质量，维护商标的信誉，以保证消费者的利益，促进社会主义市场经济的发展。

2. 基本原则

（1）注册

注册是确认商标专用权归属的一种过程。经商标主管机关核准注册之后，申请人即取得该商标的专用权，受到法律的保护。

（2）申请在先

申请在先原则是由注册原则派生出来的重要程序性原则之一。

（3）诚实信用原则

诚实信用原则要求的是民事主体在民事活动中要维持当事人之间的利益平衡，以及当事人利益与社会利益之间的平衡。

（4）自愿注册

所谓“自愿注册原则”，是指企业使用的商标注册与否，完全由企业自主决定。

（5）集中注册、分级管理原则

集中注册、分级管理原则是中国商标法律制度的突出特点之一。根据市场经济和商标自身的特点，商标注册应打破部门分割、地区分割的状态，由商标局统一集中负责商标的审查、核准注册工作。

（6）行政保护与司法保护相并行的原则

对商标的侵权行为，被侵权人可以选择由工商行政管理机关处理，也可以向人民法院起诉。

项目拓展

吉利并购沃尔沃

1．吉利、沃尔沃公司

浙江吉利控股集团有限公司是中国汽车行业的十强企业，1997年进入轿车领域，是“中国汽车工业50年发展速度最快、成长最好”的企业。

集团总部设在杭州，在浙江临海、宁波、路桥和上海、兰州、湘潭建有6个汽车整车制造基地，拥有年产30万辆整车的生产能力。集团现有吉利自由舰、吉利金刚、吉利远景、上海华普、美人豹等八大系列30多个整车产品。

沃尔沃汽车公司成立于1927年，总部设在瑞典的哥德堡。沃尔沃汽车公司的主要生产厂设在瑞典、比利时和中国，并在全世界超过100个国家设立了销售和服务网络，拥有2400多家展厅。沃尔沃汽车的铭牌是钢铁的标志——一个带有斜箭头的圆圈（铁标）。这个标志的设计思路最初源自因耐久性而闻名的瑞典钢铁工业。

2．并购动因

（1）吉利并购沃尔沃，能提高品牌形象，扭转吉利低质、低价的品牌形象。

（2）提高市场份额，提升行业战略地位，吉利想走国际化的道路，此时并购沃尔沃是很好的时机。

（3）吉利并购沃尔沃，还具备成本优势，中国低廉的劳动力将进一步降低沃尔沃轿车的生产成本。

（4）为实现公司发展的战略，通过并购取得先进的生产技术、管理经验、经营网络、专业人才等各类资源。

（5）为了获得沃尔沃的制造技术，提高吉利的整体实力，提高吉利的品牌形象。

3．并购支付方式

以18亿美元价格收购沃尔沃轿车公司100%股权，其中2亿美元以票据方式支付，其余以现金方式支付。并购发展沃尔沃共需27亿美元，其中50%来自国内，50%来自境外。国内资金的50%为自有资金，另外50%为银行贷款。

4．并购融资安排

（1）银团贷款

根据我国法律规定，银团贷款是指由两家或两家以上银行基于相同贷款条件，依据同一贷款协议，按约定时间和比例，通过代理行向借款人提供的本外币贷款或授信业务。银团贷款又称为辛迪加贷款（Syndicated Loan），是由获准经营贷款业务的一家或数家银行牵头，多家银行与非银行金融机构参加而组成的银行集团（Banking Group），依据同一贷款协议，按商定的期限和条件向同一借款人提供融资的贷款方式。

（2）过桥贷款

过桥贷款（Bridge Loan）又称搭桥贷款，是指金融机构A拿到贷款项目之后，本身由于暂时缺乏资金没有能力运作，于是找金融机构B商量，让它帮忙发放资金，等A金融机构资金到位后，B则退出。这笔贷款对于B来说，就是所谓的过桥贷款。在我国，扮演金融机构A角色的主要是国开行/进出口行/农发行等政策性银行，扮演金融机构B角色的主要是商业银行。

从一般意义上讲，过桥贷款是一种短期贷款（Short-term Loan），一种过渡性的贷款。过桥贷款是使购买时机直接资本化的一种有效工具，回收速度快是过桥贷款的最大优点。过桥贷款的期限较短，最长不超过一年，利率相对较高，以一些抵押品诸如房地产或存货作抵押。

吉利公司获得了全球著名投资银行高盛公司的过桥贷款。

5．并购后的效果

（1）并购整合的类型

企业并购之后的整合方式主要有4种类型，保守型、共存型、维持型和吸收型。

① 保守型整合是指并购后对目标企业的管理主要焦点放在如何保持即得利益来源的完整性。

② 共存型整合指的是对目标企业的管理应保证两个企业之间既存在分界，又存在一个渐进的相互渗透的过程。

③ 维持型整合是指企业间并无整合态势，双方的利润增长是通过财务、风险分担或综合管理能力来实现的。

④ 吸收型整合是指企业双方的运作、组织和文化等方面完全合作，以同一形象出现在外界面前。

（2）并购整合的内容

市场资源整合（战略整合）：为进入国际市场打下基础。

产品整合（管理整合）：一改吉利旗下品牌的形象。

技术整合（管理整合）：融合沃尔沃先进的技术。

品牌整合（产业整合）：保留沃尔沃的高端品牌形象。

项目实训工单

项目名称	汽车配件的财务管理及法律常识	班　级		日　期	
学生姓名		学　号		项目成绩	
项目载体	配件实训室，汽车营销企业、市场			老师签字	
项目目标	1. 了解汽车配件财务管理一般常识 2. 熟悉汽车配件管理相关法律知识 3. 能够按照任务描述完成工作任务				

一、资讯

1. 填空

（1）财务管理结算方法有__________和__________。

（2）结算工具包括__________、__________、__________、__________、__________、__________。

（3）缴纳税种有__________、__________、__________、__________。

（4）汽车信贷方式有__________、__________、__________。

2. 论述

（1）财务管理的含义。

（2）纳税的含义。

（3）汽车保险的含义。

续表

二、计划与决策

人员分工 每组 4～5 人	工具、材料、仪器	实施计划
组长： 组员：		

三、项目实施

在汽车实训室完成下列任务。

完成工作任务：通过查阅资料完成汽车配件企业纳税流程、信贷流程表。

四、项目检查

1. 专业能力

在本项目中你学到了哪些汽车配件知识，相关任务完成是否满意?

2. 个人能力

通过本项目的学习，你学会了哪些技能，提高了哪些方面的职业能力和职业素质（团队精神、安全环保、社会责任等方面）?

3. 方法能力

通过本项目的学习与描述，你认为在工作过程中应提高哪些工作方法或学习方法?

五、项目评估

个人评估	等级 A B C D	说明：
小组评估	等级 A B C D	说明：
老师评估	等级 A B C D	说明：

参考文献

[1] 谭本忠. 汽车配件营销与管理[M]. 北京：北京理工大学出版社，2011.
[2] 散晓燕. 汽车营销[M]. 北京：人民邮电出版社，2009.
[3] 娄洁. 汽车整车及配件营销[M]. 武汉：武汉理工大学出版社，2006.
[4] 彭朝晖. 汽车配件管理与营销[M]. 北京：人民交通出版社，2011.
[5] 夏志华，郭玲. 汽车配件市场营销[M]. 北京：北京理工大学出版社，2010.
[6] 田晟，杨卓. 汽车营销[M]. 广州：华南理工大学出版社，2012.
[7] 吴晓斌. 汽车营销礼仪[M]. 北京：人民交通出版社，2014.
[8] 孔春花. 汽车行业政策与法律法规[M]. 上海：上海交通大学出版社，2012.
[9] 邵伟军. 汽车营销法规[M]. 北京：人民交通出版社，2013.
[10] 何忱予. 汽车金融服务[M]. 北京：机械工业出版社，2006.
[11] 段京华. 汽车材料[M]. 合肥：安徽科学技术出版社，2011.
[12] 周燕. 汽车材料[M]. 北京：人民交通出版社，2009.